Das ganze Leben in einem Tag

Andreas Salcher

DAS GANZE LEBEN IN EINEM TAG

ecoWIN

SALZBURG – MÜNCHEN

Sämtliche Angaben in diesem Werk erfolgen trotz sorgfältiger
Bearbeitung ohne Gewähr. Eine Haftung der Autoren beziehungsweise
Herausgeber und des Verlages ist ausgeschlossen.

2. Auflage
© 2018 Ecowin Verlag bei Benevento Publishing,
eine Marke der Red Bull Media House GmbH,
Wals bei Salzburg

Alle Rechte vorbehalten, insbesondere das des öffentlichen Vortrags, der Übertragung durch Rundfunk und Fernsehen sowie der Übersetzung, auch einzelner Teile. Kein Teil des Werkes darf in irgendeiner Form (durch Fotografie, Mikrofilm oder andere Verfahren) ohne schriftliche Genehmigung des Verlages reproduziert oder unter Verwendung elektronischer Systeme verarbeitet, vervielfältigt oder verbreitet werden.
Gesetzt aus Palatino und Bodoni.

Medieninhaber, Verleger und Herausgeber:
Red Bull Media House GmbH
Oberst-Lepperdinger-Straße 11–15
5071 Wals bei Salzburg, Österreich

Lektorat: Arnold Klaffenböck
Illustrationen: Claudia Meitert/carolineseidler.com
Bild Seite 134: shutterstock.com
Satz: MEDIA DESIGN: RIZNER.AT
Umschlaggestaltung: kratkys.net
Printed in Slowakia
ISBN 978-3-7110-0164-1

Gewidmet allen neugierigen und
lernenden Menschen

Leserhinweis:
Um die Lesbarkeit des Buches zu verbessern, wurde darauf verzichtet, neben der männlichen auch die weibliche Form anzuführen, die gedanklich selbstverständlich immer mit einzubeziehen ist. Für alle im Buch abgekürzt verwendeten Namen, die auf Wunsch der Betroffenen anonymisiert wurden, liegen dem Autor Gesprächsprotokolle vor.

INHALTSVERZEICHNIS

Eine Einführung, die Sie bitte unbedingt lesen sollten 12

Die *erste* Stunde zeigt uns, dass wir in den ersten drei Jahren mehr lernen als im Rest unseres Lebens, welche unserer Eigenschaften biologisch festgelegt sind und welche wir verändern können. 20

Die *zweite* Stunde erklärt, wie wir die Welt entdecken und wie uns unsere Eltern dabei unterstützen oder behindern können. 36

Die *dritte* Stunde schildert, wie einfach Schule uns zu wissbegierigen Menschen machen könnte und warum wir uns jedenfalls die Lust am Lernen nicht verderben lassen sollten. 50

Die *vierte* Stunde beschreibt unsere Gefühlsschwankungen zwischen Allmachtsfantasien und quälenden Selbstzweifeln. 64

Die *fünfte* Stunde lässt Schmetterlinge in unserem Bauch flattern, wenn sich die Sehnsucht nach Liebe endlich erfüllt und uns glauben lässt, dass wir alles besser machen werden als unsere Eltern. 78

Die *sechste* Stunde zwingt uns, ernsthaft darüber nachzudenken, was wir mit unserem Leben anfangen wollen. 90

Die *siebte* Stunde lässt die einen davon träumen, dass sie alles erreichen können, und die anderen ahnen, dass es das Leben nicht gut mit ihnen meinen könnte. 102

Die *achte* Stunde stellt uns vor die Aufgabe, Intimität in der Liebe und in Freundschaften als wahre Quelle der Lebensfreude zu entdecken. 118

Die *neunte* Stunde lehrt uns, dass man mit 30 doch nicht alt ist und warum das 33. Lebensjahr in den Weisheitslehren als viel entscheidender gilt. 132

Die *zehnte* Stunde mahnt uns, dass es an der Zeit wäre, uns für einen Lebenspartner zu entscheiden, Kinder in die Welt zu setzen und ein Haus zu bauen – oder zumindest einen Apfelbaum zu pflanzen. 146

Die *elfte* Stunde raubt uns unsere Illusionen, dafür gewinnen wir an Lebenserfahrung, um an Verletzungen zu wachsen und nicht daran zu zerbrechen. 164

Die *zwölfte* Stunde fordert alle unsere Kräfte im Beruf und in der Familie – dabei übersehen wir leicht, dass wir die Hälfte unserer Reise bereits hinter uns haben. 178

Die *dreizehnte* Stunde zeigt uns, dass wir mit deutlich weniger Anstrengung mehr erreichen können, wenn wir uns auf das konzentrieren, was wir gerne tun und gut können. 194

Die *vierzehnte* Stunde konfrontiert uns mit der schmerzhaften Erfahrung, dass unsere Eltern nicht ewig leben, und zeigt, wie wir mit dem Verlust geliebter Menschen umgehen. 208

Die *fünfzehnte* Stunde bestätigt das Gerücht, dass das Leben mit seiner Fortdauer immer schneller verrinnt, und zwingt uns, die »Was bleibt?«-Frage zu stellen. 220

Die *sechzehnte* Stunde fordert von den einen, ihren Lebenssinn in der Pension neu zu bestimmen, und von den anderen, den Gedanken daran nicht zu verdrängen. 228

Die *siebzehnte* Stunde überrascht uns mit einem wunderbaren Geschenk, das wir oft vergessen, rechtzeitig auszupacken. 240

Die *achtzehnte* Stunde mahnt uns, großzügig an andere Menschen zurückzugeben, was wir uns im Leben angeeignet haben. 256

Die *neunzehnte* Stunde verlangt von uns, das Alleinleben zu beherrschen und uns selbst ein guter Freund zu sein. 272

Die *zwanzigste* Stunde trennt unerbittlich in die Glücklichen, die ihr Leben lang Lernende waren, und die Nichtlerner, deren Feuer der Neugier schon lange erloschen ist. 288

Die *einundzwanzigste* Stunde erinnert uns daran, dass Gesundheit das wertvollste Gut ist und wir es wertschätzen sollten, solange wir es besitzen. 304

Die *zweiundzwanzigste* Stunde erteilt uns eine Lektion, ob wir ab der fünfzehnten Stunde die entscheidenden Dinge für ein gelungenes Leben richtig gemacht haben. 320

Die *dreiundzwanzigste* Stunde stellt uns vor die Aufgabe, auf unser Leben dankbar zurückzuschauen und anzunehmen, was wir getan haben. 336

Die *vierundzwanzigste* Stunde lässt uns jeden Tag als Geschenk betrachten und uns darauf hoffen, dass morgen für uns ein neuer, guter Tag beginnen wird. 350

Die *fünfundzwanzigste* Stunde wird es für niemanden geben, daher müssen wir uns gewiss sein, dass unser eigenes Leben schon früher enden könnte, und versuchen, jeden Tag mit Neugier, Freude und Leidenschaft zu leben. 362

Exkurs: Der längste Tag Ihres Lebens 372

Danke 374

Jede Stunde in diesem Buch entspricht einem Lebensabschnitt von zwei bis vier Jahren:

Die erste Stunde:	1. bis 3. Lebensjahr
Die zweite Stunde:	4. bis 6. Lebensjahr
Die dritte Stunde:	7. bis 11. Lebensjahr
Die vierte Stunde:	12. bis 15. Lebensjahr
Die fünfte Stunde	16. bis 18. Lebensjahr
Die sechste Stunde:	19. bis 22. Lebensjahr
Die siebte Stunde:	23. bis 26. Lebensjahr
Die achte Stunde:	27. bis 29. Lebensjahr
Die neunte Stunde:	30. bis 33. Lebensjahr
Die zehnte Stunde:	34. bis 36. Lebensjahr
Die elfte Stunde:	37. bis 40. Lebensjahr
Die zwölfte Stunde:	41. bis 45. Lebensjahr
Die dreizehnte Stunde:	46. bis 50. Lebensjahr
Die vierzehnte Stunde:	51. bis 55. Lebensjahr
Die fünfzehnte Stunde:	56. bis 59. Lebensjahr
Die sechzehnte Stunde:	60. bis 63. Lebensjahr
Die siebzehnte Stunde:	64. bis 66. Lebensjahr
Die achtzehnte Stunde:	67. bis 69. Lebensjahr
Die neunzehnte Stunde:	70. bis 72. Lebensjahr
Die zwanzigste Stunde:	73. bis 75. Lebensjahr
Die einundzwanzigste Stunde:	76. bis 77. Lebensjahr

Die zweiundzwanzigste Stunde: 78. bis 80. Lebensjahr
Die dreiundzwanzigste Stunde: 81. bis 82. Lebensjahr
Die vierundzwanzigste Stunde: 83. Lebensjahr bis zum
                                Ende Ihrer Reise

Die fünfundzwanzigste Stunde

EINE EINFÜHRUNG, DIE SIE BITTE UNBEDINGT LESEN SOLLTEN

»Es ist nie zu spät, das zu werden, was man hätte sein können.«
George Eliot, englische Schriftstellerin

Dieses Buch ändert die Art, wie wir unsere Lebenszeit berechnen. Stellen Sie sich Ihr ganzes Leben in 24 Stunden vor. Alle wichtigen Themen und Ereignisse, die normalerweise langsam Jahr für Jahr ablaufen, werden auf einmal aus einer veränderten Perspektive erlebbar – mit einem klaren Ziel: in jeder Lebensphase neu entscheiden zu können, in welche Richtung Sie sich weiterentwickeln möchten.

Warum 24 Stunden? 24 Stunden entsprechen einem Tag. Jeder einzelne Tag ist eine kleine Einheit des Lebens. Wir können den Ablauf eines Tages gut erfassen, weil wir Tage tausendfach durchlebt haben. Wir wissen, wie Tage beginnen, wie Tage ablaufen und wie Tage enden. Unsere Tage haben je nach Lebensphase eine bestimmte Struktur, die festlegt, wann wir aufstehen, arbeiten, Pause machen, essen, Freizeit genießen und schlafen gehen. Vor allem wissen wir ganz genau, wie lange ein Tag dauert, und wir gehen fast immer davon aus, dass es einen nächsten Tag geben wird. Wir können uns auch den gelungenen Tag vorstellen, weil wir ihn schon öfter erlebt haben.

Wie sieht ein gelungenes Leben aus? Der Spannungsbogen eines ganzen Lebens ist für uns viel schwieriger zu erfassen als der eines Tages. Wir wissen nicht, wann in unserem Leben Halbzeit ist und wie lange es noch dauern wird. Was wir aber mit zunehmender Reife verstehen, ist der Zyklus, den ein Leben durchläuft, der vergleichbar mit dem Wechsel der Jahreszeiten ist. Der Frühling steht für das Wachstum, das im Sommer seinen Höhepunkt erreicht. Im Herbst wird alles weniger, um sich im Winter zurückzuziehen und Kräfte für den nächsten Frühling zu sammeln. Diesen Zyklus durchlaufen wir in unserem Leben immer wieder.

Die Idee meines Buches ist, dem ganzen Leben ebenfalls eine vertraute Struktur zu geben. Das Leben in diesem Buch dauert 24 Stunden. Auf solche Weise wird es überschaubar. Jede Stunde steht dabei für einen bestimmten Lebensabschnitt von zwei bis fünf Jahren. Die vierundzwanzigste Stunde ist offen, damit sich auch die Hundertjährigen wiederfinden. Die in den 24 Stunden beschriebenen Lebensthemen sollen Ihnen ermöglichen, wie ein Forscher auf Ihr Leben zu schauen. Als guter Forscher suchen Sie nicht nur nach Bestätigung von Ihnen bekannten Erkenntnissen, sondern lassen sich neugierig auf die vielen Fragen ein, die auftauchen werden. Das Ziel ist, mehr darüber herauszufinden, wer Sie sind und wer Sie sein könnten.

Jedes Leben verläuft einzigartig. Das symbolisieren die Hände auf dem Titelbild und der Rückseite des Buches. Jede Hand ist individuell. Einerseits sind die Handlinien schon im Embryo im Mutterleib geprägt, andererseits liegt es in unserer Hand, was wir aus dem Leben machen. Natürlich können die in den jeweiligen Lebensabschnitten beschriebenen Themen nicht genau Ihr bisheriges Leben im jeweiligen Alter abbilden, genauso wenig wie es möglich ist, Ihre Zukunft vorherzusagen. Jedes Leben verläuft einzigartig. Die Auswahl und zeitliche Zuordnung der Themen ist subjektiv aus der Perspektive eines 57-jährigen Autors geschrieben – aber nicht willkürlich. Die Bearbeitung der einzelnen Lebensthemen folgt entwicklungspsychologischen Konzepten. Der Bogen spannt sich von den Studienergebnissen renommierter Universitäten über die Lebensweisheiten von Seneca oder des islamischen Gelehrten Rumi bis zu den Lehren des Benediktinermönchs David Steindl-Rast.

Es ist ein Buch des Lebens. Sie können es aber zu einem Buch Ihres Lebens machen. Jeder von uns hat seine eigene Geschichte zu erzählen. Wer über sein Leben ein Tagebuch oder andere regelmäßige Aufzeichnungen führt, wird überrascht sein, wie sehr er sein Leben aus Sicht des heutigen Tages im Rückblick anders bewertet, als er es im jeweiligen Augenblick tatsächlich empfunden hat. Meist fällt unser Urteil über uns selbst und andere milder aus, wenn wir älter werden. Für alle, die ihr Leben nicht dokumentiert haben, könnte dieses Buch dazu dienen, es jetzt im Nachhinein nochmals zu durchleben. Fragen Sie sich daher an für Sie besonders interessanten Stellen: »Was könnte das für mein Leben bedeuten?« – statt »Bei mir war das in diesem Alter anders« zu denken. Eine Erfahrung werden Sie machen: Wir können gar nicht anders, als unser vergangenes Leben aus der heutigen subjektiven Sicht zu beurteilen. Sind wir gerade zufrieden, werden wir unser Leben insgesamt positiv bewerten; sollten wir freilich von einer Krise gebeutelt werden oder die Orientierung verloren haben, so wird der Blick kritischer ausfallen. In beiden Fällen kann die Struktur der 24 Stunden helfen, besser zu verstehen, was war, und zu erkennen, was alles noch kommen könnte. Vor jeder großen Lebensentscheidung gilt es, sich eine Frage zu stellen: Hilft mir dieser Weg zu wachsen, oder macht er mich kleiner?

Stellen Sie sich vor, Sie könnten die noch vor Ihnen liegenden Jahre ebenso genau abzählen wie die bereits vergangenen. Wie achtsam würden Sie dann plötzlich mit Ihrer Zeit umgehen. Im Gegensatz zu anderen knappen Gütern wie Geld oder Lebensmitteln ist Zeit etwas nicht Fassbares, nicht Greifbares. Daher können wir nicht abschätzen, wie viel wir davon noch zur Verfügung haben. Nie kämen wir auf die Idee, unsere sichtbaren Güter wahllos zu verschenken. Mit dem wertvollsten Gut, unserer Lebenszeit, gehen wir dagegen verschwenderisch um. So fließt sie ungebremst dahin, unsere Zeit, lässt sich nicht aufhalten oder umkehren. Wir merken nur irgendwann, dass die vor uns liegende Zeit schneller vergehen wird als die bereits vergangene.[1] Ob Sie in Ihrem Leben tatsächlich die vierundzwanzigste Stunde erleben werden, kann Ihnen niemand garantieren. Daher gibt es in diesem Buch eine fünfundzwanzigste Stunde, zu deren Bedeutung wir gleich kommen.

Was Sie sich nicht erwarten dürfen, sind die fünf, sechs oder zwölf Regeln für Ihr perfektes Leben. Diese existieren offenbar nicht, sonst würden überall nur glückliche Menschen umherlaufen, die ständig ihre Ziele erreichen. Ich glaube nicht an die bequeme Abkürzung zum erfüllten Leben. Ich glaube an den verletzbaren Menschen, der zu Liebe und Mitgefühl fähig ist; an den erkennenden Menschen, der seinen Verstand zu nutzen weiß; an den suchenden Menschen, der über seine eigene Existenz hinausdenkt; an den neugierigen Menschen, der nie aufhört zu lernen. Und ich glaube an die Macht der Geschichten. Hier eine meiner Lieblingsgeschichten über die Glücklichen, die ihr Leben lang Lernende waren:

Viktor E. Frankl, Psychiater und Gründer der Existenzanalyse, war so ein lebenslang Lernender. Er scheute sich nicht, als 67-Jähriger den Pilotenschein zu machen. In einer Vorlesung im Jahr 1972 in Toronto erzählte er, wie ihn sein Fluglehrer zu neuen Erkenntnissen über die therapeutische Arbeit mit Menschen inspirierte. Sein Fluglehrer habe ihm auf einer Tafel die Grundsätze der Navigation erklärt: »Wenn Sie mit einem Flugzeug vom Punkt A im Westen einen Punkt B im Osten erreichen wollen und es Seitenwind von Norden her gibt, würden Sie viel weiter im Süden landen, wenn Sie den Wind nicht berücksichtigen. Daher müssen Sie einen Punkt im Norden weit über dem eigentlichen Ziel ansteuern, um ans gewünschte Ziel zu kommen.« In diesem Augenblick wurde Frankl bewusst, dass man diese Flugtechnik auch auf den Menschen übertragen kann. Er erkannte für sich: »Wenn man einen Menschen so nimmt, wie er ist, dann machen wir ihn durch diese Behandlung schlechter. Wenn wir ihn dagegen in einer idealistischen Betrachtung besser einschätzen, als er tatsächlich ist, was passiert dann? Wir unterstützen ihn dabei, sich zu dem Menschen zu entwickeln, der er wirklich sein könnte.« Frankl wies seine Studenten darauf hin, dass diese Erkenntnis aber weder von seinem Fluglehrer noch von ihm selbst stammte, sondern von Johann Wolfgang von Goethe: »Wenn wir die Menschen nur nehmen, wie sie sind, so machen wir sie schlechter; wenn wir sie behandeln, als wären sie, was sie sein sollten, so bringen wir sie dahin, wohin sie zu bringen sind.« Für Frankl war die Anwendung jenes Prinzips der wichtigste Erfolgsfaktor für jede psychotherapeutische Arbeit: Suche nach dem Besten in jedem Menschen und in dir selbst.

Alle Geschichten in meinem Buch sind wahr. Sie werden auch einige autobiografische Erlebnisse und Erfahrungen von mir als Autor finden. Diese erkennen Sie daran, dass sie in der Ich-Form ohne Hinzufügung eines Namens geschrieben sind. Aufgrund der Rückmeldungen meiner Leser weiß ich, dass es viele schätzen, persönliche Geschichten aus meinem Leben zu erfahren und dadurch ein bisschen besser verstehen zu können, welcher Mensch sich hinter dem Autor verbirgt. Daher bitte ich Sie jetzt schon um Verständnis, dass meine persönlichen Leidenschaftsthemen Lernen und Selbsterkenntnis immer wieder auftauchen werden.

Wie Sie den meisten Nutzen aus dem Buch ziehen können

Das Buch soll Ihnen Freude beim Lesen bereiten. Sie brauchen nicht wie bei einem gesetzten Abendessen mit fixer Menüfolge endlose Vorspeisen und Zwischengänge abzuwarten, bis endlich der ersehnte Hauptgang oder das Dessert serviert wird. Stellen Sie sich den runden Tisch in einem asiatischen

Restaurant vor, auf dem alle Speisen gleichzeitig serviert werden und Sie diese in beliebiger Reihenfolge genießen können. Genauso können Sie die einzelnen Kapitel lesen. Zum Beispiel chronologisch von der ersten bis zur vierundzwanzigsten Stunde, oder Sie starten gleich mit Ihrem derzeitigen Lebensalter und lesen anschließend jene Kapitel, die Sie besonders interessieren, zuerst. Als Orientierungshilfe sind die Themen, die im jeweiligen Kapitel behandelt werden, im Inhaltsverzeichnis beschrieben.

Eine einzige Regel bitte ich Sie unbedingt zu beachten: Wann immer Sie bei Ihrem aktuellen Lebensalter angekommen sind, öffnen Sie bitte nach dem Lesen des Kapitels das beiliegende LEBENS-Zeichen und folgen Sie der kurzen Anleitung.

Im Inhaltsverzeichnis haben Sie wahrscheinlich gesehen, dass es auch eine fünfundzwanzigste Stunde gibt. Dieses Kapitel lesen Sie bitte gleich unmittelbar nach dem über Ihr aktuelles Lebensalter. Es macht Sinn, es dann ganz am Ende nach der vierundzwanzigsten Stunde nochmals zu lesen, wahrscheinlich mit einer veränderten Perspektive auf Ihr Leben. Die fünfundzwanzigste Stunde wird es für niemanden geben. Wir sollten nie vergessen, dass unser Leben schon früher enden könnte. Deshalb wartet dort der Versuch einer Antwort auf die Frage nach dem Sinn des Lebens auf Sie. Die Antwort besteht aus einem einzigen Satz. In diesem Satz steckt eine tiefe Weisheit. Was dieser Satz für Ihr Leben bedeuten könnte, ist das Thema der fünfundzwanzigsten Stunde.

Von den großen Dingen des Lebens zu den kleinen, die mindestens so wichtig sind. Ein gelungenes Leben sollte auch immer wieder eine Feier der Lebendigkeit sein. Dabei helfen einfache Fragen: Wie kann ich jene Bereiche, die mein Leben lebendig machen, besonders pflegen? Wo bemerke ich, dass ich Lebensfreude verliere, und wie kann ich diese in mir wieder zum Leben erwecken? Mit welchem Gefühl erwache ich am Morgen? Mit welchem würde ich gerne erwachen? Manchmal hilft es schon, die Augen zu öffnen, wie Marcel Proust empfiehlt:

»*Die wahre Entdeckungsreise besteht nicht darin, neue Landschaften zu suchen, sondern mit neuen Augen zu sehen.*«

PS: Wie Sie dieses Buch für eine besondere Erfahrung nützen können

Am Ende des Buches finden Sie einen Vorschlag, wie Sie mit diesem Buch einen ganzen Tag lang in Klausur mit sich selbst gehen könnten. Diese Idee ist für jenes eine Prozent der Leser gedacht, das seine Grenzen austesten will. In dem Exkurs erfahren Sie auch, wie die Idee zu diesem Buch aus einem 24-Stunden-Seminar entstanden ist.

1 Dieser Absatz ist inspiriert durch Senecas *Von der Kürze des Lebens*.

DIE ERSTE STUNDE
zeigt uns, dass wir in den ersten drei Jahren mehr lernen als im Rest unseres Lebens, welche unserer Eigenschaften biologisch festgelegt sind und welche wir verändern können.

1. bis 3. Lebensjahr

»Es gibt kein Alter, in dem alles so irrsinnig intensiv erlebt wird wie in der Kindheit. Wir Großen sollten uns daran erinnern, wie das war.«
Astrid Lindgren

Alles beginnt mit einem Geschenk. Uns wird das Leben geschenkt, und wir sind das Geschenk für unsere Eltern. Wie würden wir über unsere erste Stunde schreiben, wenn wir schon schreiben könnten? Wir werden wunderbar umsorgt. Wenn wir schreien, werden wir gefüttert, fühlen wir uns unwohl, werden wir liebevoll gestreichelt und getröstet. Und sonst schlafen wir viel. Sobald wir einigermaßen auf allen vieren krabbeln können, beginnen wir, die Welt um uns zu entdecken, zu greifen, zu begreifen, Stufen hinaufzuklettern und wieder herunterzukommen, erste Worte zu brabbeln, mit Sand zu spielen, mit Wasser zu spritzen und vieles mehr. Lernen ist lustig, deshalb lachen wir viel.

Ab dem Moment, wo wir die ersten Worte sprechen können, wollen wir die Welt auf unsere ganz eigene Art entdecken. Es muss uns niemand die Gesetze der Schwerkraft erklären, damit wir diese nach vielen Fehlversuchen überwinden und uns stolz vom Vierbeiner zum aufrecht gehenden Zweibeiner aufschwingen. Für die erste Heldentat einer Zimmerdurchquerung auf zwei Beinen werden wir von unseren Eltern wie ein Olympiasieger gefeiert.

Das erste Mal, dass wir uns als eigenständige Person erkennen, verdanken wir oft einem Spiegel. Dieser glänzende Gegenstand, an dem wir so oft achtlos vorbeigelaufen sind, erweckt in einem ganz bestimmten Moment etwas in uns zum Leben. Das Wesen, das wir dort im Spiegel sehen, hat etwas mit uns zu tun. Wir betrachten es mit großer Neugier, und es schlüpft uns ein Wort über die Lippen, dessen Bedeutung wir erst viel später erkennen werden. Es ist das Wort »ich«. In diesem Augenblick haben wir so viele Informationen über unsere Umwelt gesammelt, dass wir uns selbst als eigenes Subjekt begreifen können. Wenn uns die Eltern ein Foto zeigten und uns fragten, wer das denn ist, so erkannten wir uns, antworteten aber oft noch in der dritten Person: »Das ist Andi.« Dieses Erlebnis verstärkt unsere Lust, die Welt um uns herum zu entdecken und Beziehungen zu anderen Wesen außerhalb des gewohnten Umfelds unserer Eltern und Geschwister zu wagen.

Die Welt scheint ein großer Spielplatz zu sein. Wir wollen aber schon mehr, als wir mit unseren Kräften erreichen können. Wir wollen gehen, bevor wir dazu imstande sind, wir verlangen mehr Aufmerksamkeit, als wir bekommen können, wir kämpfen um mehr Rechte, als wir zu verkraften vermögen, und unsere Wünsche sind unersättlich. Wir wollen alles, und das sofort. Jeder unserer kleinsten Wünsche verkörpert gleich unser ganzes Ich. Damit sich dieses kleine Ich gesund entwickeln kann, braucht es ein Du, meist die Mutter und den Vater. Diese verstehen es im besten Fall, uns auf Augenhöhe zu begegnen. Wenn wir gerade etwas unbedingt wollen, dafür wie um unser Leben schreien und auf dem Boden mit den Füßen strampeln, dann wissen unsere Eltern, wie sinnlos in dieser Situation dummes Anschreien oder jede andere Form der Bestrafung ist. Auch ein geduldiges Warten, bis unser Anfall vorüber ist, kann sehr lange dauern. Legt sich unser Vater dagegen zu uns auf den Boden und fragt uns mit freundlicher Stimme: »Erzähl mir doch, was los ist«, passiert meist ein Wunder. Wir schluchzen zwar noch ein bisschen, weil wir keine Luft bekommen, aber dann können wir den aus unserer Sicht völlig logischen Grund für unseren Anfall endlich loswerden. Immerhin hat der Vater uns jetzt verstanden, auch wenn er »Das geht leider nicht« sagt, während er uns an sich drückt und streichelt. Was passiert, wenn es diese erwachsene, liebevolle Bezugsperson nicht gibt?

1. bis 3. Lebensjahr

Die Entdeckung des Urvertrauens – was Kinder brauchen

Der Stauferkönig Friedrich II. wollte mit einem Experiment herausfinden, welche Sprache Kinder entwickeln, wenn sie ohne jede Ansprache und Zuneigung aufwachsen. Über den genauen Ablauf dieses Versuchs ist wenig bekannt, sehr wohl aber über das erschreckende Ergebnis. Alle Kinder starben innerhalb kurzer Zeit. Friedrich II. vermutete fehlende körperliche und geistige Stimulation als Ursache, wenn er schrieb:»Sie vermochten nicht zu leben ohne das Händepatschen und das fröhliche Gesichter schneiden und die Koseworte ihrer Ammen.« Jedenfalls zeigen dieses und ähnliche Experimente, dass zumindest eine soziale Beziehung für ein Kleinkind überlebensnotwendig ist.

Die Bindungsforschung hat heute mit weit weniger brutalen Methoden die Bedeutung der engen Beziehung eines Kindes zu seiner Bezugsperson nicht nur für sein Überleben, sondern auch für seine weiteren Beziehungen herausgefunden. Das Kleinkind braucht unbedingt die individuelle Zuneigung von Erwachsenen, die es beschützen, versorgen und in die Kultur einführen. Die menschliche Zuneigung, die ein Kind vom ersten bis zu seinem dritten Lebensjahr erfährt, entscheidet, ob es später mit einem Urvertrauen ausgestattet die Welt entdecken und selbst gelungene Beziehungen eingehen kann. Neuere Forschungen zeigen, dass das erste Jahr dafür besonders ausschlaggebend ist.[1] So wissen wir heute, dass ein Kind, dessen erstes Lebensjahr von Liebe und Zuneigung geprägt ist und das dann die Eltern durch einen Unfall verliert und danach in einem gefühlskalten Umfeld bei Verwandten aufwächst, trotzdem bessere Chancen auf ein glückliches Leben hat als ein Kind, welches im ersten Lebensjahr mit Zurückweisung aufwächst und anschließend viel Liebe zum Beispiel bei Pflegeeltern erfährt.

1. bis 3. Lebensjahr

John Bowlby, der Begründer der Bindungstheorie, erkannte in seinen Forschungen bei straffälligen Jugendlichen in Heimen bereits in den Fünfzigerjahren die Folgen von Trennungsproblematiken in der frühen Kindheitsphase und beschreibt sie in drastischen Worten: »Das Bild ... ist das schrecklicher Qualen, multipliziert über jedes Begriffsvermögen hinaus; und es bezeugt die Leere des Lebens, das den Entbehrungen folgt, die ›Gefühlsarmut‹ jener, die am schwersten vernachlässigt wurden; sie haben die Fähigkeit eingebüßt, Bindungen einzugehen, was gleichbedeutend damit ist, jemals den Wert des Lebens selbst zu erkennen. Es dokumentiert die Qualen jener, die immer noch um das ihnen von Geburt zustehende Recht auf Liebe kämpfen, indem sie lügen, stehlen, andere Menschen brutal angreifen oder sich mit der Intensität von Blutegeln an Mutterfiguren klammern, wobei sie in infantiles Verhalten zurückfallen in der Hoffnung, endlich als das Kleinkind behandelt zu werden, das immer noch in ihnen lebt und nach seiner Erfahrung hungert. Es zeichnet aus, wie diese verzweifelten Menschen ständig fortbestehen, indem sie Kinder hervorbringen, die sie nicht lieben können, die genau wie sie aufwachsen, ihrem Selbst entgegengesetzt, der Gesellschaft feindlich gesonnen, unfähig zu geben, ewig dazu verdammt, hungrig zu sein.«[2]

Im Gegensatz zu diesem erschütternden Bericht wird idealerweise durch die Liebe zwischen Mutter und Kind der Urgrund für die Liebesfähigkeit des Kindes geschaffen. Jene fundamentale Erfahrung intimer Verbundenheit entsteht durch die körperliche, emotionale und psychische Nähe. Sie weckt die Sehnsucht, später eine ähnliche intime und vertrauensvolle Beziehung zu einem Liebespartner zu finden.

Eine der wichtigsten Erkenntnisse dieses Buches daher gleich am Anfang: Keine andere Stunde beeinflusst unser Leben so nachhaltig wie die erste Stunde. Als Kleinkind in den ersten drei Lebensjahren entwickeln wir ein Grundgefühl, welchen Situationen und Menschen wir vertrauen können und welchen nicht. Entscheidend für die Bildung jenes Urvertrauens sind die unmittelbaren Bezugspersonen, also die Eltern, primär die Mutter nach der Geburt. Die bei der Wahrnehmung der Umwelt gewonnenen positiven Erfahrungen statten ein Kind mit hohem Grundvertrauen darin aus, dass es die Welt gut mit ihm meint und es angenommen und geliebt wird. Im Gegensatz dazu sieht das verängstigte Kind die Welt nicht als Paradies, weil es schon früh von Menschen enttäuscht, verlassen oder betrogen wurde. Es fühlt sich von seinen Eltern nicht zu hundert Prozent angenommen und verspürt daher den Drang, sich besonders anzustrengen und zu beweisen.

Die gute Botschaft für alle Eltern in der ersten Stunde lautet: Ihr könnt alles richtig machen. Wenn ihr euer Baby in Händen haltet, dann braucht ihr keine Sekunde darüber nachzudenken, wie ihr es perfektionieren könnt, damit es so schnell wie möglich sprechen und dann noch vor dem Schuleintritt lesen und schreiben kann, um nach dem Abitur mit Auszeichnung den Aufnahmetest für das Medizinstudium zu bestehen. Das ist nicht eure Aufgabe. Die Aufgabe ist zu sagen: Wir werden dir alle Zeit, Zuneigung und Zärtlichkeit geben, die du brauchst, weil du es uns wert bist.

Was wissen Sie eigentlich noch über diese so prägende Phase in Ihrem eigenen Leben? Was ist die früheste Erinnerung in Ihrem Leben? Sollte Ihnen jetzt trotz intensivem Nachdenken nichts einfallen, höchstens ein paar Momente und Bilder, so ist das durchaus normal. Wir erinnern uns als Erwachsene kaum an unsere frühe Kindheit, obwohl diese so entscheidend für unser heutiges Leben war. Dabei haben Kleinkinder durchaus ein funktionierendes Gedächtnis. Sie sind imstande, sich an ihren letzten Geburtstag oder den Zoobesuch zu erinnern. Selbst Fünf- bis Siebenjährige können sich noch zu mehr als 60 Prozent an ihre frühsten Erlebnisse gut erinnern. Ab dann beginnen Erinnerungen allerdings immer mehr zu verblassen. Warum ist das so? Die Psychologinnen Patricia J. Bauer und Marina Larkina von der Emory-Universität gehen in ihrer Untersuchung davon aus, dass das Langzeitgedächtnis in ganz jungen Jahren noch nicht so gut entwickelt ist. Wie gut Kinder sich frühe Erfahrungen einprägen können, hängt offenbar auch mit ihrer Sprachfähigkeit zusammen. Je besser sie Begriffe schon beschreiben können, desto eher können sie im Langzeitgedächtnis verankert werden. Eltern, die ihre Kinder immer wieder ermutigen, von ihren Erlebnissen zu erzählen, unterstützen diesen Festigungsprozess.[3]

Wie die Wissenschaft die erste Stunde entschlüsselt hat

In China und Korea gelten Kinder als ein Jahr alt, wenn sie auf die Welt kommen. Ihre erste Stunde beginnt also in der Schwangerschaft. Viele westliche Wissenschaftler teilen mittlerweile diese traditionelle Sichtweise. Fest steht: Wird ein Kind geboren, hat sein Gehirn einen beträchtlichen Teil seiner Ausbildung bereits hinter sich. So entstehen während der Schwangerschaft bis zu 250 000 Hirnzellen – pro Minute. Im letzten Schwangerschaftsdrittel bilden sich pro Minute bis zu 40 000 der für unser Denken, Handeln und Erinnern so wichtigen Synapsen im Gehirn.[4]

Zwischen zwei und sechs Jahren haben Kinder doppelt so viele Synapsen wie ihre Eltern. In diesen Lebensjahren werden wichtige Verbindungen im Gehirn erst neu geschaffen, an die wir in späteren Jahren mit neuen Lerninhalten andocken können. Werden diese Schaltstellen aber nicht genutzt, bilden sie sich zurück. Es gilt der englische Reim »Use it or lose it«

(Nütze oder verliere es). Das Gehirn des Kleinkindes lernt Schritt für Schritt seinen Körper kennen. Ständig fragt das Gehirn: »Hilft mir das bei meiner Entwicklung?« Der Gehirnforscher Gerald Hüther ist davon überzeugt, dass wir in den ersten drei Lebensjahren mehr lernen als im Rest unseres Lebens, obwohl wir natürlich bis ins hohe Alter nie aufhören zu lernen. Hinter dem kindlichen Lerntrieb steckt auch immer eine Sehnsucht: Die Sehnsucht nach Verbundenheit mit den Eltern, daher wollen die Kinder wie diese aufrecht stehen, gehen und reden. Kinder lernen, wie alle Eltern wissen, durch Nachmachen. Für Hüther ist vor allem der Prozess der Selbstorganisation des Kindes für alles, was sich später ausformt, entscheidend.[5] Die genetische Ausstattung spielt auch für Hüther eine wichtige Rolle. Wie entscheidend diese allerdings für den Erfolg und die Glücksfähigkeit im Leben eines Menschen ist, darüber scheiden sich nicht nur die Geister, sie streiten bis heute heftig darüber.

Natur oder Kultur? Konservativ oder fortschrittlich?

Im Jahr 1860 kam es in Oxford zu einem berühmten Schlagabtausch zwischen dem anglikanischen Bischof Samuel Wilberforce, der die Evolutionstheorie von Darwin entschieden ablehnte, und Darwins Verteidiger, dem Zoologen Thomas Huxley. »Und Sie, Sir – stammen Sie großväterlicherseits oder großmütterlicherseits von einem Affen ab?«, fragte der Bischof. Huxley antwortete darauf: »Wenn ich mir meine Vorfahren aussuchen und dabei wählen könnte zwischen einem Affen und einem gelehrten Mann, der so unter seiner Würde argumentiert, dann würde ich mich für den Affen entscheiden.«[6]

Die Frage, was den Menschen prägt, Natur oder Kultur, ist bis heute ein ideologisches Schlachtfeld geblieben. Der US-amerikanische Psychologe John B. Watson, einer der Gründer der Lehre des Behaviorismus,[7] hat seine Kernthese einst provokant zugespitzt: »Gebt mir ein Dutzend wohlgeformter, gesunder Kinder und meine eigene, von mir entworfene Welt, in der ich sie großziehen kann, und ich garantiere euch, dass ich jeden von ihnen zufällig herausgreifen und ihn so trainieren kann, dass aus ihm jede beliebige Art von Spezialist wird – ein Arzt, ein Rechtsanwalt, ein Kaufmann und ja, sogar ein Bettler und Dieb, ganz unabhängig von seinen Talenten, Neigungen, Tendenzen, Fähigkeiten, Begabungen und der Rasse seiner Vorfahren. Ich gebe zu, dass ich spekuliere, aber das tun die Anhänger der Gegenseite ebenfalls, und sie taten es viele Tausend Jahre lang. Beachten Sie bitte, dass dieses Experiment voraussetzt, dass ich festlegen darf, wie genau die Kinder großgezogen werden und in welcher Welt sie zu leben haben.«[8] Wenngleich weniger extrem als von Watson formuliert, gehen viele humanistisch orientierte Konzepte auch heute davon aus, dass durch optimale individuelle Förderung und viel Übung genetische Unterschiede sehr in den Hintergrund treten.

Steven Pinker, Experimentalpsychologe an der Harvard-Universität, nimmt die Gegenposition ein. Die Geisteshaltung, dass die soziale Formbarkeit des Menschen beliebig möglich sei, ist für Pinker ideologisches Wunschdenken, das keiner seriösen empirischen Studie standhält und die menschliche Natur leugnet. Die Zwillingsforschung zeige, dass eineiige Zwillinge, die nicht bei den leiblichen Eltern, sondern getrennt bei Adoptiveltern aufwachsen, sich in unterschiedlichen messbaren Kategorien im Lauf der Jahre nicht unterscheiden, der Einfluss der Erziehung tendenziell also im Vergleich zur biologischen Veranlagung überschätzt werde. Eltern versorgen ihre Kinder nicht nur mit einer familiären Umwelt, sondern eben auch mit Genen. Daher können Menschen so viel üben, wie sie wollen, sollten sie nicht die für eine spezifische Spitzenleistung notwendigen genetischen Voraussetzungen haben, werden sie über ein bestimmtes Maß nicht hinauskommen. Selbst wenn zum Beispiel ein talentierter Musiker Tausende Stunden übt und komponiert, wird ihm trotzdem nicht ein Song wie »Let it be« gelingen.

Vereinfacht gesagt, die eine Position stellt immer das Umfeld in den Mittelpunkt der Betrachtung: Würde man ideale Entwicklungsbedingungen in Familie, Schule und Gesellschaft schaffen, könnten gewaltige Potenziale realisiert werden. Die Gegenposition sieht letztlich den einzelnen Menschen in der Verantwortung für seinen Erfolg: Dieser wird stark beeinflusst von seinen genetischen Veranlagungen und seiner Leistungsbereitschaft. Die Wahrheit liegt wohl wie so oft im »Sowohl als auch«. Doch welchen Anteil haben unsere Gene, die wir mitbekommen haben?

Evolution basiert auf Unterschieden, nicht auf Gleichheit

Jeder Mensch hat ein einmaliges Genom, das sich geringfügig von dem aller anderen Menschen unterscheidet. Der genetische Unterschied zwischen Menschen beträgt 0,1 bis maximal 0,5 Prozent. Der Nobelpreisträger unterscheidet sich genetisch vom Sonderschüler daher nur im Promillebereich. Das hört sich zwar ganz wenig an, bedeutet allerdings in seiner Auswirkung sehr viel, weil ungemein viel Information in der DNA gespeichert ist. Dies sieht man schon an den großen äußeren Unterschieden zwischen den Menschen. Die ungleichen genetischen Veranlagungen zeigen sich aber nur dann in tatsächlichen Leistungsunterschieden, wenn sie auch genutzt werden, vor allem durch individuelle Anstrengung und durch das soziale Umfeld zum Beispiel fördernder Eltern. Das Beson-

1. bis 3. Lebensjahr

dere, das Innovative liegt in den nicht zu unterschätzenden genetischen Unterschieden. Deshalb entwickelt jeder Mensch verschiedene Eigenschaften und hat damit unterschiedliche Lebenschancen. Für den Genetiker Markus Hengstschläger ist eine Frage zentral: Wie kann ein Kind später aus seinen Voraussetzungen das für sich selbst und die Gesellschaft Beste machen?[9]

Noch so große genetische Unterschiede können bedeutungslos werden, wenn man sie nicht entdeckt, beziehungsweise sie nicht entwickelt werden. Ein Kind mit einer geringeren Veranlagung wird durch Übung und Anstrengung im Ergebnis weit mehr erreichen als ein anderes mit optimalen genetischen Voraussetzungen auf demselben Gebiet. Um zu zeigen, wie komplex das Thema ist, noch eine Facette: Jemand, der nur eine Körpergröße von 1,70 Metern erreicht und unbedingt Profibasketballer in der NBA werden will, hat objektiv Nachteile gegenüber Spielern, die von der Natur mit zwei Meter Körpergröße bevorzugt wurden. Aus diesem Nachteil kann aber auch ein Vorteil werden, wenn der kleinere Spieler nicht versucht, höher zu springen, dafür aber aus größerer Distanz treffsicherer zu werfen und den Spielaufbau seiner Mannschaft mit seiner Wendigkeit zu leiten. Es gibt eine Vielzahl von Biografien, die Menschen beschreiben, welche ihre Handicaps derart erfolgreich in Vorteile transformiert haben, dass sie schließlich führend auf ihrem Gebiet wurden.

Frühe Ablehnungen können sogar die Antriebskraft für spätere Erfolge sein. Der unerschütterliche Glaube an sich selbst schützt vor Fehlurteilen. Boris Becker musste im Tennis-Leistungszentrum Leimen als Halbwüchsiger mit den Mädchen spielen, weil ihn der Trainer als zu schwach einschätzte. Der zweimalige Olympiasieger und dreimalige Skiweltmeister Hermann Maier litt in seiner Jugend an Morbus Osgood-Schlatter,[10] wodurch sein Talent lange unentdeckt blieb. Als er am 6. Januar 1996 als Vorläufer an einem Weltcup-Riesentorlauf in seinem Heimatort Flachau teilnahm, stellte sich heraus, dass er im Falle seiner Teilnahme den zwölften Platz erreicht hätte. Einen Monat später fuhr er bei seinem ersten Weltcuprennen in die Punkteränge. Diese beiden bekannten Beispiele sind nur die Spitze eines Eisbergs von Millionen unbekannter Helden, denen Ähnliches gelungen ist.

Reflexionen über die erste Stunde

Eltern, die ihren Kindern mit Zeit, Zuneigung, Zärtlichkeit geholfen haben, ein starkes Urvertrauen zu entwickeln, haben ihnen ein riesiges Geschenk gemacht, von dem ihre Kinder lange zehren können. Dem kleinen Kind erscheint die Welt unüberschaubar, alles ist riesig, einmalig, wunderbar, manchmal auch bedrohlich. Daher braucht es Eltern, die einen geschützten Rahmen abstecken, in dem ein Kind Erfahrungen machen und Vertrauen in sich entwickeln kann. Kinder wünschen sich Sicherheit, Vielfalt an Erfahrungen, sie verlangen nach Geschichten, weil sie wissen möchten, woher sie kommen. Daher wollen sie immer dieselben Familiengeschichten hören, weil sie mit ihnen zu tun haben.

Nicht für alle Kinder verlief die erste Stunde ideal. Viele Hürden und Fallen mussten dann bewältigt werden. Manchen spielte die Natur bei der Verteilung der Gene einen Streich, oder eine schwierige Lage bei der Geburt hinterließ Furchen in der jungen Seele. Scheinbar unbedeutende Erlebnisse verursachten tief sitzende Ängste, die sie lange mit sich mitschleppen mussten, oft ohne die Ursache zu erkennen. Den einen wird das Vertrauen ins Leben geschenkt, die anderen müssen es sich immer wieder hart erarbeiten. Und das ist sehr wohl möglich. Wir alle haben einen Rucksack mitbekommen, in dem sich auch Werkzeuge befinden. Es liegt an uns zu lernen, richtig damit umzugehen. Manche machen aus ganz wenig sehr viel, andere wiederum wissen die beste Ausstattung nicht zu nutzen. In diesem Buch werden Sie immer wieder Hinweise auf vielleicht noch unentdeckte und neue Werkzeuge in Ihrem Rucksack finden.

Die folgenden Fragen werden in dem Wissen gestellt, dass sich die wenigsten von uns an ihre frühe Kindheit erinnern. Daher verstehen Sie diese Fragen bitte als Einladung herauszufinden, welche Erfahrungen in den ersten drei Lebensjahren Ihr heutiges Leben beeinflusst haben könnten.

- Welche Ereignisse oder Faktoren aus Ihrer frühen Kindheit könnten eine wichtige Rolle für Ihren bisherigen Lebensweg gespielt haben?
- Was waren die großen Träume Ihrer Kindheit?
- Welche Ihrer Kindheitsträume konnten Sie verwirklichen, weil Sie gelernt haben, Träume in konkrete Ziele umzuformen?

In diesem Buch hat das Leben 24 Stunden. Wer in der ersten Stunde einen schwierigen Start hatte, dem bleiben noch 23 Stunden auf dem Weg zu einem gelungenen Leben. In der zweiten Stunde werden wir sehen, welche entscheidende Rolle die Eltern dabei spielen.

1. bis 3. Lebensjahr

1 Die beiden deutschen Bindungsforscher Karin und Klaus E. Grossmann beschreiben in ihrem Standardwerk *Bindungen – das Gefüge psychischer Sicherheit* Entwicklung und Erkenntnisse ihrer Disziplin.
2 Im Jahre 1950 wurde Dr. John Bowlby von der Londoner Tavistock-Klinik von der Weltgesundheitsorganisation (WHO) beauftragt, einen Bericht über das Schicksal von »in ihrem Geburtsland heimatlosen Kindern« im Hinblick auf den Zustand ihrer geistigen Gesundheit zu erstellen. Die von ihm untersuchten Kinder verkörpern in jedem Land die extremsten Fälle von Entbehrung mütterlicher Zuwendung. John Bowlby: Maternal Care and Mental Health, Genf 1952.
3 Patricia J. Bauer/Marina Larkina: »The onset of childhood amnesia in childhood. A prospective investigation of the course and determinants of forgetting of early-life events«. In: Memory 22, 8/2013, S. 907–924.
4 Titelgeschichte »Ich – Forscher entschlüsseln, wie Persönlichkeit und Intelligenz entstehen« im Spiegel vom 28. Oktober 2017, S. 109 ff.
5 Interview von Gerald Hüther im Spiegel vom 28. Oktober 2017, S. 115 ff.
6 Wolf Schneider: Die Sieger. München 1992, S. 72.
7 Der Behaviorismus leitet sich vom englischen Wort »behavior« (Verhalten) ab und versteht sich als wissenschaftstheoretisches Konzept, welches das äußere Verhalten von Menschen und Tieren mit naturwissenschaftlichen Methoden untersucht und erklären will. Die Psyche, das Innenleben, wird dabei vernachlässigt, weshalb der Behaviorismus auch an Bedeutung verloren hat.
8 John B. Watson: Behaviorism. Chicago 1930, S. 82.
9 Persönliches Interview des Autors mit Markus Hengstschläger am 3. Oktober 2017.
10 Morbus Osgood-Schlatter ist eine schmerzhafte Reizung des Ansatzes der Kniescheibensehne am vorderen Schienbein. Diese wird beim Skifahren besonders belastet.

DIE ZWEITE STUNDE
erklärt, wie wir die Welt entdecken und wie uns unsere Eltern dabei unterstützen oder behindern können.

4. bis 6. Lebensjahr

»*Eine schwierige Kindheit ist wie ein unsichtbarer Feind: Man weiß nie, wann er zuschlagen wird.*«
Benedict Wells in Vom Ende der Einsamkeit

Als Kinder interessieren wir uns nicht dafür, wie ein Fluss heißt, sondern wir wollen ein Schiffchen darin absetzen oder einen Damm bauen. Wir sammeln begeistert Steine am Ufer und fühlen, wie kalt das Wasser ist. Wir sind geborene Philosophen, weil wir die großen Fragen wie »Wo kommen wir her?« und die überraschenden wie »Haben Flöhe auch Läuse?« stellen. Hören wir auf einem Flohmarktstand Musik, beginnen wir begeistert zu tanzen und fragen unsere Eltern, wer denn da singt. »Elvis Presley, der ist aber leider schon tot«, antworten sie daraufhin. »Warum kann er dann singen?«, wollen wir unbedingt wissen. Das Staunen ist für uns ganz zentral, wir sind verwundert über alles Neue und bewundern alles Schöne, wie den Mond und die Sterne am Nachthimmel.

Spätestens im Kindergarten kommen wir mit Gleichaltrigen zusammen, welche die gleichen Probleme und ähnliche Fähigkeiten wie wir haben. Wir finden heraus, dass wir manche mehr mögen als andere und dass wir nicht mehr allein im Mittelpunkt stehen, sondern uns in eine Gemeinschaft einfügen und Regeln befolgen müssen. Es gibt auf einmal andere Erwachsene als unsere Eltern, die auch gut zu uns sind und sich überlegen, was sie uns beibringen können. Manchmal fühlen wir uns dagegen von den Erwachsenen ungerecht behandelt und unverstanden.

Fast unbemerkt schleicht sich ein Phänomen ein, das unser gesamtes Leben weit stärker beeinflussen wird, als wir uns vorstellen können: der Vergleich. Wir beginnen uns mit anderen Kindern zu vergleichen. Wer ist schneller oben am Kletterbaum? Wer erhält mehr Aufmerksamkeit von der Kindergar-

4. bis 6. Lebensjahr

tenpädagogin? Wer ist am beliebtesten in der Gruppe? Dabei wurden wir schon sehr früh von unseren Eltern mit anderen Kindern verglichen, ohne dass wir es bemerkt haben. Wann haben wir begonnen zu laufen? Wie schnell haben wir ganze Sätze gesprochen? Wie geschickt waren wir beim Dreiradfahren? Das Vergleichen mit anderen und die Bewertung durch andere beeinflussen das Bild, welches wir von uns selbst entwickeln.

Wie sich Selbstbilder formen und unser Leben beeinflussen

Die US-Wissenschaftlerin Carol Dweck entdeckte in ihrer Forschung, dass man schon bei Kindern solche mit einem dynamischen Selbstbild (Growth Mindset) von jenen mit einem fixierten Selbstbild (Fixed Mindset) unterscheiden kann.[1] Für Dweck ist dieses Selbstbild wesentlich für den Lebenserfolg von Menschen.

Im Zentrum steht die Frage, ob wir daran glauben, dass menschliche Eigenschaften in Stein gemeißelt oder veränderbar sind. Ein kurzer Test am Beispiel Persönlichkeit: Welche Aussage entspricht am ehesten Ihrer Meinung?

1. Ich habe bestimmte menschliche Eigenschaften, und es gibt nicht viel, was ich daran ändern kann.
2. Egal welche Eigenschaften ich jetzt habe, ich kann mich grundlegend verändern.
3. Ich kann einige Dinge anders machen, doch meine grundlegenden Eigenschaften bleiben konstant.
4. Ich kann selbst grundlegende Eigenschaften meiner Persönlichkeit verändern.

Die Aussagen 1 und 3 stehen für ein fixiertes, die Aussagen 2 und 4 für ein dynamisches Selbstbild. Auf der Website

4. bis 6. Lebensjahr

www.mindsetonline.com wird ein kostenloser Test angeboten, um Ihr Selbstbild herauszufinden.

Natürlich können Sie heute nicht mehr nachvollziehen, was Sie in der zweiten und dritten Stunde Ihres Lebens über diese Fragen gedacht haben. Es ist aber sinnvoll, darüber zu reflektieren, welche Bedeutung die unterschiedlichen Glaubenssätze für Ihr heutiges Leben haben könnten. Carol Dweck stellte in ihren Studien fest, dass die innere Einstellung zu diesem Thema einen entscheidenden Einfluss darauf hat, ob wir unsere Ziele erreichen und letztlich der Mensch werden, der wir sein wollen. Vor allem Lehrer und Eltern, die selbst mit einem fixierten Selbstbild durch das Leben gehen, tendieren dazu, dieses auch auf ihre Schüler beziehungsweise Kinder zu übertragen. Unabhängig davon, ob sie ein Kind als besonders intelligent und talentiert ansehen oder vom Gegenteil überzeugt sind, nehmen sie ihm damit die Motivation, sich über die vorgegebenen Grenzen hinaus zu entwickeln. Das als intelligent eingeschätzte Kind wird seine Leistungen als selbstverständlich annehmen, das schwächere Kind hingegen dazu tendieren, seine Schwächen zu verbergen, statt daran zu arbeiten, sie zu überwinden.

Besteht bei Menschen mit einem dynamischen Selbstbild nicht die Gefahr der permanenten Selbstüberschätzung, vor allem wenn ihre Eltern sie in ihrer Genievermutung noch bestärken? Tatsächlich fand Carol Dweck in ihren Untersuchungen heraus, dass viele Testpersonen ihre Leistungsfähigkeit falsch einschätzen. Erstaunlicherweise zeigte sich allerdings, dass Menschen mit einem dynamischen Selbstbild generell realistischer bezüglich ihrer Fähigkeiten waren. Offenbar sehen wir unsere momentanen Fähigkeiten klarer, selbst wenn diese noch wenig ausgebildet sind, sobald wir grundsätzlich davon überzeugt sind, sie weiterentwickeln zu können. Haben wir

4. bis 6. Lebensjahr

dagegen fixierte Vorstellungen über unsere eigenen Anlagen oder jene unserer Mitmenschen, tendieren wir dazu, nach Bestätigungen dafür zu suchen und widersprüchliche Ergebnisse zu verdrängen. All das führt zur verzerrten Selbstwahrnehmung. Der Harvard-Psychologe Howard Gardner ordnet in seinem Buch *Kreative Intelligenz* außergewöhnlichen Menschen das Talent zu, die eigenen Stärken und Schwächen gut einzuschätzen. Menschen mit einem dynamischen Selbstbild tun sich damit offenbar leichter.

Wie können Eltern ihre Kinder bei der Entdeckung der Welt unterstützen?

Kinder wollen begeisterte Eltern erleben. Allein das gemeinsame Beobachten des Sonnenaufgangs kann für sie zum spannenden Ereignis werden. Die größte Falle für Eltern ist die eigene Erschöpfung und die Delegation ihrer Erziehungsverantwortung an YouTube, wo sie ihre Kinder stundenlang Videos anschauen lassen. Dabei kommt kein Naturfilm an die Faszination der realen Erfahrung einer Begegnung mit einem Tier im Wald heran, dieses zu entdecken, ihm zu lauschen und es vielleicht sogar ganz nah zu beobachten. Die Aufgabe der Eltern besteht darin, Kindern aus der Versagensangst zu helfen, wenn sie zu früh aufgeben wollen, weil sie sich für zu dumm, zu klein oder zu unbegabt halten. Die Botschaft »Wir fallen nieder, damit wir lernen, wieder aufzustehen« können nur Eltern vermitteln.

»Um uns in der Welt schrittweise einquartieren zu können, sind wir darauf angewiesen, dass man sie uns zeigt«, schreibt Donata Elschenbroich in ihrem Bestseller *Weltwissen der Siebenjährigen*. Sie stellt darin die Frage, was Eltern ihren Kindern in den ersten Lebensjahren vermitteln und womit sie in Berührung kommen sollten. Elschenbroich betont dabei die

4. bis 6. Lebensjahr

Wichtigkeit der Freude am Experimentieren und am Abenteuer, die Welt zu entdecken. Dazu gehören Dinge wie Sahne zu schlagen, eine Batterie auszuwechseln, einen Schneemann zu bauen, bei einer fremden Familie zu übernachten, ein Museum zu besuchen oder über einen Friedhof zu spazieren. Kinder könnten nicht belehrt werden, sie können nur selbst lernen. Dabei brauchen sie allerdings andere Menschen. Ohne Mitspieler, Zuhörer, Mutmacher erlahmt der natürliche Forschungsdrang.

Ihre Vorschläge, die sie in unterschiedlichen Kulturen gesammelt hat, versteht Elschenbroich nicht als Patentrezepte: Jedes Kind sollte schon einmal ein Baby massiert, ein chinesisches Schriftzeichen geschrieben, auf der Bühne gestanden haben. Es sollte einen Streit aus zwei Positionen erzählen können und wissen, was Heimweh ist. Die Palette reicht von ganz schlichten Dingen (zum Beispiel andere Wahrnehmungsformen zu fördern, etwa Geruchs- oder Geschmackssinn) über kleine Experimente zur sanften Hinführung auf einfache physikalische Zusammenhänge (»Wie kann ein Gummibärchen trocken auf den Grund einer mit Wasser gefüllten Schüssel tauchen?«) bis hin zu ausgefallenen Ideen (ein fremdsprachiges Lied lernen, in einen Bach springen). Dass dieser von Donata Elschenbroich aufgestellte Kanon in *Weltwissen der Siebenjährigen* heftige Diskussionen ausgelöst hat, verwundert wenig. Ihre Anregungen können uns inspirieren, darüber nachzudenken, an welche Abenteuer wir uns noch aus unserer Kindheit besonders erinnern.

Wie wurden Sie erzogen? Gibt es den richtigen Erziehungsstil?

Eine Mutter fragt ihre vierjährige Tochter auf dem Spielplatz: »Magst du jetzt Pizza essen oder in den Zoo gehen oder den Opa besuchen?« Das kleine Kind reagiert völlig überfordert, wirft sich auf den Boden und beginnt hysterisch zu schreien. Die Mutter schaut verzweifelt und sagt zu den anderen Eltern, die diese Szene verfolgen, hilfesuchend: »Ich verstehe das Kind nicht ...«

Über die richtige Balance zwischen Führung und Selbsterfahrung haben sich Eltern und Experten seit Jahrhunderten die Köpfe eingeschlagen. Letztlich kristallisierten sich vier Erziehungsstile heraus. Der große Vorteil unserer Zeit besteht darin, dass die Wissenschaft uns basierend auf einer Vielzahl von Studien eindeutig empfehlen kann, welcher Stil der günstigste ist. Es geht um das Verhältnis von Zuwendung und Kontrolle.

»Wie die Zucht, so die Frucht« oder der autoritäre Erziehungsstil: Dieser zeichnet sich durch hohe Kontrolle und wenig Zuneigung aus. Es werden strenge Regeln aufgestellt, und die Autorität darf nicht hinterfragt werden. Werden Regeln gebrochen, gibt es eindeutige, manchmal harte Sanktionen. Lob und Zuneigung erhalten die Kinder primär für regelkonformes Verhalten. Das hat zur Folge, dass sie zwar bis zur Pubertät meist brav und angepasst leben, in der Jugend aber oft umso heftiger rebellieren. Zahlreiche Studien haben gezeigt, dass autoritär erzogene Kinder später eher selbst zu Aggressionen neigen und sich durch eine geringe soziale Kompetenz und ein geringes Selbstwertgefühl auszeichnen.

Der Laissez-faire-Erziehungsstil: Es herrschen hohe Toleranz und Akzeptanz für das kindliche Verhalten. Dahinter steht die Überzeugung, dass sich Kinder möglichst eigenständig entwickeln und ihnen keine Grenzen gesetzt werden sollen. Das führt allerdings oft zu Situationen, die ein Kind überfordern, und zu entsprechenden Versagensgefühlen. Kinder, die so erzogen wurden, kämpfen häufig mit großen Anpassungsproblemen beim Schuleintritt und tun sich auch im späteren Leben schwer mit dem Anerkennen von Autoritäten.

4. bis 6. Lebensjahr

Das Modell »Pippi Langstrumpf« oder der vernachlässigende Erziehungsstil: Die Eltern geben wenig Zuwendung und üben auch keine Kontrolle aus. Gründe dafür sind oft die Überforderung der Eltern mit ihrem eigenen Leben oder chronische Krankheiten. Auch die Wohlstandsverwahrlosung, bei der Eltern sich von ihrer Erziehungsverpflichtung durch ständige Geschenke freizukaufen versuchen, fällt unter die Vernachlässigung. Die Kinder sind mehr oder weniger sich selbst überlassen. Dieser Erziehungsstil hat meist besonders negative Folgen. Kinder weisen Störungen im Bindungsverhalten auf und kämpfen mit ihrem Selbstwertgefühl sowie mit ihrer intellektuellen Entwicklung.

Der demokratische Erziehungsstil: Seit 40 Jahren beweisen Studien, dass dieser der bestmögliche ist, sagen die beiden Entwicklungspsychologinnen der Universität Wien, Ursula Kastner-Koller und Pia Deimann: »Er verbindet hohe Zuwendung mit altersangepasster Kontrolle. Es werden Freiräume zur Selbsterfahrung definiert und auch ausgeweitet, Überforderung durch Erfahrungen, die noch nicht bewältigt werden können, aber verhindert. Kinder, die so erzogen wurden, erbringen im Vergleich mit den anderen Erziehungsstilen auch die besten Schulleistungen.«[2] Für die Eltern ist der demokratische Stil aber herausfordernd, weil er statt starrer oder keiner Regeln diese der Entwicklung des Kindes entsprechend ständig neu anpassen muss. Das beginnt damit, Kinder spielen zu lassen, ohne sie zu überwachen, und setzt sich fort darin, ihnen wichtige Aufgaben zu übertragen, ohne sie dabei zu kontrollieren. Beim Geschirrabtrocknen kann schon einmal ein Teller herunterfallen und kaputtgehen. Der Sturz vom Sessel ist meist nicht gefährlich, der aus dem Fenster sehr wohl. Die Grenzen werden von den Eltern immer wieder ein bisschen ausgedehnt, damit Kinder etwas Neues entdecken und so zu lernenden, neugierigen Menschen werden können.

4. bis 6. Lebensjahr

Die Orchideenkinder – warum sensible Menschen oft widerstandsfähiger sind

Oberflächlich betrachtet gibt es robuste und sensible Kinder. Bei besonders empfindsamen Kindern ging man bisher davon aus, dass sie im späteren Leben häufiger unter Angststörungen und Depression leiden würden. Die Entwicklungspsychologen Jelena Obradović und Thomas Boyce wollten herausfinden, wie positive Umweltbedingungen sich auf sensible Kinder auswirken.[3] Dabei konnten sie beobachten, dass feinfühlige Kinder ohne Stress in ihrer Umgebung weniger verhaltensauffällig waren, sich deutlich mehr in der Vorschule engagierten und sich sozial umgänglicher zeigten. Mehr noch, sie entwickelten sich sogar besser als ihre robusteren Altersgenossen. Ähnliches konnten die Kinderpsychologen Jay Belsky und Michael Pluess vom Institute for the Study of Children, Families and Social Issues an der Londoner Birkbeck-Universität feststellen. Sie begleiteten Kinder von mehr als 1 300 Familien vom sechsten Lebensmonat bis zum zwölften Lebensjahr. Es zeigte sich, dass Kinder mit einem fragileren Wesen am meisten von mütterlicher Zuwendung sowie der Fürsorge in Krabbelstuben, Kindergärten und Schulen profitierten. Jay Belsky: »Dass die Kinder bis in die sechste Jahrgangsstufe eine so anhaltende Sensibilität zeigen, lässt uns hoffen, dass diese Beeinflussbarkeit auch während der Pubertät und womöglich noch länger anhält.«

Diese und spätere Untersuchungen markieren ein Umdenken in der Entwicklungspsychologie. Glaubte man früher, dass Kinder mit einer Veranlagung zu hoher emotionaler Empfindlichkeit davon ein Leben lang belastet sein würden, zeigte sich, dass diese oft über ein großes Potenzial verfügten, welches sie allerdings lediglich in einem emotional unterstützenden Umfeld entfalten konnten. »Sensibelchen« sind nicht pathologisch, sondern sie reagieren nur verstärkt auf das Gute wie das Schlechte in der Welt. Sie nehmen sich alles mehr zu Herzen, was im richtigen Zusammenhang sehr positiv sein kann. Forscher beschäftigen sich heute vermehrt mit den Ursprüngen sogenannter psychischer Störungen: »Biologische Veranlagungen, die uns nur zum Nachteil gereichen, hätten dem selektiven Druck der Evolution dauerhaft nicht standhalten können«, vermutet der Würzburger Verhaltensforscher Klaus-Peter Lesch. »Wir wissen also, dass diese Risikomerkmale, die bei einem erheblichen Teil der Bevölkerung vorkommen, unter bestimmten Bedingungen auch ihre gute Seite haben können. Und die Forschergemeinde ist dabei, diese Vorzüge zu entdecken.«[4]

Entwicklungspsychologen benutzen für sensible Menschen inzwischen eine Metapher aus der Botanik: Die meisten Kinder sind wie Löwenzahn, sie schlagen überall Wurzeln, halten durch und überleben. Einige sind aber wie Orchideen: Zerbrechlich und unbeständig, doch im Treibhaus gedeihen sie wunderbar. Wie die exotischen Blumen blühten sie auf, sobald man ihnen die richtige Pflege angedeihen lässt. Sie brauchen nur Freunde, Lehrer, Mentoren und Vorgesetzte, die jene Sensibilität nicht als etwas Lästiges abtun, sondern ihr mit Respekt begegnen. Dann sind solche Menschen zu ungeahnten Höhenflügen befähigt und eine enorme Bereicherung für ihre Mitmenschen.

Reflexionen über die zweite Stunde

Der stärkste Mechanismus der Erziehung ist die Identifikation mit den Eltern und das Lernen von deren Verhalten. Dieser funktioniert sowohl im positiven Sinne, wenn sich

4. bis 6. Lebensjahr

die Eltern zueinander liebevoll und respektvoll verhalten, als auch leider im negativen. Kinder, die geschlagen oder missbraucht werden, identifizieren sich mit dem Täter, und es besteht die Gefahr, dass sie als Erwachsene selbst zu Tätern werden.

Kinder haben sensible Antennen für das Feedback und Lob ihrer Eltern. Sie hören genau heraus, ob sie für ihre persönlichen Eigenschaften wie Intelligenz, Schönheit und Kreativität gelobt werden oder für Eigenschaften, auf die sie selbst Einfluss nehmen können, wie Lernfreude, Anstrengung und Durchhaltevermögen nach Misserfolgen. Mit jedem Wort tragen Eltern dazu bei, welches Selbstbild sich festigt, beurteilen sie die unveränderlichen positiven (»Du bist eine wunderschöne kleine Prinzessin«) oder negativen Eigenschaften (»Du bist ein ungeschicktes Dummchen«) oder vermitteln die Einstellung, dass das Leben ein ständiger Lernprozess ist und sich alle Dinge zum Besseren verändern lassen (»Super, dass du so viel trainiert und daher eine Medaille gewonnen hast«).

Die Theorie vom dynamischen und fixierten Selbstbild soll vor allem bewirken, dass wir unsere Glaubenssätze im Laufe unseres Lebens hinterfragen und verändern können. Die Möglichkeit, die eigene Perspektive um das dynamische Selbstbild zu erweitern, bedeutet noch lange nicht, dass für uns alles erreichbar ist, wie wir spätestens in der siebten Stunde sehen werden. Faktoren wie Persönlichkeitseigenschaften und der Intelligenzquotient, aber auch die Glücksfähigkeit haben eine angeborene Komponente, die einen Rahmen der möglichen Entwicklung vorgibt. Dieser genetisch vorgegebene Rahmen lässt sich ausdehnen wie ein Gummiband, allerdings nur bis zu einem bestimmten Punkt. Daher ist es sinnvoller, uns auf die Entwicklung jener Potenziale zu konzentrieren, die stark in uns veranlagt sind.

4. bis 6. Lebensjahr

Welche Erkenntnisse der zweiten Stunde könnten Bedeutung für Ihre aktuelle Lebensphase haben?

- Was haben Sie in Ihrer Kindheit besonders gerne gespielt? Hatten diese Lieblingsbeschäftigungen Einfluss auf Ihre berufliche Laufbahn?
- Glauben Sie, dass Ihre Kinder eher ein statisches oder ein dynamisches Selbstbild haben? Wie sehen Sie sich selbst?
- Gibt es etwas, das Sie bei der Erziehung Ihrer eigenen Kinder anders als Ihre Eltern machen wollen?

In der kommenden dritten Stunde werden in der Schule erste entscheidende Weichen dafür gestellt, ob Sie sich zu einem lernenden Menschen entwickeln oder ob Lernen für Sie Öde, Zwang und Langeweile bedeutet. Sie werden sich vielleicht fragen, ob sich für Ihre Kinder seit Ihrer eigenen Schulzeit etwas verändert hat.

1 Carol Dweck: Selbstbild. Wie unser Denken Erfolge und Niederlagen bewirkt. München 2009, S. 9–20.
2 Ursula Kastner-Koller/Pia Deimann: Der Wiener Entwicklungstest. Ein Verfahren zur Erfassung des allgemeinen Entwicklungsstandes bei Kindern von 3 bis 6 Jahren. Göttingen 2012.
3 Hubertus Breuer: »Umdenken in der Entwicklungspsychologie«. In: Süddeutsche Zeitung, 29. Dezember 2010.
4 Hubertus Breuer: »Wilder Löwenzahn, fragile Orchidee«. In: Süddeutsche Zeitung, 29. Dezember 2010.

DIE DRITTE STUNDE
schildert, wie einfach Schule uns zu wissbegierigen Menschen machen könnte und warum wir uns jedenfalls die Lust am Lernen nicht verderben lassen sollten.

7. bis 11. Lebensjahr

»Persönlich bin ich immer bereit zu lernen, obwohl ich nicht immer belehrt werden möchte.«
Winston Churchill

Sofies Welt – ein Blick in die Kristallkugel

Wie sieht die Zukunft für ein Kind aus, das im Jahr 2016 geboren wurde?[1] Nennen wir dieses Kind Sofie. Beginnen wir die dritte Stunde positiv und schauen wir, welche Bildungslaufbahn im Idealfall auf Sofie warten könnte.

Wir schreiben das Jahr 2022: Es ist Montag, der 5. September. Sofie geht mit Schultüte und Eltern in die Schule. Aufregender erster Tag in der Privatschule. Die meisten Eltern, die sich das irgendwie leisten können, schicken ihr Kind auf eine Privatschule, weil diese sich ihre Lehrer aussuchen kann. Was auf Sofie zukommt, kennt sie schon aus der Vorschule. Dort wurden ihre Stärken gefördert, aufgrund des bilingualen Unterrichts spricht sie bereits gut Englisch, so wie die meisten ihrer Mitschüler in der ersten Klasse der Volksschule. Lehrer Kalić verdient besser als seine Kollegen im öffentlichen Schulsystem, dafür arbeitet er den ganzen Tag an der Schule, bildet sich im Sommer mindestens zwei Wochen fort und ist kündbar. Er hat zwei Ziele: Sofies spielerischen Lernwillen zu fördern, sie motiviert zu halten. Und ihr beizubringen, selbstständig zu lernen. Sofies Welt verändert sich laufend, viel stärker als früher. Sie muss dauernd neue Sachen lernen, aber sie ist daran gewöhnt. Das Neue ist für sie ein spannendes Abenteuer. Im Flipped Classroom ist die Schule auf den Kopf gestellt. Früher einmal hat der Lehrer den Stoff vermittelt, dann Hausübungen verteilt. Der Lehrer hat sich damals frontal an die fiktive Durchschnittsschülerin gerichtet – das war nicht individuell genug. Heute lernt Sofie selbst, in ihrem

7. bis 11. Lebensjahr

Tempo, mit Unterrichtsmaterialien, die sie auf ihrem Tablet aufruft. Aufgaben werden oft in kleinen Gruppen gelöst, der Lehrer unterstützt erst, wenn die Gruppen nicht weiterkommen. In manchen Fächern, wo Sofies Schwächen liegen, bleibt sie auf den Mindestanforderungen. In ihren Glanzfächern, Mathematik und Schreiben, wird sie ständig gefordert und bekommt ausgezeichnetes Feedback in ihr Portfolio, das über das ganze Jahr transparent geführt wird und nicht wie früher nur zweimal im Jahr als Zeugnis verteilt wurde.

Wir schreiben das Jahr 2026: Nach der Volksschule geht Sofie aufs private Technik-Gymnasium. Mittlerweile sind dort fast so viele Mädchen wie Buben, sie kann sich zu ihren Pflichtfächern ihre liebsten Wahlfächer aussuchen. Ein Unterrichtsfach heißt »Verantwortung«. Hier erlebt Sofie, dass sie etwas tun kann, was in der Welt gebraucht wird. 2030 entscheidet sie sich nach langen Überlegungen für die Oberstufe. Auch die Kombination aus Lehre und Matura hätte sie interessiert. Es gibt zwar nur noch 60 Lehrberufe, früher sollen es 300 gewesen sein. Sie will trotzdem lieber weiter in die Schule gehen, später einmal studieren.

Wir schreiben das Jahr 2034: Österreich ist ein Land der Pensionisten geworden. Der Arbeitsmarkt hat in den vergangenen Jahren Hunderttausende Personen verloren, dafür gibt es jetzt 2,35 Millionen Menschen über 65. Fünf ihrer Lehrer haben Sofie gezielt auf die zentrale Matura vorbereitet, die von externen Prüfern bewertet wird. Im Fach »Verantwortung« hat sie gelernt, mit Stresssituationen umzugehen, und sie kennt die für sie ideale Lernstrategie. Sie besteht die Reifeprüfung mit Auszeichnung und entscheidet sich wie 40 Prozent ihrer Jahrgangskollegen für ein Studium. Davor arbeitet sie ein halbes Jahr für eine internationale Organisation in Nigeria, um die Kultur dieser Boomregion kennenzulernen.

7. bis 11. Lebensjahr

Das hat ihr zusätzliche Punkte beim dreistufigen Aufnahmeverfahren für das Studium »Human Smart Tech and Robotics« gebracht. Nach vier Jahren Technik-Studium schließt sie 2038 mit dem »Master of Engineering« ab und beginnt, unter den Angeboten auszuwählen, die sie bereits während des Studiums erhalten hat.

Gehören wir zu den Gewinnern oder Verlierern im Glücksspiel Schule?

Wenn wir Glück haben, werden wir in eine gebildete Familie hineingeboren. Unser Vater und unsere Mutter diskutieren bereits sehr früh über die für uns bestmögliche Schule. Manche übertreiben es dabei ein bisschen und beginnen schon beim ersten Ultraschallbild von uns mit der Planung unserer Bildungslaufbahn. Dabei wäre es für unsere Eltern gar nicht so schwer herauszufinden, ob sie die für uns passende Schule gefunden haben. Sie müssten uns nur zuhören, was wir ihnen nach dem Heimkommen erzählen. Wenn es aus uns nur so heraussprudelt, welche neuen Dinge wir gelernt haben, dann ist alles bestens. Ein guter Test ist auch die Sprechstunde. An einer guten Schule ist es selbstverständlich, dass wir dabei sind und unseren Eltern zeigen dürfen, was wir schon alles können. Die Lehrerin wird unsere Eltern auch damit überraschen, sie auf unsere bisher verborgenen Talente hinzuweisen, die sie vielleicht noch gar nicht bemerkt haben. Es herrscht ein Klima des Vertrauens, wir mögen unsere Lehrerin, und sie mag uns – auch wenn sie uns manchmal freundlich, aber deutlich sagt, wenn wir uns falsch verhalten haben. Meistens wissen wir das ohnehin selbst. Besonders freuen wir uns auf Tage, an denen uns Menschen aus der echten Welt da draußen etwas beibringen, wie Tänzer, Gärtner, Handwerker, Entwicklungshelfer, Erfinder oder Sportler. Nach vier Jahren sind wir stolz darauf, dass wir sehr gut lesen, rechnen und einen Aufsatz schreiben können.

Gehören wir dagegen zu jenen, die beim Glücksspiel Schule eine Niete gezogen haben, so fragen wir nach der ersten Schulwoche bereits: »Mama, wie lange muss ich noch in die Schule gehen?« Doch unsere Mutter hat selbst schlechte Erinnerungen an ihre Schulzeit. Schnell ahnen wir, dass Schule ein langer kalter Regen ist, durch den wir durchmüssen. Wir sollen still sitzen, ruhig sein und aufpassen. Statt zu lernen, was uns brennend interessieren würde, werden wir belehrt, um dann geprüft zu werden. Am meisten fürchten wir uns davor, aus der Schule rausgenommen zu werden und alle unsere Freunde zu verlieren. Am Ende unserer Volksschulzeit bekommen wir mit einem Zeugnis bestätigt, dass wir Versager sind. Meist werden wir klitschnass an eine »mittlere« Schule weitergereicht, weil wir für eine »höhere« zu schlecht sind. Auch dort weiß die Schule nichts mit uns anzufangen. Und wir wissen auch nichts mit Schule anzufangen. Wir fragen uns nur, ob das wirklich so sein muss.

Schule als Fernlerninstitut: »Liebe Eltern, liebe Schüler, viel Spaß beim Lernen ...«

»Welcher Mensch ich wirklich bin, hat in meiner Schule niemanden interessiert. Ich hatte nie die Möglichkeit, das zu tun, was mir Freude gemacht hat. Schule war Zwang für mich, immer zu müssen, müssen, müssen. Weil ich eine Einser-Schülerin sein wollte, habe ich alles stur in mich eingesaugt, manchmal aus Zorn darüber geweint, statt mich mit den Dingen zu beschäftigen, die mich interessiert hätten, Gedichte schreiben, malen oder die englische Sprache perfekt lernen. Schule war

7. bis 11. Lebensjahr

ein Kampftraining fürs Leben, Dinge, die ich absolut nicht tun wollte, trotzdem bestens zu meistern«, erinnert sich Eva-Maria an ihre Zeit in einer »lähmenden Schule«.

Die »lähmende Schule« ist vor allem eine »So als ob«-Schule. Sie findet in Gebäuden und mit Lehrplänen statt, die »so tun, als ob« Kinder außerhalb der Turnstunde keinen Körper hätten. Dazu kommen Eltern, die »so tun, als ob« sie nicht wüssten, wozu ihre Kinder fähig sind. Und alle »tun so, als ob« es ihnen um das Wohl jedes einzelnen Kindes ginge. Im Unterricht ist die »Osterhasenpädagogik« ein Kennzeichen der lähmenden Schulen: Der Lehrer versteckt das Wissen vor seinen Schülern, und die müssen danach suchen, »so als ob« es Ostereier wären. Andere verteilen seit Jahren die gleichen lieblosen Arbeitsblätter, »so als ob« durch deren stupides Ausfüllen Neugierde entfesselt werden könnte. Es darf daher nicht verwundern, dass die Schüler dann »so tun, als ob« sie aufpassen würden, und bei Prüfungen simulieren, dass sie auch etwas verstanden hätten. Die Eltern erleben lähmende Schulen als Fernlerninstitute mit Anwesenheitspflicht für die Schüler am Vormittag und Nachlernpflicht für die Eltern am Nachmittag. Eltern erhalten dann per E-Mail den gesamten Schularbeitsstoff mit genauen Seitenangaben des Lehrbuchs mit der freundlichen Anrede: »Liebe Eltern, liebe Schüler, viel Spaß beim Lernen ...«

Es gibt auch die geschickten Schüler, die »Schule gut können«. Sie haben schnell durchschaut, was einzelne Lehrer genau wollen, und »liefern« das dann wie verlangt. Sind diese Schüler mit einem guten, idealerweise mit einem fotografischen Gedächtnis gesegnet, schaffen sie es oft zum Vorzugsschüler, ohne auch nur auf einem einzigen Gebiet vorzüglich zu sein. Das führt dazu, dass selbst Maturanten beziehungsweise Abiturienten zwei Jahre nach der Matura 95 Prozent von

7. bis 11. Lebensjahr

dem, was sie gelernt haben, wieder vergessen. Warum hat die lähmende Schule so lange überlebt? Weil sie seit Generationen von überaus großzügigen Philanthropen finanziert wird – uns, den Steuerzahlern. Studien des Glücksforschers Mihály Csíkszentmihályi zeigen, dass die Schüler sich am wohlsten auf den Gängen und im Buffet gemeinsam mit ihren Freunden fühlten. Dagegen empfanden sie 75 Prozent der Dinge, die sie im offiziellen Unterricht tun mussten, als demotivierend. Interessant ist, dass sowohl die Motivation als auch die Aufmerksamkeit bei freiwilligen Übungen, die außerhalb des offiziellen Unterrichts stattfanden, durchaus hoch waren. Es war folglich keineswegs mangelndes Interesse zu lernen, sondern ganz offensichtlich die Art des klassischen Schulunterrichts, die Schüler so abstieß. Sie lebten dann nach dem alten Schülerkalauer: »Lieber sechs Stunden Schule als gar keinen Schlaf.« Eine Erfahrung, die viele Eltern teilen werden, die sich immer wieder wundern, mit welcher Begeisterung ihre Kinder oft sehr schwierigen Hobbys in ihrer Freizeit nachgehen, um sich gleichzeitig zu weigern, auch nur einfachste Dingen zu lernen, sobald diese mit der offiziellen Schule zu tun haben. Kinder lernen blitzschnell, Lieder von Webplattformen herunterzuladen, sorgsam in virtuelle Alben einzupassen und jeden technologischen Wachstumsschritt mitzumachen. Sie bringen ihren Eltern den Umgang mit dem Smartphone oder dem Computer bei. Man darf den Lerntrieb eben nur nicht wie in der Belehrungsschule behindern, dann wächst er im Laufe des Lebens immer mehr.

dm-Drogeriemarkt-Gründer Götz Wolfgang Werner begegnet der mangelnden Lernfreude vieler Lehrlinge mit innovativen Ideen. So nennt er seine Auszubildenden »Lernlinge« und schickt sie während ihrer Ausbildung zu Künstlern, um »sie wiederzubeleben«.

7. bis 11. Lebensjahr

Muss Lernen immer Spaß machen?

Bildungsforscher untersuchten, wie oft Erstklässler öffentlicher Grundschulen in den USA ihre Lehrerinnen pro Stunde mit Fragen unterbrechen. Sie zählten durchschnittlich 20 Zwischenfragen pro Unterrichtsstunde. Dann machten sie das gleiche Experiment mit Grundschülern der vierten Klasse. Sie fanden heraus, dass nach vier Schuljahren die Schüler ihre Lehrerinnen nur mehr ein- bis zweimal pro Stunde mit Zwischenfragen unterbrachen. Warum ist das so? Kinder lernen, weil sie neugierig sind. Sie bombardieren ihre Eltern mit Fragen wie »Warum geht die Sonne am Abend unter?« oder »Warum können Vögel fliegen und wir nicht?«. In der Schule stören Fragen den Lehrplan. Selbst eine sehr gute Grundschullehrerin wird auf die Frage eines Schülers, die gerade nicht zum unterrichteten Gegenstand passt, irgendwann antworten: »Das ist eine interessante Frage, Beatrice, dazu kommen wir bald, jetzt haben wir aber Rechnen.« Die Schüler merken dann schnell, dass es in der Schule nicht um Dinge geht, die sie interessieren, sondern um »Gegenstände«. Schüler interessieren sich aber nicht für Gegenstände, sondern für Menschen. Lernen ist ein sozialer Prozess, der ohne die Beziehung zum Lernenden nicht stattfindet.

Das Lernen von Formeln oder Vokabeln macht selten Spaß. Dabei wird Spaß mit Freude verwechselt. Anstrengung beim Erlernen einer neuen Fähigkeit ist eine ganz wesentliche Voraussetzung dafür, um bei deren Ausübung Freude empfinden zu können. Diese Freude ist wiederum Antriebsfeder, um die nächste Stufe der Kompetenz zu erklimmen. Sonst würde fast niemand die von ständigen Fehlern gekennzeichneten Anfangsphasen beim Erlernen von Tennis, Skifahren oder einer Fremdsprache überwinden. Wer beim Radfahren unsicher wackelt, wird nicht auf den Tretroller zurückgesetzt, sondern

7. bis 11. Lebensjahr

man motiviert ihn, mehr zu üben und sich über den Erfolg zu freuen. Voraussetzung für das Funktionieren jenes Grundprinzips der Eigenmotivation ist das Erkennen, warum eine Anstrengung Sinn macht. Man muss die notwendigen Voraussetzungen haben, gut vorbereitet sein und vor allem von der Sinnhaftigkeit seines Tuns überzeugt sein. Das gilt für Kinder genauso wie für Erwachsene. Man kann niemanden auf einen hohen Berg hinaufschleppen, wenn das für den Betroffenen selbst kein erstrebenswertes Ziel ist. Ein logisches Prinzip, das man leider ausgerechnet in vielen Schulen außer Kraft zu setzen versucht – mit viel Leiden für alle Betroffenen. Dabei gäbe es ein einfaches Prinzip: Begeisterung beim Lernen schlägt alles.

Wir wissen heute genau, nach welchen Prinzipien Kinder idealerweise lernen:

1. *»trial and error«, also ausprobieren und Fehler machen:* Kinder lernen zu gehen, indem sie sich aufrichten, hinfallen, sich wiederaufrichten, einige Schritte gehen, hinfallen und sich wiederaufrichten. Eltern kämen wohl nie auf die Idee, ihren Kindern, nachdem diese zehnmal hingefallen sind, zu sagen: »Du bist leider zu dumm zum Zweibeiner, du kommst in die Gruppe mit den Vierbeinern.« In vielen Schulen machen wir aber genau das, indem wir die gescheiterten Versuche zählen und nicht die erfolgreichen. Und das, obwohl wir auch als Erwachsene Neues noch immer nach dem Trial-and-Error-Prinzip lernen. Stellen Sie sich vor, Sie packen mit großer Freude das neueste Smartphone aus und ihr kleiner Sohn nimmt es Ihnen lachend weg, mit den Worten: »So, du hast jetzt genau einen Versuch, es zu registrieren. Wenn du einen Fehler machst, dann gehört es mir.«

2. *Das Voneinander-Lernen:* Helen Parkhurst hat schon vor hundert Jahren herausgefunden, dass Kinder am besten voneinander lernen. In der von ihr gegründeten Dalton School schuf

sie daher »Laboratorien«, in denen die Schüler einander dabei unterstützten, Aufgaben zu bewältigen. Eine Erfahrung, die wir wohl alle gemacht haben, wenn uns der Beste in Mathematik in der großen Pause etwas erklärte, was uns der Lehrer in einem halben Jahr nicht verständlich machen konnte. Der erklärende Schüler erreicht sogar ein höheres Lernniveau, weil ihm auf diese Weise bewusst wird, falls er etwas nicht zu hundert Prozent verstanden hat. Die Anwendung dieses Prinzips funktioniert allerdings nur, wenn einige Schüler tatsächlich schon so weit sind, dass sie anderen etwas vermitteln können. Packt man Schüler, die ausschließlich der untersten Bildungsschicht entstammen und von denen 80 Prozent kein Wort Deutsch sprechen, in einer Klasse zusammen, werden diese einander selbst beim besten Willen zumindest nicht Mathematik beibringen können.

3. *Kinder lernen gerne, wenn sie den Sinn für sich erkennen.* In der Schule bewegen sie sich spielerisch in den sozialen Netzwerken, weil sie sonst schnell den Anschluss an ihre Freunde verlieren. Stehen dagegen im Physikunterricht die technischen Grundlagen all dieser Wundersachen auf dem Lehrplan, langweilen sie sich schnell. Dabei könnte ihre Neugierde geweckt werden, wenn man ihnen einmal erklären würde, welche Zauberdinge in ihrem Smartphone drinnen sind, um damit an ihre Erlebniswelt anzuknüpfen. In der schulischen Realität klammert man sich seit 80 Jahren an den klassischen Fächerkanon, der eindeutig nicht den Lernbedürfnissen der Schüler entspricht, sondern pädagogische Herrschaftsgebiete verteidigt.

Reflexionen über die dritte Stunde

Wie viele Kinder wissen mit elf Jahren genau, was sie einmal werden wollen? Sehr wenige. Daher brauchen Kinder die Möglichkeit, ständig auszuprobieren, was sie leidenschaftlich gerne tun und worin sie besonders talentiert sind. Die lebendige Schule versucht daher nicht, zu früh zu perfektionieren, sondern Kinder darauf vorzubereiten, mit den vielen Wahlmöglichkeiten umzugehen, die sich ihnen einmal bieten werden, wenn sie selbst für ihr Leben Verantwortung übernehmen. Gehen Kinder immer nur den bequemen Weg, werden sie später nirgends wirklich hervorragend sein. Sobald sie dagegen mit Selbstdisziplin und Begeisterung an einer Sache dranbleiben, beherrschen sie diese irgendwann wirklich gut und werden dafür mit viel Freude belohnt.

Begabte Kinder zeichnen sich von ihrer Persönlichkeitsstruktur her durch zwei Eigenschaften aus, die unabhängig vom Ausmaß und dem Gebiet ihrer Begabung sind: Erstens sind sie offen für das tiefe positive Erleben, das ihnen die Ausübung ihres Talents ermöglicht, und sie lassen sich weniger von anderen Dingen ablenken als vergleichbare Altersgenossen. Zweitens brauchen sie mehr Zeit des Alleinseins, um ihr Talent vertiefen zu können. Das führt mitunter zu emotionalen Schwankungen, die sie aber durch die Glücksgefühle, die sich durch das Ausleben ihres Talents einstellen, ausgleichen können.

Alle Kinder haben Talente, aber nicht alle Kinder sind dafür geschaffen, »Schule gut zu können«. Sie werden ausgemustert, weil sie nicht gut genug sind. Sie landen dann irgendwo – in einer anderen Klasse, wo sie wiederholen, oder in einer anderen Schule. Hilfe für diese Kinder, die zu Hause oder mit sich selbst große Probleme haben, bleibt dem Zufall überlassen, vor allem wenn sie nicht sehr engagierte und belastbare Eltern haben. Manchmal gibt es einen Lehrer, der das zu seiner Sache macht, belohnt wird er vom Schulsystem dafür nicht. Die Schule setzt die seit einem Jahrhundert mehr oder weniger unveränderten formalen Kriterien fest, die zu erfüllen sind. Herausforderungen wie familiäre Konflikte, Pubertät, Selbst-

7. bis 11. Lebensjahr

zweifel oder Krankheit, die ein junger Mensch zu bewältigen hat, finden keine Berücksichtigung. Manche kommen früh unter die Räder, das sind dann jene, die in der siebten Stunde ahnen, dass es das Leben nicht gut mit ihnen meinen könnte. Verantwortungsvolle Eltern wissen heute durchaus, wie wichtig die Entscheidung der richtigen Schule für ihr Kind ist. Aber die optimale Schule für jedes Kind gibt es leider nicht. Für manche wird eine traditionelle Schule mit klaren Aufgaben und Strukturen durchaus passend sein, andere werden sich in einer reformpädagogischen Schule wie Montessori oder Waldorf wohler fühlen. Noch viel wichtiger als die Schule ist die Lehrerin, die ein Kind in der Volksschule tatsächlich unterrichtet. An ein und derselben Schule kann eine Lehrerin großartig sein, die andere in der Parallelklasse deutlich weniger. Vier Jahre lang wird es von dieser Lehrerin abhängen, ob Ihr Kind gerne in die Schule geht, ob seine individuellen Talente gefördert werden oder ob Lernen als Zwang und Langweile empfunden wird. Es macht daher Sinn, sich diese Volksschullehrerin genau anzuschauen. Sie stellt die Weichen zum lernenden Menschen für Ihr Kind. Wenn sie das hervorragend macht, dann sagen Sie ihr das bitte so oft wie möglich. Gerade gute Lehrer leiden unter einem Mangel an positiver Wertschätzung.

Welchen Einfluss hatten Ihre Erfahrungen in der dritten Stunde darauf, ob Sie heute ein neugieriger und lernender Mensch geworden sind?

- Träumen Sie heute noch manchmal von Ihrer Schulzeit?
- Nehmen Sie ein Blatt, machen Sie zwei Spalten. Was waren Lehrinhalte, die Sie bis heute nicht missen möchten? Welche Erfahrungen aus Ihrer Schulzeit haben Ihnen langfristig geschadet? Welche Spalte ist länger?

7. bis 11. Lebensjahr

In der dritten Stunde gibt es ein Gebot: Jedes Kind hat das Recht auf zumindest einen großartigen Lehrer. Das können Sie leider für sich selbst im Nachhinein nicht mehr reklamieren, aber für Ihr eigenes Kind sehr wohl. Wenn es an der Schule Ihres Kindes keinen einzigen großartigen Lehrer gibt, sollten Sie diese wechseln. Diese frühe Weichenstellung entscheidet viele Jahre später in der zwanzigsten Stunde über Glück oder Unglück. In der Wissensgesellschaft gibt es keine Alternative zum selbstbestimmten Lernen und Arbeiten. Menschen, die begeistert lernen, werden ein gutes Leben haben.

---

1 Sandra Baierl / Andrea Hlinka: »Jahrgang 2016: 100 Jahre und eine Million, Baby«. In: Kurier, 11. Januar 2016.

DIE VIERTE STUNDE
beschreibt unsere Gefühlsschwankungen zwischen Allmachtsfantasien und quälenden Selbstzweifeln.

12. bis 15. Lebensjahr

»Was meine Neugierde suchte, was mir Träume, Lust und Angst schuf, das große Geheimnis der Pubertät, das passte gar nicht in die umhegte Glückseligkeit meines Kinderfriedens. Ich tat wie alle. Ich führte das Doppelleben des Kindes, das doch kein Kind mehr ist.«
Hermann Hesse, Demian

Im Haus des Unternehmers Franz hängt ein altes Luftdruckgewehr als Erinnerung an seine ziemlich wilden Jugendzeiten an der Wand. Franz sprengt gerade den Rasen, als er seinen 16-jährigen Stiefsohn Sascha nach Hause kommen sieht. Dieser hatte, bevor er wegging, wie so oft ein totales Chaos im Badezimmer hinterlassen. »Ich bin es satt, hinter dir herzuräumen, wisch deinen Dreck selber weg, du Ferkel!«, ruft Franz Sascha zu. Daraufhin stürzt sich der 16-Jährige auf den Stiefvater und beginnt, ihn mit Kickboxtritten zu attackieren. Franz schützt sich, indem er Sascha mit dem Gartenschlauch abspritzt, in der Hoffnung, dass der Jugendliche wieder einigermaßen seine Beherrschung wiedererlangt. Sascha stürmt triefend nass ins Haus, reißt das Luftdruckgewehr von der Wand und schreit seinem Vater vom Fenster aus zu: »Jetzt bringe ich dich um, du Schwein!« Franz ist fassungslos, bleibt aber gelassen. Er weiß, dass nichts passieren kann, weil das Luftdruckgewehr nicht funktioniert und es auch keine Munition dafür gibt. Durch das Geschrei alarmiert, mischt sich Saschas Mutter ein und beruhigt ihren Sohn einigermaßen. Der verlässt das Haus und erscheint erst drei Tage später wieder, als wäre nichts gewesen. Viele Jahre später reden Franz und Sascha über den Vorfall. Sascha kann sich sein damaliges Verhalten überhaupt nicht erklären, er war weder auf Drogen noch betrunken. Er habe einfach nur mehr rotgesehen, und alle Kontrollmechanismen versagten. Zumindest gesteht er seinem Stiefvater zu: »Ich muss zugeben, du hast es wirklich nicht leicht gehabt mit mir.«

12. bis 15. Lebensjahr

Was passiert, wenn aus Kindern junge Erwachsene werden?

Die Pubertät bricht im wahrsten Sinne des Wortes bei Mädchen und Burschen über Nacht herein. Wir selbst verstehen diesen gewaltigen körperlichen und psychosozialen Prozess erst im Rückblick, wenn wir erwachsen sind. Als Pubertierende sind wir Kinder, die sich zu jungen Menschen transformieren. Wir entwickeln uns von durch unsere Eltern behüteten, aber auch kontrollierten Kindern zu selbstbestimmten eigenen Persönlichkeiten. Das ist ein ständiges Wandeln auf einem engen Pfad, an dessen Ende das Erwachsensein als ersehntes Ziel immer wieder kurz sichtbar wird, um im nächsten Augenblick vom Nebel der Selbstzweifel und Absturzängste verdeckt zu werden. Plötzlich fangen Jugendliche an, sich merkwürdig zu kleiden. Sie stecken sich Ringe in die unmöglichsten Körperteile und berauschen sich an Tönen, die selbst noch so tolerante Eltern eher an Flugzeugabstürze als an Musik erinnern. Beim Gespräch mit solchen Jugendlichen beschleicht einen das Gefühl, sich mit einem Alien von einem anderen Stern zu unterhalten, der noch vor kurzer Zeit ein liebes, anhängliches Kind war.

In der stürmischsten Wachstumsphase zwischen 10 und 16 Jahren können Jugendliche bis zu elf Zentimeter im Jahr zulegen! Innerhalb von drei bis vier Jahren wachsen Mädchen um 25 Prozent und verdoppeln ihr Körpergewicht. Dadurch verändern sich die Proportionen erheblich. Die typisch weiblichen Rundungen entstehen. Bei den Jungen beginnt und endet die Wachstumsphase um etwa zwei Jahre versetzt. Der körperliche Umbau bei Burschen und Mädchen ist offenkundig, die schon lange im Verborgenen anwachsende Sexualität erwacht, manchmal sanft, oft eruptiv. Jugendliche experimentieren mit dem anderen, manchmal auch mit dem eigenen Geschlecht,

12. bis 15. Lebensjahr

versuchen, ihre Schüchternheit hinter betont aggressivem Verhalten zu verstecken, oder sind zumindest in ihrer Fantasie verwegen.

Wirken schon die körperlichen Veränderungen für Jugendliche extrem verunsichernd, so ist es die Auseinandersetzung mit der eigenen Geschlechtszugehörigkeit und -rolle noch viel mehr. Gerade in diesen unsicheren Übergangszeiten üben Klischees eine starke Anziehungskraft aus. Das bedeutet für Jungen eine tendenziell machohafte Ausrichtung, für Mädchen eine Orientierung an traditionell weiblichen Tugenden. Manche Mädchen stecken in der Schule bei ihren Leistungen mit Absicht zurück, weil sie Jungen nicht durch ihre intellektuelle Überlegenheit reizen wollen. Sie geben sich lieber unauffällig und haben so ihre Ruhe. Bestimmte Burschen bemühen sich hingegen nach Kräften zu zeigen, dass ihnen niemand etwas vorzuschreiben hat. Schon gar kein Lehrer. Will ein Bursche sein Ansehen in seiner Gruppe steigern, erhöht er seine Chancen, indem er sich gegenüber Lehrern besonders aufsässig zeigt. Die oft noch größere Provokation ist, wenn Mädchen sehr männlich aggressiv auftreten und andere verprügeln oder Burschen sich besonders feminin verhalten.

Für Burschen ist die Gruppe eine Art Rudel, eine hierarchische und Identität stiftende Struktur, in die sich der Einzelne einfügen muss oder ausgeschlossen wird. In der Gruppe hat sich jeder für sich zu profilieren, er hat Bündnisse zu schließen, seinen Platz zu kennen und seine Individualität zu unterdrücken, falls sie nicht ins Schema passt. Für Mädchen spielt die Gruppe keine so entscheidende Rolle. Grundlegend für deren seelisches Wohlbefinden ist die beste Freundin, mit der sie sich austauschen beziehungsweise über alles reden können. Gemeinsam mit der Freundin schließen sich Mädchen auch Cliquen an, unterstützen sich aber auch dort gegenseitig. Im

Gegensatz zu den Burschen geht es nicht primär um Dominanz, sondern um Beliebtheit: Je beliebter ein Mädchen ist, desto höher sein Status.[1]

»Gleichzeitig mit der körperlichen Reifung finden im Gehirn mindestens so gewaltige Veränderungen statt. Seit 20 Jahren weiß man, dass in der Pubertät im Frontallappen des Gehirns entscheidende Umstrukturierungen stattfinden. Das ist jener Teil, in dem es um Konzentrationsfähigkeit, Planung und die moralische Bewertung von eigenen Handlungen geht. Dieser Umbau verläuft schubweise. Dabei werden besondere Fähigkeiten entwickelt, weshalb Pubertierende oft unglaubliche körperliche Geschicklichkeit zum Beispiel auf dem Skateboard beweisen. Gerade deshalb überschätzen Pubertierende generell ihre Fähigkeiten, weil ihr Gehirn noch nicht weit genug mit dem Aufbau vorausschauender Kompetenzen ist. Ihr Wollen entspricht oft noch nicht dem Können, das hemmt allerdings nicht ihre hohe, manchmal gefährliche Risikobereitschaft«, erklärt die Kinder- und Familientherapeutin Martina Leibovici-Mühlberger.[2]

Jugendliche finden sich vermehrt in belastenden Situationen. Bisher akzeptierte Regeln in der Familie und Schule werden plötzlich als einschränkend und unerträglich empfunden. Dazu kommen die vielen neuen Aufgaben, die es auf einmal zu lösen gilt, wie die Gewöhnung an einen neuen, fremden Körper und der Umgang mit der eigenen Sexualität. Sie begehren jemanden, von dem sie selbst nicht begehrt werden, und werden dafür von jemand anderem begehrt, an dem sie nicht interessiert sind – das passt oft nicht zusammen. Der Wegfall des elterlichen Schutzes erfordert, dass sie selbst lernen, in ihren Beziehungen, Meinungen und Rollen konfliktfähig zu werden. Durch die vermehrte Hormonausschüttung wird auf diese Herausforderungen mit heftigen Gefühlen reagiert.

12. bis 15. Lebensjahr

Eltern am Rande des Nervenzusammenbruchs – muss nicht sein

»*Die verschiedenen Altersstufen der Menschen halten einander für verschiedene Rassen. Alte haben gewöhnlich vergessen, dass sie jung gewesen sind, oder sie vergessen, dass sie alt sind, und Junge begreifen nie, dass sie alt werden können.*«
Kurt Tucholsky

Oft beginnt es mit ungewohnt heftigen Diskussionen, provokanten Äußerungen und einer Unversöhnlichkeit, die Eltern überrascht. Diese ersten Zeichen nehmen Eltern häufig um den zehnten Geburtstag ihres Sprösslings herum wahr. Es sind Vorboten, die den Beginn der Pubertät ankündigen. Meist läuft dann einige Wochen alles wieder gewohnt harmonisch, bis beim Kind immer öfter schlechte Laune, extreme Langeweile, ungekannte Schamgefühle, Rebellieren und heftige Ablehnung der Eltern auftreten. Es sind die bekannten typischen Anzeichen, die ja auch unter Erziehungsberechtigten und Lehrern gefürchtet sind.[3] Häufig wird die Pubertät wegen der Streitereien auch »zweite Trotzphase« genannt. Wer übrigens in der ersten Trotzphase relativ pflegeleicht war, bei dem verläuft die Pubertät meist umso heftiger.

Während der Pubertät fühlen sich Kinder ihren Eltern auf einmal nicht mehr so nahe. Sie verlieren die Lust, mit ihnen auf Urlaub zu fahren, gemeinsame Ausflüge und familiäre Feste werden als lähmende Pflichtübungen empfunden. Sie wollen anders sein, sie wollen ihre eigene Persönlichkeit entfalten, wissen aber noch nicht wie. Jugendliche stehen vor der schwierigen Aufgabe, eine Identität und ein eigenes Wertesystem zu entwickeln. Dabei fühlen sie sich einerseits als Familienmitglieder und auch noch als Kinder. Andererseits nehmen sie sich als Individuum klarer wahr und stellen immer wieder fest,

12. bis 15. Lebensjahr

dass sie in manchen Fragen ganz andere Vorstellungen oder Meinungen haben als ihre Eltern und Geschwister. Sie merken auch, dass ihre Interessen und Neigungen nicht unbedingt mit denen der Gleichaltrigen übereinstimmen. Die Pubertät konfrontiert sie mit der Frage, was sie denn selbst im Leben machen möchten. Ein Grund für die auftretenden Probleme ist ihre schärfere Urteilsfähigkeit, wenn sie beginnen, das Handeln ihrer Eltern infrage zu stellen: »Du willst mir das Rauchen verbieten, dabei rauchst du selbst.« Jugendliche wollen als Erwachsene behandelt werden und fordern Respekt für ihren Privatbereich. Ihr Zimmer wird zur Verbotszone für die Eltern, das sie nur mit Passierschein zum Saubermachen betreten dürfen. Da fast alle Eltern ihre Kinder jedoch vor Schaden bewahren wollen, nehmen sie zwangsläufig eine Gegenposition ein. Die meisten dieser Streitereien sind nur oberflächlicher Natur und gefährden nicht die schützenden Familienbande.

Für den bekannten Kinderarzt Remo H. Largo gehen die meisten Eltern davon aus, dass ihre Kinder zwar körperlich schon weit sind, emotional und geistig aber noch nicht: »Häufig ist der gesamte biologische Fahrplan beschleunigt, die Kinder sind auch in ihrer sozialen und geistigen Entwicklung reifer. Wenn ein Kind früh dran ist, war oft auch schon ein Elternteil früh dran, die Eltern können also auf ihre eigenen Erfahrungen zurückgreifen. Im Großen und Ganzen verhalten sich die Jugendlichen – wenn sie ausreichend aufgeklärt werden – heute ja sehr verantwortungsvoll. Was allen Eltern wirklich zu schaffen macht, ist der Kontrollverlust ... Die Eltern erleiden aber nicht nur einen Kontroll-, sondern auch einen Liebesverlust. Sie bekommen immer weniger Zuwendung, die Gespräche mit Sohn und Tochter werden spärlich, der körperliche Kontakt verringert sich. Kontroll- und Liebesverlust führen dann oft zu Fehlreaktionen bei den Eltern ... Alle Eltern sorgen sich. Sie müssen ihrem Kind klarmachen, dass es nun für sich selbst verantwortlich ist, wenn es zur Türe rausgeht. Die Eltern sollten immer genau sagen, welche Bedenken sie haben, aber immer mit dem Nachsatz: Was du letztlich machst, dafür bist du jetzt selbst verantwortlich, wir können dich nicht mehr beschützen. Wenn du Hilfe brauchst, ruf an.«[4]

Eltern können in der Phase der Pubertät ihrer Kinder durchaus für ihre eigene Weiterentwicklung profitieren. Sie werden angestoßen, festgefahrene Verhaltensmuster zu überdenken sowie Werte und Einstellungen zu überprüfen. Dabei entdecken viele, dass neue Wege und andere Blickwinkel gewinnbringende Erfahrungen ermöglichen, die mitunter höchst belebend wirken. Eltern, die selbst in Bewegung sind und neue Interessen verfolgen, eine Sprache lernen oder in einer Umschulung stecken, haben oft weniger Probleme mit Pubertierenden. Für Jugendliche scheint es ein Gewinn zu sein, wenn sie erleben, dass auch Erwachsene nicht schon alles wissen und perfekt sind, sondern ständig weiterlernen müssen und sich auch auf ungewohnte Erfahrungen einlassen.[5]

Junge Helden brechen zur Reise in die innere oder äußere Welt auf

Diese erste Reise des jungen Helden verlangt den Mut, den gewohnten Ort des elterlichen Schutzes zu verlassen und sich auf das Unbekannte einzulassen.[6] Auch wenn die jungen Helden heute ihr gewohntes Heim selten tatsächlich verlassen, versuchen sie unbewusst, Abstand von ihren Eltern zu gewinnen, um überhaupt eigene Überzeugungen finden zu können. Sie provozieren Reaktionen seitens der Eltern und Lehrer, um diese einmal prinzipiell ablehnen zu können. Dann ziehen sie sich zurück, denken nach, diskutieren mit ihren Freunden, um sich über den eigenen Standpunkt klar zu werden. Dieser Mechanismus des Ausbruchs und Rückzugs hilft Jugendlichen, die Positionen der Erwachsenenwelt zu hinterfragen und sich dann eigene Meinungen zu bilden.

Folgt man der Lehre von C. G. Jung, sind die Introvertierten mehr mit ihrer Innenwelt vertraut und beginnen, diese genauer zu erforschen. Die Extrovertierten fühlen sich von der äußeren Welt angezogen und suchen dort ihre Abenteuer. Pubertierende gehen nach innen oder außen, beide Wege sind mit Angst verbunden. Bei ihrer Suche sind sie von Selbstzweifeln geplagt, wünschen sich größere Fähigkeiten, besseres Aussehen, mehr Mut und vor allem höheres Selbstvertrauen. Wer seine innere Realität nicht kennt, hat Angst vor dem Alleinsein und der Auseinandersetzung mit den vielen sich widersprechenden Stimmen und Gefühlen in seinem Inneren und hält sich daher am liebsten in seiner Gruppe auf. Wer dagegen noch wenig Erfahrung mit der äußeren Welt hat, vielleicht schon Ablehnung erlebt hat, wagt diese nur vorsichtig, Schritt für Schritt zu erkunden, weil er überall unbekannte Gefahren wittert. Um unser Selbst zu finden, sollten wir allerdings genau den Weg gehen, vor dem wir die größte Angst haben.

Fiktive junge Helden vom Waisenkind Oliver Twist bis zum Hobbit Frodo Beutlin sind nicht von Natur aus mit Superkräften ausgestattet, sondern sie entdecken diese erst in sich selbst, sobald sie mit scheinbar unlösbaren Herausforderungen konfrontiert werden. Deshalb dienen jene Helden jungen Menschen als Vorbilder, um ihnen Mut zu machen, die ihnen gestellten Aufgaben zu bewältigen: die Nachprüfung in Mathematik zu bestehen, einen schwächeren Mitschüler gegen das Mobbing anderer zu verteidigen, das unerreichbare Mädchen anzusprechen, den umschwärmten Jungen einzuladen, den Mut, ein Schuljahr in einem anderen Land in einer

12. bis 15. Lebensjahr

unbekannten Familie zu verbringen ... und wenn Jugendliche nicht das Glück haben, in einem europäischen Land zu leben, müssen sie sich auch heute noch gegen Zwangsverheiratung, Kinderarbeit, Organraub, Obdachlosigkeit, Hunger und Armut wehren. Das sollten wir nie vergessen.

Reflexionen über die vierte Stunde

Wenn jemand seine Wohnung renoviert, dann war der ursprüngliche Zustand vielleicht nicht besonders schön, aber durchaus gut bewohnbar, während in der Umbauphase gar nichts mehr geht. Am einfachsten wäre es für alle Beteiligten, Pubertierende für einige Zeit allein in ihrem Zimmer sein zu lassen und davor ein Schild »Wegen Umbau geschlossen« aufzuhängen. Auch heute funktioniert während der Baustelle Pubertät vieles zwischen Eltern und Kindern nicht mehr, das vorher ganz gut geklappt hat. Es gibt große und kleine Baustellen. Die Renovierungsarbeiten während der Pubertät dauern zwischen überschaubaren zwei und quälenden acht Jahren. Bei Mädchen beginnt die Pubertät meist früher, bei Burschen kann sich diese Phase dagegen sogar bis Anfang 20 verlängern.

Das Mitgefühl der Eltern ist jedenfalls besonders gefordert, nach dem Motto: »Grenzüberschreitungen markieren, aber solange es möglich ist, nicht eskalieren.« Das fällt der heutigen Elterngeneration leichter als früher. Bis in die Siebzigerjahre wuchsen vor allem Mädchen meist noch sehr behütet auf, die Eltern erzogen viel strikter, entsprechend heftiger fielen die Konflikte aus, wenn sich die Jugendlichen ihre Freiräume erkämpfen mussten. An der Frage, wie lange Mädchen am Abend wegbleiben durften, entzündeten sich Familienkriege. Eltern verdrängten ihre eigene Jugendzeit und klammerten sich an die irrationale Hoffnung, dass alle verbotenen Dinge wie Sex, Alkohol und Drogen erst nach Einbruch der Dunkelheit stattfinden könnten. Gleich Vampiren könnten sie ihre gefährliche Macht erst mit dem Sonnenuntergang ausüben.

Entwicklungspsychologen empfehlen Eltern, sich nicht selbst von ihren unsicheren Jugendlichen verunsichern zu lassen. Nur so können sie aus einer inneren Sicherheit heraus Grenzen setzen und partnerschaftliche Gefühle entwickeln. Denn das provokante Verhalten junger Menschen richtet sich nicht gegen die Eltern persönlich, sondern ist Opposition aus Prinzip.

Hier die guten Nachrichten: Die Pubertät bietet die Chance, jene Karten, die vielleicht in der Kindheit schlecht vergeben wurden, neu zu mischen. Das hässliche Entlein entpuppt sich als schöner Teenager, dem Schulversager geht plötzlich ein Licht auf, der verlorene Träumer entdeckt plötzlich seine Leidenschaft für Physik. Ganz wichtig, die Erfahrungen mit dem anderen Geschlecht können ungeahnte Gefühlsstürme auslösen, die viele andere Probleme überlagern. Meist begann es mit der Phase der unbewussten Sehnsucht. Uns war überhaupt nicht bewusst, dass wir verliebt sind, andere sahen das dagegen deutlich. Früher schickte man sich Briefchen, heute Nachrichten auf dem Smartphone. Liebe erlernt man oft in diesen Kinderschuhen, statt gleich mit schweren Bergschuhen in die Steilwand einsteigen zu müssen. Das ermöglicht das Zärtliche, das Vorsichtige, das Herantastende. Irgendwann kommt dann die erste echte Verliebtheit. Sie ist immer weltbewegend.

Welche Erkenntnisse der vierten Stunde könnten Bedeutung für Ihre aktuelle Lebensphase haben?

- Haben Sie sich bei Konflikten mit den Eltern eher zurückgezogen oder aggressiv gewehrt? Wie gehen Sie heute mit Konflikten mit Autoritäten um?

12. bis 15. Lebensjahr

- Es gibt zahlreiche Belege dafür, dass unsere Einstellung zu Gott und zur Religion in der Pubertät geprägt wird. Haben Sie damals an Gott geglaubt? Hat sich Ihre Einstellung zu Glauben und Religion bis heute entscheidend verändert?
- Falls Sie selbst Kinder haben, was haben Sie versucht beziehungsweise wollen Sie in deren Pubertät versuchen, besser als Ihre Eltern zu machen?

Zum Abschluss der Rat eines Mannes, der sehr alt geworden ist, den wir uns schon in der vierten Stunde zu Herzen nehmen könnten: »Fallen ist weder gefährlich noch eine Schande. Liegenbleiben ist beides.« (Konrad Adenauer)

1   Theresia Maria de Jong: »Opposition vom Dienst«. In: Psychologie Heute 28, 9/2001, S. 38–42.
2   Persönliches Interview des Autors mit Martina Leibovici-Mühlberger, die das Buch *Wenn die Tyrannenkinder erwachsen werden. Warum wir nicht auf die nächste Generation zählen können,* Wien 2016, publiziert hat.
3   Gabriele Haug-Schnabel: »Eltern müssen für den Fußtritt aus dem Nest sorgen«. In: Psychologie Heute 39, 9/2009, S. 44–49.
4   Interview mit Remo H. Largo, der 30 Jahre lang die Abteilung Wachstum und Entwicklung am Kinderspital Zürich leitete und dort die Entwicklung von mehr als 700 Kindern – von der Geburt bis ins Erwachsenenalter – erforschte. Remo H. Largo: »Die Eltern erleiden einen Liebesverlust«. In: Psychologie Heute 41, 6/2014, S. 36.
5   Gabriele Haug-Schnabel: »Eltern müssen für den Fußtritt aus dem Nest sorgen«. In: Psychologie Heute 39, 9/2009, S. 44–49.
6   Bis zur Pubertät sind Helden für Kinder meist Figuren aus Märchen, Filmen oder der Geschichte. Der Mythenforscher Joseph Campbell nennt diese Hauptfigur den Helden, der zu seiner Reise aufbricht, die in den Phasen Vorbereitung, Reise und Rückkehr abläuft. Weil diese Phase unabhängig von der Kultur stets nach dem gleichen Muster abläuft, bezeichnet Campbell sie in Anlehnung an C. G. Jung als die »archetypische Heldenreise«.

DIE FÜNFTE STUNDE
lässt Schmetterlinge in unserem Bauch flattern, wenn sich die Sehnsucht nach Liebe endlich erfüllt und uns glauben lässt, dass wir alles besser machen werden als unsere Eltern.

16. bis 18. Lebensjahr

»Die Erfahrung lehrt uns, dass Liebe nicht darin besteht, dass man einander ansieht, sondern dass man gemeinsam in gleicher Richtung blickt.«
Antoine de Saint-Exupéry

Mein geliebter Gabriel,
ich vermisse Dich so sehr. Ich brauche Deine Liebe – sie lässt mich leben. Meine Sehnsucht ist nur schwer auszuhalten, und tausend Gedanken fliegen durch meinen Kopf. Die schönsten gelten uns beiden. Ich habe niemals einen Menschen so wahrhaftig geliebt wie Dich. In dem Augenblick, als Du mich in den Händen gehalten hast, da war mir, als hätte ich mich nie in meinen Leben so glücklich gefühlt. Diese Ruhe, diese wunderbare Ruhe, dieses unendliche Glück ließ mich niedersinken und in Deinen Armen weinen. Für alle Ewigkeit wollte ich dort bleiben. Eines Tages müssen wir sterben. Doch bis dahin werden wir noch viele glückliche Augenblicke, ja Stunden verbringen. Das spüre ich – wenn es Dich nicht gäbe, wäre ich mir selbst ausgeliefert. Aber Du liebst mich mit solcher Kraft, dass ich mich nicht fallen lasse, sondern einfach glücklich bin. Ohne Dich möchte ich nicht leben. Du bist meine dritte Dimension geworden. Was immer ich auch für andere empfunden habe, ich liebe nur Dich. Du bist unersetzbar, und niemals werde ich Deine Augen vergessen, wie sie mich angesehen haben, nachdem wir uns das erste Mal geliebt haben. Was immer ich manchmal sage oder tue, das Dich verletzt hat, manchmal bin ich mir selbst fremd, ich brauche Dich, um überleben zu können. Ich muss Deine Zärtlichkeit spüren, um zur Ruhe zu kommen, und ohne Deine Leidenschaft wäre mein Leben ohne Lust und Freude. Bei Dir fühle ich mich zu Hause, so sicher und so glücklich.
    Ich sehne mich so nach Dir, nach Deinen Händen, Deinen Küssen und nach einer Uhr, die stehen bleibt, wenn wir uns lieben.
    Deine Yvonne

16. bis 18. Lebensjahr

Die erste große Liebe ändert alles

Die Liebe lässt sich nicht erklären, und doch, wenn wir sie erleben, erklärt sie alles. Wenn wir das erste Mal wirklich lieben, wie die 16-jährige Yvonne in diesem Brief, dann nehmen wir die Welt um uns herum plötzlich völlig anders wahr. Unser ganzes Denken und Körpergefühl verändert sich. Die Schmetterlinge im Bauch, von deren Existenz wir bisher bestenfalls aus Liebesfilmen wussten, erwachen auf einmal tatsächlich in uns zum Leben. Und damit die Hoffnung, dass der andere uns von allen unseren Verletzungen heilen wird. So wie früher Liebesbriefe lösen heute Nachrichten auf dem Smartphone ungeahnte Glücksgefühle aus. Das Warten auf die nächste Botschaft wird unerträglich und eine neutrale oder gar diffuse Nachricht des Geliebten stürzt uns in tiefste Verzweiflung. In manchen Momenten sind wir bereit, alles aufzuopfern, im nächsten tauchen Zweifel auf, ob der andere der Richtige für das Leben sein wird. Von den Älteren hören wir: »Du bist noch so jung, lass dir Zeit.« Das wollen wir natürlich gar nicht hören, weil wir fest davon überzeugt sind, dass unsere Liebe etwas Einzigartiges ist. Irgendwann entdecken auch junge Liebende, dass Männer und Frauen sehr verschieden sein können, dass ein und dasselbe Wort völlig Unterschiedliches bedeuten kann und dass der andere uns nicht verstehen kann oder will.

Wir erfahren, wie viele Schmerzen uns der Geliebte bereiten kann und dass das Wort »Leiden« in »Leidenschaft« seinen Platz verdient. In unserer Fantasie sehen wir, wie er uns mit einer anderen betrügt, eine Umarmung, gar ein Kuss könnte den Weltuntergang bedeuten. Wir wollen alles über den anderen wissen, dringen ihn ein, werden durch die Erzählungen aus seiner Vergangenheit gleichzeitig erregt und erschüttert. Was, mit der war er zusammen? Wie konnte er nur? Dann gibt es die euphorischen Momente; wenn wir zusammenliegen, ist dieser Mensch alles. Die Liebe ist alles. Wir müssen lernen, die mit diesem gewaltigen Gefühlsrausch verbundenen Konflikte und Schwankungen auszuhalten. So lange, bis wir das eines Tages nicht mehr schaffen. Entweder gibt es nur mehr Streit oder eine große Enttäuschung. Das war sie dann, die erste große Liebe unseres Lebens. Was immer danach kommt, wir werden sie nie vergessen.

Die erste große Liebe lässt uns glauben, dass Verliebtheit, Sexualität und Liebe eine wunderbare Einheit bilden, die untrennbar zusammengehört. Nüchtern betrachtet ist die erste Liebe meist ein – wunderschöner – Irrtum. Ein Rausch, den man niemals in seinem Leben missen möchte. Wer diesen Rausch nie erlebt hat, dem fehlen zwei wichtige Erfahrungen. Erstens, das Hochgefühl am Höhepunkt. Zweitens, der bittere Geschmack der Enttäuschung, wenn man wieder bei Sinnen ist. In Wahrheit ist die auf Ewigkeit angelegte romantische Liebe die große Ausnahme. Dabei ist die Fähigkeit zu lieben das Wichtigste im Leben. Doch was heißt das? Einfach formuliert: Wer lieben kann, ist glücklich. Geliebt zu werden ist einfach, selbst zu lieben ist eine Fähigkeit, die manchen in die Wiege gelegt ist, andere müssen sie sich hart erarbeiten. Wie jede Fähigkeit erhält man sie nur, wenn man sie immer wieder praktiziert. Das Scheitern der ersten großen Liebe lehrt uns im Nachhinein, dass Liebe mehr ist als Verliebtsein und Begehren. Doch die Sehnsucht nach diesen großen Gefühlen lässt sich nie ganz auslöschen, sie erwacht bei jedem potenziellen Partner. Niemand hört ganz auf, an die Liebe zu glauben. Es kommt nur die Einsicht dazu, dass Beziehungen nicht immer so gut enden, wie sie beginnen.

16. bis 18. Lebensjahr

Von der Sehnsucht zu fliegen

Fliegen zu können ist eines der schönsten Gefühle. Als Kinder beherrschen viele von uns diese Fähigkeit im Traum. Oft machen sie dann Schwimmbewegungen, um sich durch die Lüfte zu bewegen. Fast immer geht die Kunst, im Traum zu fliegen, allerdings verloren, sobald wir erwachsen werden. Nur die Fantasiefigur des Peter Pan behält die Fähigkeit zu fliegen, weil sie sich weigert, erwachsen zu werden. Der große Erfolg dieser Geschichte des Autors James Matthew Barrie bis heute hat wohl auch mit unserer Sehnsucht danach zu tun, fliegen zu können. Umso überwältigender ist das Erlebnis, wenn wir früh auf einen Liebespartner treffen, mit dem wir gemeinsam abheben können. Oft reicht ein Blick oder eine Berührung, und der andere vermittelt das Gefühl, uns Flügel zu verleihen. Wir wollen so schnell wie möglich gemeinsam aufsteigen, um der Last des Alltags, der mühseligen Routine der Schule oder des Arbeitsplatzes zu entfliehen. Sexualität, Tanz, Drogen sind Wege zur Ekstase, dem Aus-sich-Heraustreten. Intensive Liebesgefühle vermitteln ähnlich stark das Gefühl der Schwerelosigkeit, den Zugang in eine andere, bessere Wirklichkeit.

Von der Sucht, sich zu sehnen

Je intensiver der Rausch des Fliegens mit dem Liebespartner ausgelebt wird, desto unzufriedener fühlen wir uns in der fünften Stunde mit unserem Leben in den Zwängen normaler Erdenbürger. Diese Frustration führt zu den ersten Fehlstarts beim Versuch, gemeinsam abzuheben und dem gewöhnlichen Dasein zu entkommen. Die große Angst, die Fähigkeit zu fliegen das zweite Mal nach unserer Kindheit zu verlieren, überfällt uns. Ein logischer Ausweg scheint, einfach die Menge des

16. bis 18. Lebensjahr

Raketentreibstoffes zu erhöhen, der Verzückung des Liebesrausches noch Drogen, Alkohol oder bis zur Erschöpfung durchtanzte Nächte beizumengen. Das funktioniert allerdings nur kurzfristig und führt manchmal zum Totalabsturz. Die Sehnsucht, mit dem anderen wieder gemeinsam hochzufliegen, wird immer stärker – und unerfüllbarer.

Von der Gefahr abzustürzen

Die Kluft zwischen dem realen Leben auf der Erde und dem Gefühlsrausch, den wir gemeinsam mit unserem Partner oder auch nur in unserer Fantasie erleben, sobald wir die richtige Flughöhe erreicht haben, wird unerträglich. Immer verbissener versuchen wir abzuheben. Dabei wählen wir ungeeignete Startrampen für den gemeinsamen Höhenflug, der Treibstoff reicht immer seltener, und es kommt, wie es kommen muss. Die Fehlstarts häufen sich. Nach den Abstürzen schlagen wir aus großer Höhe heftig auf den harten Boden der Realität auf. Dabei verletzen wir uns selbst und andere. Einige fallen in der Schule durch, andere verlieren ihren Arbeitsplatz oder haben ständig Auseinandersetzungen mit den Eltern. Die Schuldfrage wird immer drängender. Wer ist schuld daran, dass das mit dem Fliegen nicht mehr funktioniert? Wir suchen nach den Ursachen dafür, je nach Prägung bei uns selbst oder bei unserem Liebespartner. Sind wir nicht gut genug? Ist er nicht gut genug? Der ständige Streit darüber führt dazu, dass uns das Abheben überhaupt nicht mehr gelingt und wir an die Erde gefesselt sind. Wir sind wieder ganz normale Erdenbürger, auf die wir für die kurze Zeit unserer Höhenflüge mit Verachtung herabgeblickt haben. Die Fähigkeit zu fliegen wurde uns das zweite Mal nach unserer Kindheit geraubt. Peter Pan ist endgültig aus unserem Leben gewichen. Uns unterscheidet nur mehr das Wissen um die Schönheit des Fliegens von jenen, die dieses Gefühl nie erlebt haben. Denn nicht alle Kinder konnten im Traum fliegen, oder sie können sich zumindest nicht daran erinnern. Wie alle Träume ist der Traum, fliegen zu können, intensiv erforscht. Die Interpretationen reichen vom Entfliehen vor Bedrohungen bis zum befreienden Gefühl, eine Herausforderung bewältigt zu haben. Dass Menschen, die in ihrer Kindheit im Traum fliegen konnten, sich leichter tun, mit einem Liebespartner abzuheben und auf Wolken zu schweben, ist wohl bestenfalls eine romantische Spekulation.

Egal, ob wir mit unserem Partner in der Phase der Verliebtheit abheben können oder diesen Zustand am Boden genießen, Verliebtsein ist wunderschön und auf Dauer ziemlich anstrengend. Die Natur hat vorgesorgt, indem sie nicht zulässt, dass die Verliebtheit zu lange anhält. Drei bis sechs Monate »Ausnahmezustand« sind die Regel, danach wandelt sich der Gefühlssturm in etwas Dauerhaftes, oder mit dem Rausch ist auch die Beziehung zu Ende.

Die Liebe kann wunderbar sein, solange man sie nicht permanent überfordert

Verliebtheit und der Wunsch nach der ganz großen Liebe haben nicht nur in der Pubertät viel mit Projektion zu tun. Eigene Sehnsüchte, aber auch Ängste spielen dabei oft eine größere Rolle als das Objekt unserer Verliebtheit. Das zu erkennen fällt uns in diesem Alter noch schwer, manche benötigen dafür einige tiefgehende Enttäuschungen, andere schaffen es nie. Stimmt unser idealisiertes Bild vom anderen nicht mit der Realität überein, weil das gar nicht möglich ist, kommt es zwangsläufig zu Enttäuschungen. Der andere verhält sich nicht so, wie er das aus unserer Sicht tun sollte, er sagt etwas, das uns kränkt, er offenbart Eigenschaften, die uns erschrecken. Das führt zur Ernüchterung, dass auch dieser Mensch nicht alle unsere Bedürfnisse befriedigen wird. Genau im Augenblick der ersten Entzauberung des Geliebten bietet sich die Möglichkeit, einander wirklich nahezukommen und Intimität zu schaffen. Intimität bedeutet vor allem, Verletzlichkeit zuzulassen. Erst wenn wir uns wechselseitig Verletzbarkeit zugestehen, wird Offenheit möglich. Voraussetzung ist die Erkenntnis, dass die Heilung unserer Verletzungen nicht im Liebespartner möglich ist.

Viele Menschen halten diese Frustrationen schwer aus, weil an die Liebe ungeheuer aufgeladene Ansprüche gestellt beziehungsweise in Filmen und Romanen noch ständig verstärkt werden. Nicht zuletzt durch das Internet stehen uns scheinbar unzählige potenzielle Partner für die große Liebe zur Verfügung. Diese zu finden, statt zu versuchen, sich mit der Realität eines Partners auseinanderzusetzen, erscheint oft verlockender. Je drängender und fordernder die eigenen Ansprüche an den idealen Partner formuliert werden – er muss mich intellektuell inspirieren, emotional beglücken und durch seine Attraktivität mein Selbstwertgefühl gegenüber anderen aufwerten –, desto unrealistischer wird es leider, all das mit einem einzigen Menschen zu verwirklichen.

Je besser wir wissen, woher unsere Gefühle von Traurigkeit und Enttäuschung kommen, desto genauer erkennen wir unsere eigenen Einflussmöglichkeiten, statt unsere Beziehung damit zu überfrachten. Wir fühlen uns dem Leben dann weniger ausgeliefert. Wer einmal die Fallen der überhöhten und vor allem widersprüchlichen Ansprüche entlarvt hat, wird weniger leiden. Wollen wir mit einem Partner ständig wilde Leidenschaft und Aufregung erleben, müssten wir diesen ständig wechseln. Wenn wir reifer werden, brauchen die meisten von uns aber einen Partner, der ihnen im Alltag Verlässlichkeit und Stabilität bietet. Wie wir das schaffen können, erfahren wir in der zwölften Stunde.

Wir lieben, wie wir selbst geliebt wurden

Das Lesen alter Liebesbriefe oder heute wohl eher gespeicherter Nachrichten auf dem Smartphone erweckt oft die Sehnsucht nach der großen romantischen Liebe. Doch der Vergleich einer realen Liebesbeziehung der Gegenwart mit einer idealisierten aus der Vergangenheit ist wenig hilfreich. Mit 18 liebt man anders als mit 30, 50 oder 70. Je reifer wir werden, desto größer wird die Herausforderung, unsere Sehnsucht nach leidenschaftlicher Erfüllung mit dem Wunsch nach Sicherheit auszubalancieren. Manche möchten maximale Unabhängigkeit mit Stabilität in Einklang bringen. Bewusst oder unbewusst haben wir dieses Spannungsfeld bei unseren Eltern erlebt. Romantiker wollen sich mit dem Verlust sinnlicher Erregung nicht abfinden und fürchten die tägliche Routine. Für Romantiker rangiert Intensität über Stabilität. Realisten schätzen Sicherheit dagegen höher ein als Leidenschaft. Die Sexualtherapeutin Esther Perel ist davon überzeugt, dass das von unseren Eltern vorgelebte Modell unser eigenes Verhältnis zu Liebe und Sex prägt.[1] Die Art, wie wir geliebt wurden, beeinflusst, wie wir lieben. Das heißt keineswegs, dass wir das Modell unserer Eltern kopieren, aber es formt unsere Vorstellungen. Einige Fragen, die das verdeutlichen:

- Kommt zumindest einer Ihrer Großeltern aus einem anderen Land als dem, wo Sie geboren sind? Wie weit könnte die Kultur Ihrer Vorfahren Sie in Ihrem Liebesleben und Ihrer Partnerwahl beeinflusst haben?

16. bis 18. Lebensjahr

- War Liebe der wichtigste Faktor, warum Ihre Eltern zusammengekommen sind, oder haben andere Gründe wie zum Beispiel eine frühe Schwangerschaft oder wirtschaftliche Notwendigkeit eine Rolle gespielt?
- Hat erfüllte Sexualität eine hohe Bedeutung in der Beziehung Ihrer Eltern gehabt?
- Falls sich Ihre Eltern später getrennt haben, war der Grund dafür, dass sich einer von beiden unglücklich gefühlt hat oder dass er in Zukunft glücklicher mit jemand anderem sein wollte?

Reflexionen über die fünfte Stunde

Wir leben in einer Kultur der Sehnsucht. Am Beginn der ersten großen Liebe gemeinsam abheben und fliegen zu können ist ein wunderbares Gefühl, solange wir in der Lage sind, irgendwann wieder sicher zu landen. Auch in der ersten großen Liebe lässt das Gefühl, verliebt zu sein, nach, und wir sorgen uns, dass es überhaupt nicht mehr wiederkehrt. Die Einsicht, dass die reale Welt der einzige Ort ist, an dem die Liebe dauerhaft gedeihen und reifen kann, ist vielen erst in einer späteren Stunde möglich. Dann sollte es zu einem Realitätsabgleich kommen. Liebe bedeutet die Entscheidung, eine Verpflichtung einzugehen.

Sobald wir erkennen, dass unser Anspruch und die Realität auseinanderklaffen, kopieren wir oft das von uns so verurteilte unehrliche Verhalten unserer Eltern und von deren Bekannten. Diese spielen heile Familie zu Hause, holen sich sexuelle Befriedigung auswärts oder im Internet und finden emotionale Zuneigung bei ihren Freunden. Man fährt moralisch auf mehreren Geleisen gleichzeitig. Das wird nie offen ausgesprochen, der Virus der Sprachlosigkeit befällt diese Beziehungen. Wenn wir älter werden, erkennen wir, dass auch wir in unseren eigenen Partnerschaften nicht völlig immun gegen diesen Virus der Unehrlichkeit sind. Es ist gar nicht so leicht, es besser als die Eltern zu machen.

In der fünften Stunde wollen wir keinesfalls wahrhaben, dass die geglückte Liebe oft Zufall ist. Dem einen glückt sie, dem anderen nicht. Es gibt eine Regel, die leicht zu verstehen, allerdings schwer umzusetzen ist: Wähle den richtigen Partner, der zu dir passt, mit dem du reisen, spazieren gehen, einkaufen, reden, lachen und Kinder aufziehen kannst. Klingt nicht sehr romantisch. Seinen Partner leidenschaftlich zu begehren macht es vielleicht leichter, aber irgendwann lässt das Begehren nach oder vergeht. Die Liebe kann bleiben. Jede Beziehung hat den ihr eigenen Rhythmus. Diesen zu entschlüsseln verlangt Vertrauen in die eigene Entscheidung, die wir getroffen haben.

Welche ersten Erfahrungen mit der Liebe könnten Bedeutung für Ihre aktuelle Lebensphase haben?

- Was hat Ihre erste große Liebe so besonders gemacht?
- Was war das Romantischste, das je jemand für Sie getan hat?
- Was war die schönste Liebeserklärung, die Sie bisher einem Menschen gemacht haben?

Ein Gedanke des weisen Rumi zur größten und gleichzeitig schönsten Aufgabe des Lebens: »Man sollte noch das kleinste Fünkchen Liebe zu würdigen wissen, denn die Liebe ist das Wasser des Lebens.«

1   Esther Perel: Wild Life. Die Rückkehr der Erotik in die Liebe. München 2010.

DIE SECHSTE STUNDE
zwingt uns, ernsthaft darüber nachzudenken, was wir mit unserem Leben anfangen wollen.

19. bis 22. Lebensjahr

»*Wir müssen bereit sein, uns von dem Leben zu lösen, das wir geplant haben, um das Leben führen zu können, das uns erwartet.*«
Joseph Campbell

Der Weg des Thomas Müller vom einfachen Wachbeamten am Bahnhof Innsbruck zum FBI war nicht nur ein geografisch, sondern vor allem ein bürokratisch weiter. Neben seinem Beruf studierte Müller Psychologie. Als er mit dem Studium fertig war, fuhr er noch immer Funkstreife in Innsbruck und ersuchte daher um einen Termin bei einem Beamten im Innenministerium. Im Pkw brach er um drei Uhr morgens in Innsbruck auf, um pünktlich um neun Uhr beim Termin in Wien zu sein. Dort schlug er dem Ministerialrat vor, dass er gerne etwas von seinem psychologischen Wissen in die Exekutive einbringen würde. Der Beamte thronte gottgleich in seinem Sessel und antwortete mit erhobenem Zeigefinger: »Junger Mann, wie stellen Sie sich das denn vor? Der Staat hat doch kein Geld für so einen Blödsinn. Aber es war nett, dass Sie hier waren, jetzt können Sie wieder heimfahren.« Als Thomas Müller die Stadtausfahrt passierte, sah er ein Werbeschild mit dem Slogan »Wien bleibt Wien«. »Ja, das stimmt«, dachte sich Müller. Er ließ sich von seinem Ziel nicht abbringen, nutzte einige Kontakte, und es gelang ihm, eine Ausbildung beim FBI im Bereich der Tatortanalyse zu machen. Dort erlernte Müller sein Handwerk beim Erfinder des Täter-Profilings Robert K. Ressler, der auch sein Mentor wurde. 1992 wurde Österreich zuerst vom Fall des Prostituiertenmörders Jack Unterweger erschüttert, und kurz danach verübte eine sogenannte »Bajuwarische Befreiungsarmee« zahlreiche Anschläge mit Brief- und Rohrbomben, die vier Todesopfer forderten. Auf einmal meldete sich der Generaldirektor für öffentliche Sicherheit bei Thomas Müller und bot ihm an, den kriminalpsychologischen Dienst aufzubauen. Müller war dann der einzige Experte, der von Anfang an vermutete, dass sich hinter der Bajuwarischen Befreiungsarmee ein Einzeltäter verbarg.[1] Heute ist Thomas Müller ein international renommierter Kriminalpsychologe und Autor des *Spiegel*-Bestsellers *Bestie Mensch*. Er ist davon überzeugt, dass er längst nicht mehr bei der Polizei wäre, hätte er damals nicht nebenbei Psychologie studiert, und dass ihm seine Beobachtungen der unterschiedlichen Menschen am Bahnhof noch heute hilfreich sind.

Wer bin ich und wer möchte ich sein?

Als Kinder hatten wir den Luxus, jeden Tag aufzuwachen und uns vorzustellen, dass ein Wunder geschehen wäre. Wir konnten uns jede verrückte Idee ausmalen, die uns motivierte, große Pläne für unser Leben zu schmieden. Schauspielerin, Prinzessin, Tierärztin, Feuerwehrmann, Tiefseeforscher oder Raumschiffkapitän, jeder Weg stand uns offen. Heutzutage stehen Traumjobs wie Schauspielerin, Fashion-Bloggerin oder einfach bewunderter »Star für irgendetwas« bei den Mädchen ganz oben auf der Wunschliste, während den Buben unverändert die Laufbahn als Fußballstar äußerst begehrenswert erscheint. Wachsen Jugendliche heran, gewinnen ihre Berufsvorstellungen deutlich an Bodennähe: Ärztin, Krankenschwester, Tierpflegerin, Lehrerin bei den Mädchen, Kfz-Mechaniker, Pilot oder Polizist bei den Buben. Wer sich als nächster Mark Zuckerberg oder Elon Musk outet, gilt schnell als Nerd, Erfinder oder Entdecker geht gerade noch. Interessant ist, dass materielle Überlegungen noch keine Rolle spielen. So erwägen Jugendliche häufig Berufe, die einen geringen Verdienst und sehr anspruchsvolle Arbeitszeiten bedeuten. Mädchen, die »Menschen helfen« wollen, erscheint Krankenschwester und Ärztin als gleich erstrebenswert. Technisch interessierte Jungen

19. bis 22. Lebensjahr

denken noch nicht über den gesellschaftlich unterschiedlichen Status zwischen Flugzeugpiloten und Kfz-Mechanikern nach.

Doch je erwachsener wir werden, desto klarer erkennen wir, dass wir unsere Träume gegen die harten Erfahrungen des Lebens verteidigen müssen. Sobald wir unsere Wunschvorstellungen ins Scheidewasser der Realität tauchen, plagen uns bisher unbekannte Ängste. Wir merken, dass Dinge, die wir tun oder verabsäumen, im Gegensatz zu unseren kindlichen Fantasien echte Konsequenzen haben. Schaffen wir den Aufnahmetest zum Wunschstudium wegen eines Punktes nicht, können wir nicht studieren, unterläuft uns ein schwerer Fehler im Job, sind wir diesen los, und selbst wenn wir 20 Bewerbungen noch so ordentlich geschrieben haben, können wir lauter Absagen erhalten. Geld beginnt auf einmal eine entscheidende Rolle zu spielen, vor allem jenes Geld, das wir nicht haben. Wir sollen Mietverträge unterschreiben, uns für Versicherungen entscheiden. Wenn es immer unser Traum war, eine Zeit lang ins Ausland zu gehen, um zu arbeiten oder zu studieren, wird uns bewusst, dass damit viele Fragen verbunden sind. Was wird aus meinem Partner, wird er auf mich warten und mir treu bleiben? In welches Land will ich wirklich? Wovon soll ich dort leben? Verpasse ich nicht hier etwas? Bin ich auf dem richtigen Weg? Sollte ich nicht etwas völlig anderes machen? Will ich einmal Kinder und Familie haben? Ist mein derzeitiger Partner der richtige dafür? Bin ich gut genug, um das zu schaffen, wovon ich träume, oder werde ich verarmt auf der Straße landen?

Verantwortung für sein Leben zu übernehmen hat auch eine sehr positive Seite. Es ist die Freude, selbstbestimmt über die Art, wie wir wohnen, das selbstverdiente Geld, unser Privatleben, letztlich über unser Leben entscheiden zu können. Wir verstehen das erste Mal, was man unter existenziellen Fragen versteht. Alles umkreist die Überlegung: »Wer bin ich und wer möchte ich sein?«

19. bis 22. Lebensjahr

Entscheiden wir uns, den riskanten Weg zu wagen, merken wir schnell, dass die Welt nicht auf uns gewartet hat. Acht Stunden als Kellnerin zu arbeiten ist härter, als in der Fantasie davon zu träumen, dass unser Talent endlich entdeckt wird und wir zu Probeaufnahmen ins Fernsehstudio eingeladen werden. Mit jeder Entscheidung für eine bestimmte Ausbildung opfern wir einige Träume, deren Verwirklichung dadurch nicht mehr möglich scheint. Mit dem ersten Job, den wir antreten, verschließen wir uns viele andere Wege. Dass dieser Glaubenssatz einfach klingt, aber falsch ist, wissen die meisten zu diesem Zeitpunkt noch nicht. Viele geben der Versuchung nach, im Zweifel doch das vermeintlich Sichere statt des erträumten Studiums zu wählen, den Job zu nehmen, der ihnen angeboten wird, anstatt um jenen zu kämpfen, der sie erfüllen würde. Sie finden überzeugende Gründe, warum es vernünftiger wäre, die großen Pläne vorerst einmal aufzuschieben. Manche Kindheitsträume erweisen sich auch als unrealistisch und lassen sich ohne große Wehmut abhaken. Wenn man kein Blut sehen kann, wird es wohl nichts mit dem Tierarzt. Kurzsichtigkeit ist keine gute Voraussetzung, um Flugzeugpilot zu werden. Eine dumme Verletzung beendet so manche Sportlerkarriere, ehe sie noch begonnen hat.

Wir sollten jene nicht vergessen, die bereits in jungen Jahren mit einschneidenden Brüchen konfrontiert werden. Wenn die Mutter an Krebs erkrankt, langsam das Leben aus ihr schwindet und sie dann voller Sorgen stirbt oder wenn der Sohn den Vater, der sich gerade umgebracht hat, als Erster findet, gerät alles aus den Fugen. Manche Menschen bekommen in jungen Jahren bereits die volle Ladung ab, sie werden nicht von den »Luxusproblemen« ihrer Altersgenossen gequält. Sie denken oft für sich: Nichts in meinem Leben kann mehr so wehtun wie dieses eine Jahr. Niemand will mit ihnen tauschen, aber manche bewundern die unglaubliche Kraft, mit der sie diese Situationen bewältigen und daran wachsen.

Die Legende vom idealen Lebenslauf

In der sechsten Stunde sorgen sich viele, dass ihr Leben scheinbar keine Richtung hat, dass vieles, was sie begonnen haben, nie zu Ende gebracht wurde, sie im Vergleich zu anderen nicht zielorientiert genug sind, dass viel zu viel Versuch und Irrtum ihr Leben beherrscht. Dazu kommt oft noch der Druck der Eltern, die erst sanft, dann drängender mahnen, dass die Kinder endlich »etwas Ordentliches« machen sollen. Tatsächlich bleiben manche in der »Vagabundenfalle« hängen. Vielleicht entdecken aber einige dieser scheinbaren Herumtreiber gerade erst dadurch etwas am Wegesrand, das später für die Gesellschaft wichtig sein wird. Wer die spannende Wandlung eines ziellosen Vagabunden zu einem erfolgsbesessenen Kontrollfreak studieren will, dem sei die fantastische Steve-Jobs-Biografie von Walter Isaacson ans Herz gelegt.

Steve Jobs hatte gegen den Willen seiner Stiefeltern durchgesetzt, am teuren Reed College studieren zu dürfen. Dort fühlte er sich aber schon nach kurzer Zeit unglücklich und gab das Studium nach wenigen Monaten auf. Barfuß und fest davon überzeugt, dass Vegetarier auch tagelang ohne Dusche auskommen, ohne intensiven Körpergeruch zu verströmen, genoss Jobs das studentische Herumhängen am Campus. Da er jetzt nicht mehr die vorgeschriebenen Kurse für einen Studienabschluss machen musste, belegte er solche, die ihn interessierten. Er fand heraus, dass das Reed College die besten Kalligrafiekurse im ganzen Land anbot. Er lernte über Serifenschriften und die Möglichkeiten, sie zu variieren. Steve Jobs studierte mit großer Begeisterung etwas praktisch völlig Sinnloses. Als er zehn Jahre später gemeinsam mit Steve Wozniak den ersten Macintosh-Computer entwarf, tauchte dieses tief in ihm verborgene Wissen wieder auf und war der Grund, warum das der erste Computer mit einer wunderschönen Typografie und den vielen ästhetischen Wahlmöglichkeiten für den Benutzer war. Hätte Jobs nicht sein reguläres Studium abgebrochen und den Typografiekurs gemacht, würden Computer heute vielleicht anders aussehen, so wie die Einheitsschrift der Schreibmaschinen, bei denen niemand auf die Idee kam, Hunderte verschiedene Schrifttypen anzubieten. Natürlich konnte Jobs in seiner Collegezeit die scheinbar willkürlichen Ereignisse seines damals wilden Lebens nicht deuten. Aber zehn Jahre danach wurde alles sehr klar. Genau dieses Grundvertrauen, dass sich die Punkte der Vergangenheit in der Zukunft zu etwas Sinnvollem miteinander verbinden, ermöglichte ihm später ein extrem spannendes und erfolgreiches Leben. Wir dürfen daraus mitnehmen: Je breiter wir den Grundriss unserer Fähigkeiten mit den unterschiedlichsten Lernerfahrungen anlegen, desto höher können wir die Pyramide unseres Schaffens bauen.

Achtung, nicht aus jedem Studienabbrecher, der sich in ein scheinbar nutzloses Hobby verrennt, wird einmal ein großer Computerpionier. Die Geschichte von Steve Jobs soll nur zeigen, dass es immer wieder Zeiten im Leben geben kann, in denen wir nicht wissen, was wir eigentlich suchen. Davon dürfen wir uns nur nicht verrückt machen lassen, nicht von unseren Eltern und schon gar nicht von uns selbst. Die spannendsten Dinge in unserem Leben liegen immer hinter jener Tür, vor der wir die größte Angst haben, sie zu durchschreiten. Oder wie Meister Yoda in *Star Wars* sagt: »Tu es, oder tu es nicht. Es gibt kein Versuchen.«

Unsere Angst vor der Freiheit

Was lange in uns gedämmert hat, sehen wir plötzlich ganz klar. Unser Leben liegt jetzt vor uns, und wir sind dafür verantwortlich. Diese Einsicht erschreckt und berauscht uns abwechselnd. Das offene Geheimnis der sechsten Stunde, das wir nicht sehen können, lautet: Du kannst gar nichts falsch machen. Zumindest in unserer westlichen Welt ist Platz für alle, daher sind die sich Suchenden und noch nicht Vollkommenen willkommen. Um Wachstum zu schaffen, benötigen wir die risikobereiten Unternehmer und ehrgeizigen Aufsteiger. Peter Thiel, einer der erfolgreichsten und umstrittensten Pioniere im Silicon Valley[2], gilt als scharfer Kritiker eines Bildungssystems, das die klügsten Köpfe verleitet, Wirtschaft oder Jura zu studieren. Dadurch reproduzieren wir Bekanntes, statt Innovationen zu schaffen. Thiel bezahlt Topstudenten dafür, dass sie ihr Studium abbrechen und ein Unternehmen gründen, an dem er sich beteiligt. Er sucht bewusst die Querdenker und stellt daher Bewerbern Fragen wie: »Welche Ihrer Überzeugungen werden nur von ganz wenigen anderen Menschen geteilt?« Wenn Sie jetzt versuchen, selbst eine gute Antwort zu finden, werden Sie sehen, dass das eine ziemlich schwierige Aufgabe ist.

Wir brauchen aber nicht nur die Querdenker, sondern auch die Helfer und Heiler, die sich um die Gefallenen kümmern und sie wieder aufrichten. Für den wissenschaftlichen Fortschritt verlangt es nach den neugierigen, introvertierten Tüftlern. Und noch viel wichtiger: Fast alle, die nicht über eine einzige geniale Fähigkeit verfügen, aber alle Voraussetzungen mitbringen, glückliche, mitfühlende und liebevolle Menschen zu werden, verdienen in der Phase der Orientierungssuche Ermutigung und nicht den vorschnellen Vergleich, um ihnen zu beweisen, was sie schlechter können als andere.

Wer früh heiratet und Kinder in die Welt setzt, spürt von Beginn an hohen finanziellen Druck und findet wenig Zeit zur Selbstverwirklichung. Jede Entscheidung für ein Studium oder einen Beruf schließt scheinbar andere Karrieren aus. Oft fühlen

19. bis 22. Lebensjahr

wir uns mit diesen schwierigen Fragen in unserer modernen Gesellschaft alleingelassen. Gerade weil wir so viele Möglichkeiten haben, fürchten wir, die falsche ergriffen zu haben. Wir sehnen uns nach einer »Lebensversicherung«, die uns garantiert, dass uns nichts passiert. Die gibt es natürlich nicht. Das ist der Preis, den wir dafür zahlen, dass wir nicht durch ein traditionelles Kastensystem auf vorgegebene Lebenswege gezwängt werden. Wir müssen nicht nur ständig Entscheidungen mit unbekannten Folgen treffen, sondern wir werden immer wieder vor die Aufgabe gestellt, uns in unbekannte Gebiete vorzuwagen. Es erfordert Mut, um die vielen Optionen als Chance und nicht als Qual zu erkennen. Wer mit dem Überangebot an Möglichkeiten in unserer freien Gesellschaft überfordert ist, läuft Gefahr, sich abzuschotten und sich in ein rigides Glaubenssystem, sei es ein religiöses, politisches oder esoterisches, zurückzuziehen.[3]

Der selbst gemachte Stress kommt von den unendlich vielen Möglichkeiten, die uns hin- und herreißen, weil wir fürchten, dass jede Entscheidung für eine Richtung uns alle anderen – vielleicht besseren – Chancen kosten könnte. Von Seneca gibt es dazu ein Zitat, das nicht nur für die sechste Stunde, sondern für unser ganzes Leben gilt: »Für ein Schiff, das keinen Hafen hat, ist kein Wind der richtige.«

Reflexionen über die sechste Stunde

»Wer bin ich heute, und wer möchte ich in meinem zukünftigen Leben sein?« In der sechsten Stunde erscheint alles furchtbar kompliziert, und wir fühlen uns oft allein gelassen. Auch wenn uns die Eltern in der Vergangenheit oft auf die Nerven gegangen sind, wurden wir unbewusst von der Hoffnung getragen, dass sie eingreifen werden, sollten wir frustriert sein und nicht mehr weiterwissen. Diese Annahme wird gerade in

19. bis 22. Lebensjahr

der sechsten Stunde, wenn wir uns ein unabhängiges Leben aufbauen und gewichtige Entscheidungen treffen müssen, massiv erschüttert. Unsere illusorische Sicherheit fällt weg, dafür besteht die Möglichkeit, ein neues Gefühl der Unabhängigkeit und Stärke zu entwickeln. Viele schleppen allerdings einen Rucksack an eingepflanzten Selbstzweifeln mit, der sie daran hindert, diesen Reifungsprozess zu bewältigen. Andere wurden meist in einem sehr leistungsorientierten Elternhaus früh mit dem Virus des Glaubens an den perfekten Lebenslauf infiziert. Sie sind bereit, tausend Prozent zu geben, konsequent zu arbeiten und trotz aller Rückschläge fest an sich zu glauben. Dabei laufen sie Gefahr, sich selbst zu vergessen, weil sie keine Zeit finden, darüber nachzudenken, wer sie selbst sein wollen.

Rückzug und Muße zu finden war schon immer schwierig, die sozialen Medien machen es heute nahezu unmöglich. Alle sind ständig beschäftigt und übersehen dabei eine Wahrheit, die irgendwann offenkundig wird: Ein beeindruckender Lebenslauf und ein erfülltes Leben sind zwei sehr verschiedene Dinge. Daher ist die entscheidende Frage nicht so sehr, was wir einmal werden wollen, sondern was wir tun wollen, das uns mit Freude erfüllt. Dazu ein Ratschlag des fast 90-jährigen Warren Buffett: »Schlafwandeln Sie nicht durch Ihr Leben. Das ist, wie wenn Sie den Sex in Ihrem Leben bis ins hohe Alter aufschieben. Das ist keine gute Idee. Suchen Sie nach einem Job, den Sie gerne machen würden, wenn Sie gar keinen Job haben wollten. Das wird vielleicht nicht gleich bei Ihrem ersten Job klappen, suchen Sie deshalb weiter, bis Sie diesen Job gefunden haben.«

In der sechsten Stunde besteht die Gefahr, dass wir uns selbst kleiner machen, als wir sein könnten. Wann wenn nicht in diesem Alter dürfen wir groß und verrückt denken, wie es uns Steve Jobs vorgemacht hat: »Das hier geht an die Verrück-

19. bis 22. Lebensjahr

ten, die Außenseiter, die Rebellen, die Unruhestifter, an jene, die aus dem Muster fallen ... diejenigen, die die Dinge anders sehen – sie halten nichts von Regeln und respektieren den Status quo keineswegs ... Du kannst sie zitieren, anderer Meinung sein als sie. Du kannst sie glorifizieren oder sie herabwürdigen, aber das Einzige, was du nicht tun kannst, ist, sie zu ignorieren, weil sie die Dinge nämlich verändern ... Sie bringen die menschliche Rasse weiter, und obwohl sie andere als die Verrückten sehen, sehen wir sie als Genies. Denn diejenigen, die verrückt genug sind, zu denken, dass sie die Welt ändern könnten, werden diejenigen sein, die es tatsächlich tun.«[4]

Drei Fragen, die für Ihre aktuelle Lebensphase Bedeutung haben könnten:

- Welche Fantasien waren mit Ihrer ursprünglichen Berufsentscheidung verbunden?
- In diesem Kapitel spielen Lebensentscheidungen eine wichtige Rolle. Welche Lebensentscheidungen kommen in absehbarer Zukunft auf Sie zu?
- Haben Sie Ihren Hafen, Ihr Wertegerüst, Ihr Leitsystem gefunden, das Ihnen Lebensentscheidungen erleichtert?

---

1 Als Franz Fuchs am 1. Oktober 1997 bei einer Verkehrskontrolle von Gendarmeriebeamten angehalten wurde, zündete er eine Rohrbombe, weil er glaubte, entlarvt zu sein. Bei diesem gescheiterten Versuch verlor er beide Hände. Am 26. Februar 2000 beging Fuchs in seiner videoüberwachten Zelle in der Justizanstalt Graz-Karlau Selbstmord, indem er sich mit dem Kabel seines Rasierapparates erhängte.
2 Unter anderem hat Peter Thiel PayPal mitbegründet und war erster Investor bei Facebook und LinkedIn. Seit seiner Unterstützung von Präsident Donald Trump wird er im Silicon Valley heftig kritisiert.
3 Interview mit dem Psychoanalytiker Carlo Strenger über die Angst vor der Freiheit in brand eins, August 2017, S. 47.
4 Dieses Zitat von Steve Jobs war Teil der Apple-Kampagne »Think Different« 1997.

DIE SIEBTE STUNDE
lässt die einen davon träumen, dass sie alles erreichen können, und die anderen ahnen, dass es das Leben nicht gut mit ihnen meinen könnte.

23. bis 26. Lebensjahr

»*Auf einem Dampfer, der in die falsche Richtung fährt, kann man nicht sehr weit in die richtige Richtung gehen.*«
Michael Ende

Vor einigen Jahren erregte die chinesischstämmige Yale-Juraprofessorin Amy Chua großes Aufsehen mit ihrem Buch *Die Mutter des Erfolgs: Wie ich meinen Kindern das Siegen beibrachte*. Darin schildert sie, wie sie ihre beiden Töchter Lulu und Sophia mit drastischen Erziehungsmaßnahmen zu Spitzenleistungen in Mathematik und Musik bringen wollte. Sie zwang die beiden, jeden Tag zusätzlich zu den Hausübungen stundenlang Klavier und Geige zu üben. Jede andere Schulnote als »sehr gut« war inakzeptabel. Für diesen Fall drohte Frau Chua ihren Töchtern mit dem Verbrennen ihrer geliebten Stofftiere. Der Besuch von Geburtstagspartys war ebenso verboten wie das Mitspielen im Schultheater, das die Mutter als Zeitverschwendung empfand. Frau Chua, die sich selbst als »Tiger Mom« bezeichnete, war davon überzeugt, dass man mit Disziplin und Hartnäckigkeit alles erreichen kann. Was ist aus den beiden Töchtern geworden?

Nach zermürbenden Auseinandersetzungen setzte die jüngere Tochter Lulu durch, das Geigenspiel aufgeben und dafür mit Tennis beginnen zu dürfen. Heute studiert sie Kunstgeschichte an der Harvard-Universität. Sophia, die andere Tochter, hat ein Juradiplom in Yale erworben. Zwei durchaus beeindruckende Karrierestarts, aber Spitzenpianistin oder Mathematikgenie ist keine der beiden geworden. Ganz so falsch hat Frau Chua ihre Sache trotzdem nicht gemacht, werden jetzt vielleicht einige denken. So hat Peter Ustinov einmal ironisch gemeint: »Die englische Schulbildung ist die beste der Welt – falls man sie überlebt.« Im Gegensatz zu Kohlenstoff werden Kinder unter extremem Druck nicht zu Diamanten – sondern sie zerbrechen. Zur Ehrenrettung von Frau Chua muss man anmerken, dass sie ihre Erziehungsmethoden im Rückblick durchaus kritisch sieht und erkannt hat, mit Disziplin eben doch nicht alles erreichen zu können.

Die beiden Töchter der »Tiger Mom« Amy Chua bestätigen etwas, das der Glücksforscher und Entdecker des *Flow-Effekts* Mihály Csíkszentmihályi in Langzeitstudien über Talententwicklung herausgefunden hat. Sehr talentierte Schüler, die primär durch Druck der Eltern oder in Erwartung von zukünftigen Belohnungen angetrieben werden, verlieren oft die Lust an ihrem Talent und hören auf, es auszuüben. Darum werden so viele Talente bereits früh vergeudet. Ähnlich hoch talentierte Schüler, deren Hauptmotivation dagegen aus der Ausübung ihrer Begabung kommt, sind nicht nur langfristig erfolgreicher, sondern auch glücklicher mit ihrem Leben. Menschen, die ihre Talente ein Leben lang weiterentwickeln können, zeichnen sich meist durch eine Gemeinsamkeit aus: Sie sind offen für das tiefe positive Erleben, das ihnen die Ausübung ihres Talents ermöglicht, sie gehen förmlich auf in ihrer Tätigkeit. Csíkszentmihályi entdeckte diesen Flow-Effekt zufällig beim Beobachten von spielenden Kindern. Wir alle haben diese Erfahrung selbst als Kinder auf dem Spielplatz gemacht, wenn uns unsere Mutter mit sanfter Gewalt nach Hause schleppen musste, weil wir völlig das Zeitgefühl verloren hatten.

So wie Kindern wie zuvor beschrieben von überehrgeizigen Eltern die Freude an ihrem Talent ausgetrieben wird, stehen sich viele Menschen später im Berufsleben bei der Entfaltung ihrer Talente selbst im Weg. Viktor E. Frankl nannte dieses Phänomen »Hyperintention«: Wir wollen gefallen, gut arbeiten, effizient sein in unserem Tun. Und oft genug fallen wir genau dann auf die Nase, wenn wir andere unbedingt beeindrucken wollen. Unsere Gedanken sind nicht bei der Sache selbst, wir sind besessen davon, Ergebnisse zu bringen, und übersehen dabei den Erfolg, den wir eigentlich suchen. Die eigene Genievermutung ist ein weitverbreitetes Leiden, quer durch alle Hierarchieebenen von Unternehmen und Organisationen. Offenbar gibt es einen Punkt, an dem das durchaus gesunde Vertrauen in die eigenen Fähigkeiten durch Übersteigerung in Realitätsverlust umschlägt. 97 Prozent der Führungskräfte glauben von sich selbst, gute Führungskräfte zu sein. Befragt man allerdings Mitarbeiter, so sagen 37 Prozent, dass sie in ihrer Laufbahn mindestens einmal eine schlechte Führungskraft hatten.[1] Das deutet einerseits auf verzerrte Selbstwahrnehmungen hin. Andererseits ist das wahrscheinlich ein notwendiger Schutzmechanismus, um in Organisationen durchkommen zu können.

Wird angeborenes Talent überschätzt? Können wir mit Willenskraft alles erreichen?

Arbeitet man sich durch die Flut an Büchern zum Thema Talent, kreisen sie um eine Kernthese: Angeborenes Talent ist nicht entscheidend, ja dieses wird sogar maßlos überschätzt. Es geht vor allem um andere Faktoren, wie Selbstvertrauen, Hartnäckigkeit, Leidenschaft, intensives Training, Teamwork, Charakter. Wer sich darauf konzentriert und die richtigen Entscheidungen triff, kann (fast) alles erreichen.

Malcolm Gladwell relativiert diese These in seinem Buch *Überflieger: Warum manche Menschen erfolgreich sind – und andere nicht* mit zahlreichen Fallstudien und zeigt, dass situative Faktoren oft viel wichtiger sind. Als verblüffendes Beispiel führt er dafür an, dass 90 Prozent der besten Eishockeyprofis in Kanada in den Monaten Januar bis März geboren sind. Der Grund dafür liegt nicht in astrologischen Scheinwahrheiten, sondern schlicht in der Tatsache, dass Eishockeytalente schon im Kindesalter nach Jahrgängen für Leistungsprogramme ausgewählt werden. Daher haben die am Anfang des Jahres geborenen Kinder eines Jahrgangs bei gleichem Talent leichte körperliche Vorteile gegenüber den jüngeren, die im November oder Dezember geboren sind. Dieser unterschätzte kleine Ausgangsvorteil wird im Laufe der Jahre immer größer.

Versucht man ohne ideologische Brille, wissenschaftliche Fakten über die menschliche Entwicklungsfähigkeit zu analysieren, kann man zu folgenden Erkenntnissen kommen: Nicht jedes Kind ist hochbegabt, auch wenn die gegenteilige Behauptung des sympathischen Gerald Hüther noch so wünschenswert wäre. Jeder Mensch kann nicht alles erreichen, selbst wenn er sich selbst noch so anstrengt. Eltern tun ihren Kindern daher nichts Gutes, indem sie ihnen das gut gemeinte Märchen erzählen, dass es für sie keine Grenzen gebe, wenn sie sich nur besonders anstrengen. Das endet fast immer so wie in der Geschichte von der »Tiger Mom«.

Spitzenleistung basiert auf großem angeborenem Leistungspotenzial u n d auf Übung. Um ein Spitzengeiger zu werden, braucht man 10 000 Stunden Übung. 10 000 Stunden scheinen eine magische Zahl für Spitzenleistungen zu sein, wie kann man sie erreichen? Unter Einbeziehung von Wochenenden und Ferien muss man dafür zehn Jahre lang vier Stunden täglich üben oder trainieren. Aber auch die 10 000 Stunden helfen nichts, sollte nicht auch ein außerordentliches Talent grundgelegt sein. Ein Pablo Picasso oder John Lennon wird man nicht nur durch Übung.

Der Intelligenzquotient (IQ) ist angeboren und lässt sich im Laufe des Lebens nur wenig verändern. Und der IQ ist zumindest für Spitzenpositionen in unserer Leistungsgesellschaft eine Grundvoraussetzung, allerdings mit abnehmendem Grenznutzen. Zu viel Analyse kann in Führungspositionen sogar zu Paralyse führen. Ein IQ von 120 reicht völlig aus, um in Organisationen Karriere zu machen oder ein erfolgreiches Unternehmen zu gründen. Ein IQ von 160 macht keinen entscheidenden Unterschied – außer man will unbedingt einen Nobelpreis. Mit einem unterdurchschnittlichen IQ, also deutlich unter hundert, wird man dagegen höchstwahrscheinlich zumindest beruflich keinen nachhaltigen Erfolg haben.

Dazu erlaube ich mir eine persönliche Bemerkung. Von 2004 bis 2007 habe ich die Waldzell Meetings im Benediktinerstift Melk organisiert. Meine erste persönliche Begegnung mit dem Dalai Lama zur Vorbereitung seiner Teilnahme in einem kleinen Hotelzimmer in Kärnten ließ mich nicht einen zehn Zentimeter über dem Boden schwebenden entrückten Guru, sondern einen seine Vorstellung präzise formulierenden Mann erleben. In diesen vier Jahren hatte ich die Möglichkeit, sieben Nobelpreisträger, Künstler wie Christo, Paulo Coelho, Frank Gehry, Isabel Allende sowie einige der bedeutendsten Wissenschafter unserer Zeit persönlich kennenzulernen. Unter ihnen war kein einziger liebenswürdiger Dummkopf, sondern alle hatten einen herausragenden Verstand. Offenbar ist Intelligenz sehr wohl ein entscheidender Faktor. Damit ist aber nicht nur die logisch-mathematische, sondern im Sinne des Konzepts der multiplen Intelligenzen des Harvard-Psychologen Howard Gardner auch die sprachliche, die räumliche, die musikalische, die körperliche, die empathische und die selbsterkennende Intelligenz gemeint.

Noch eine sozial unerwünschte Wahrheit: Je gezielter die individuellen Talente von Menschen gefördert werden, desto stärker treten deren Unterschiede hervor. Wer gleiche Ergebnisse bei unterschiedlichen genetischen und sozialen Startvoraussetzungen erzielen will, müsste zwangsläufig die Anforderungen senken und objektive Leistungsvergleiche verhindern. Im Sport ist diese Tatsache noch weitgehend unbestritten. Täglich trainieren weltweit Millionen ehrgeiziger junger Menschen mit Disziplin und Willenskraft bis zur Erschöpfung, um der nächste Lionel Messi oder die nächste Serena Williams zu werden. Irgendwann müssen fast alle erkennen, dass sie sich noch so anstrengen können, es gibt immer jemanden, der einfach besser ist. An Schulen und Universitäten versucht man dagegen immer vehementer, gleiche Ergebnisse trotz unterschiedlicher Voraussetzungen zu erzielen. Je weiter man sich von der Erreichung dieses Ziels entfernt, desto mehr erhöht man die Anstrengungen. Ich persönlich bevorzuge Systeme, die sich das erreichbare Ziel der Chancengerechtigkeit setzen: Jeder hat ein Recht darauf, dass seine Talente im Bildungssystem maximal gefördert werden, wissend, dass dadurch Unterschiede stärker hervortreten.

Der getäuschte Mensch ist fast immer ein unglücklicher Mensch. Jagen wir uns selbst und unsere Kinder mit viel Aufwand auf den Weg der Überforderung, endet das meist mit Enttäuschung oder Schuldzuweisung an andere. Jedes Jahr verschwenden Unternehmen Milliarden für Schulungsmaßnahmen, um Mitarbeiter für Positionen auszubilden, für die ihnen die Voraussetzungen fehlen, statt die dafür geeigneten zu rekrutieren.

Die siebente Stunde kennt Überflieger und Verlierer

»Ich habe eine Schwäche für Verlierer – für Invaliden, Ausländer, den Dicken in der Klasse und alle, mit denen keiner tanzt.«
Peter Hoeg, Fräulein Smillas Gespür für Schnee

Die Erde ist ein Planet der Enttäuschungen.[2] Spätestens in der siebten Stunde werden einige Menschen von der Ahnung geplagt, dass es das Leben nicht gut mit ihnen meinen könnte. Sie haben das Gefühl, dass Gleichaltrige schon viel mehr erreicht haben. In der Schule kamen sie irgendwie durch, in keinem

23. bis 26. Lebensjahr

Fach konnten sie glänzen, in den meisten mussten sie kämpfen. Irgendwie landeten sie in einem Job, der sie nicht ausfüllt. Der Gedanke, auch morgen in der Früh wieder aufzustehen, um sich mit nervenden Kunden und Vorgesetzten herumschlagen zu müssen, mündet manchmal in unterdrückter Wut, in virtuellen Computerwelten und irgendwann in Apathie. Was wir alle oft vergessen: Jeder, der als Erster durchs Ziel läuft, lässt viele Verlierer hinter sich. Der Zweite oder Dritte steht im Sport zumindest noch auf dem Podest, im Berufsleben wird er noch stellvertretender Chef, doch dahinter folgen Hunderte, Tausende und Abertausende, die unter »ferner liefen« im großen Rattenrennen jeder gegen jeden laufen: die immer verschmähten Liebenden, die zu nett und zu uncool sind; die Mauerblümchen, die nicht hübsch genug sind im Beauty-Wettkampf; die Antriebslosen, die sich einfach nicht oft genug aufraffen können, um sich nach der fünften Ablehnung erneut zu bewerben; die Fleißigen, die an der Universität merken, dass es bei manchen Professoren mehr um das Verstehen als um das Wiederkäuen geht, und ihr Studium nach dem Scheitern an einer für sie unüberwindbaren Prüfungshürde abbrechen.

Die tragischen Verlierer fühlen sich eingesperrt in einen Raum ohne Fenster und Türen und können eine andere, schönere Welt als die ihre gar nicht sehen. Manche fühlen sich dann selbst als Opfer, sie werden auch wie solche behandelt. Schon in der Schule und später in der Sozialbürokratie werden sie als »Sozialfall« gesehen, der in Österreich »mindestgesichert« beziehungsweise in Deutschland »verhartztet« werden muss. So gut diese Unterstützungssysteme vom Prinzip her sind, bestätigen sie immer die Opferrolle. Betroffene Menschen erfahren sich als wertlos und ihre Existenz als sinnlos. Viele gehen dann in die Narkotisierung durch Drogen, Alkohol oder Tabletten, um den Zustand zu ertragen. Sie vertrauen weder sich selbst noch irgendjemand anderem. Diejenigen, die dem entrinnen können, landen meist in wenig spannenden und wechselnden Jobs als Security, Aushilfen, Küchenhilfe, Botenfahrer. Die Schlauen versuchen, das Beste aus ihrer Situation zu machen, um das Sozialsystem zynisch auszutricksen und so ihr Auskommen zu schaffen. Gar nicht so wenige, vor allem wenn sie glauben, nichts mehr zu verlieren zu haben, erhöhen das Risiko und wählen den Weg in die Kriminalität, in der andere Regeln wie Skrupellosigkeit und Brutalität gelten. Kurzfristig bieten sich Chancen auf hohe Gewinne, langfristig landen fast alle im Gefängnis oder sind ständig auf der Flucht davor. In einzelnen Vierteln deutscher Städte, wie zum Beispiel in Berlin, herrschen dann Banden, in den USA Gangs, die Kriminalität mit professionellen Strukturen wie Schattenwirtschaftsunternehmen betreiben. In diesem Dschungel gibt es keine Solidarität, es herrschen die Stärkeren über die Schwächeren.

Wege aus der Opferfalle

Antonio wurde im Jahr 1891 als viertes Kind in eine Familie in Sardinien geboren. Antonio kämpfte seit seiner Geburt mit schweren gesundheitlichen Problemen, die sich im Alter von drei Jahren verschlimmerten, als ihn ein Kindermädchen zu Boden fallen ließ. Dabei stürzte er so schwer, dass sich am Rücken ein Buckel bildete. Sein Onkel hängte ihn daher immer wieder verkehrt auf, in der Hoffnung, dass sich diese Behinderung auswächst. Seine Mutter kleidete ihn jede Nacht in sein einziges schönes Gewand, damit er sofort beerdigt werden könnte, sollte er am Morgen gestorben sein. Später schrieb Antonio über jene Zeit: »Als ich vier war, hatte ich einmal drei Tage lang Krämpfe und verlor so viel Blut, dass ich völlig entkräftet war. Die Ärzte gaben mir keine Chance mehr, und mei-

23. bis 26. Lebensjahr

ne Mutter hat bis 1914 den Kindersarg und das Totenhemd aufgehoben, die sie schon für mein Begräbnis gekauft hatte.« Antonio überlebte, litt aber an Wachstumsproblemen und wurde als Erwachsener nur knapp 1,50 Meter groß. Aufgrund seiner Behinderung wurde Antonio von seinen Altersgenossen beim Spielen ausgeschlossen und zum melancholischen Einzelgänger, der aber durchaus liebevoll mit seinen Schwestern umging. Die Lage der Familie verschärfte sich weiter, als man Unregelmäßigkeiten in der Buchhaltung seines Vaters nutzte, um ihn aus politischen Gründen wegen Amtsmissbrauchs zu fast sechs Jahren Gefängnis zu verurteilen. Die Armut wurde so schlimm, dass die Familie die auf den Boden gefallenen Äpfel von benachbarten Bauern stehlen musste, damit sie nicht verhungerte. Zur Unterstützung seiner Familie arbeitete Antonio in einem Büro, wo er neun Lire pro Monat verdiente. Er musste Register umherschleppen, die schwerer waren als er, und viele Nächte weinte er vor Erschöpfung, weil ihn der ganze Körper so schmerzte.

Wenn man über Antonios Kindheit liest, kann man sich nicht vorstellen, dass später aus ihm nicht ein verbitterter Mensch, sondern der idealistische linke Vordenker Italiens, Antonio Gramsci, wurde. Das einzige positive Ereignis in den ersten 20 Jahren seines Lebens war ein Lehrer, der sein Talent erkannte, ihm Bücher borgte und ihn förderte. Daher war er tief von der besonderen Rolle von Lehrern in der Gesellschaft überzeugt: »Man muss nüchterne, geduldige Menschen schaffen, die nicht verzweifeln angesichts der schlimmsten Schrecken und sich nicht an jeder Dummheit begeistern. Pessimismus des Verstandes, Optimismus des Willens«, schrieb Antonio Gramsci in seinen später berühmt gewordenen *Gefängnisheften*, in denen er seine Gedanken während eines langen Gefängnisaufenthalts unter der faschistischen Herrschaft formulierte.

23. bis 26. Lebensjahr

Heute wissen wir, dass die beste Chance, dem Teufelskreis schwierigster sozialer Startvoraussetzungen zu entkommen, in zumindest einer stabilen verlässlichen Beziehung liegt. Das kann wie im Fall von Antonio Gramsci ein Lehrer sein oder ein Verwandter, ein Freund oder eine Partnerin, jemand, der dem potenziellen Verlierer hilft, eine positive Beziehung zu sich selbst aufzubauen, die er allein bis dahin nicht schaffen konnte. Am Anfang hilft manchmal eine einfache Frage des Mentors wie: »Kennst du irgendjemanden, der etwas Cooles tut?« Ist der erste Schritt einmal gemeistert, sieht ein Benachteiligter auf einmal ein Fenster, das ihm zeigt, dass es außerhalb seines engen, finsteren Raums eine andere, positivere Welt gibt. Selbst wenn er noch nicht den Mut hat, in diese Welt hinauszutreten, er glaubt zumindest daran, dass es diese gibt. Die riesige Herausforderung besteht dann noch immer darin, die Schwelle zu dieser anderen Welt zu betreten.

Oliver Twist lernt einen guten Menschen kennen, Harry Potter erhält die Einladung nach Hogwarts, Luke Skywalker begegnet Yoda, der ihm die Kräfte bewusst macht, die in ihm stecken. Auf unsere reale Welt bezogen brauchen Menschen, die in schwierige Verhältnisse hineingeboren wurden, jemanden, der ihnen die Möglichkeit eines anderen Lebens überhaupt erst zeigt, und dann Vorbilder, die schon die Schwelle dorthin erfolgreich überschritten haben. Klassische Lebensratgeber von Dale Carnegie bis Anthony Robbins sind voll mit solchen Beispielen, genauso wie Fernsehshows, in denen dann jemand wie Paul Potts seine Chance erhält, zu zeigen, wie er Menschen mit seiner Stimme begeistern kann. Wir brauchen die berührenden Heldengeschichten, die uns vorführen, wie man vom Verlierer zum Sieger wird. Verantwortung wecken kann man mit einfachen Projekten wie den kommunalen Gemeinschaftsgärten in den USA, die Menschen wieder eine Aufgabe geben: Du musst etwas pflanzen, dich darum kümmern, dann kannst du ernten. Das hilft Menschen, die nie ein Gefühl für Zeitstrukturen entwickeln konnten. Ohne einen Mentor und ohne eigene Anstrengung funktionieren leider alle diese Rezepte nicht. Wir können überhaupt erst Selbstverantwortung übernehmen, wenn wir Wahlmöglichkeiten für uns erkennen. Solange wir die Türe in eine bessere Welt nicht einmal sehen, sind wir nicht in der Lage, sie zu durchschreiten.

Die gute Nachricht – Selbstbeherrschung lässt sich steigern und ist entscheidend

Im Jahr 1972 startete die Universität der neuseeländischen Stadt Dunedin eine Langzeitstudie mit folgendem Ergebnis: Je größer die Selbstbeherrschung ist, die ein Mensch als Kind zeigt, desto besser geht es ihm als Erwachsenem – gesundheitlich, finanziell und emotional. Die Wichtigkeit des Belohnungsaufschubs wurde schon lange davor in den »Marshmallow-Tests« bewiesen.[3] Jetzt belegen aber neue Studien, dass der Grad der individuellen Selbstdisziplin kein Schicksal ist, sondern sich im Laufe des Lebens wie ein Muskel trainieren lässt. Eigenschaften wie Frustrationstoleranz, Beharrlichkeit, Sorgfalt und Geduld können unabhängig von der Intelligenz und der sozioökonomischen Herkunft geübt und signifikant verbessert werden.

Es gibt einen guten Grund, warum wir uns ehrlich mit unseren eigenen Talenten und jenen unserer Kinder auseinandersetzen sollten. Es geht um unser persönliches Glück. Viele Studien bestätigen, dass Geld, Sicherheit und ein bestimmtes Maß an Komfort für uns durchaus notwendig sein mögen, aber nicht entscheidend sind. Für ein erfülltes Leben brauchen wir das Gefühl, dass unsere Talente wertvoll sind und anerkannt werden. Voraussetzung dafür ist, dass diese Begabungen richtig erkannt werden und wir nicht zum Opfer von Täuschungen unserer Eltern oder von uns selbst werden.

Reflexionen über die siebte Stunde

In der ersten Stunde sind wir fast völlig außenbestimmt: von den Gaben, die uns der Zufallsgenerator der Genetik zugeteilt hat, und von den Fähigkeiten unserer Eltern, uns durch Zuwendung und kluge Förderung bestmöglich zu fördern. In der siebten Stunde werden wir dagegen selbst für alles verantwortlich gemacht – ob uns das gefällt oder nicht. Junge Menschen, deren bisheriger Lebensweg sich fast nur nach oben entwickelt hat, sind jetzt besonders anfällig für ein scheinbar plausibles Rezept: Du musst dir nur klare Ziele setzen, Ausdauer und Motivation entwickeln und die nötigen Techniken beherrschen, dann kannst du alles erreichen. Sie strotzen vor Selbstvertrauen und gehen davon aus, dass es für sie nur jene Grenzen gibt, die sie sich selbst stecken. Viel schwerer tun sich in der siebten Stunde die von Schicksalsschlägen, Misserfolgen und Enttäuschungen Geplagten, die hin- und hergerissen werden zwischen Selbstzweifeln und Schuldzuweisungen an andere.

Kein Leben verläuft ohne Phasen der Stagnation. Wer in der siebten Stunde gelernt hat, damit umzugehen, der kann darauf vertrauen, dass seine Stunde kommen wird, wo plötzlich der Wind die Segel erfasst und er zu unentdeckten Kontinenten seiner Fähigkeiten aufbricht. Oder wie es die US-amerikanische Dichterin Emily Dickinson formuliert: »Wir wissen nicht, wie groß wir sind, bis sie uns zum Aufstehen zwingen. Und wenn wir es dann wirklich tun, wird unser Kopf durch die Wolken dringen.«

23. bis 26. Lebensjahr

Jeder kann nicht alles erreichen, egal wie sehr er sich anstrengt. Jeder kann aber alles versuchen. Jeder kann so mutig sein, sich nicht vor dem Scheitern zu fürchten. Scheitern kann man nur an den eigenen Erwartungen. Besonders Menschen, die sich selbst in der siebten Stunde sehr hohe Ziele setzen, fühlen sich oft von den Leistungen historischer oder zeitgenössischer Größen entmutigt. Daher ist es gut zu wissen, wie sehr selbst auf ihrem Gebiet herausragende Persönlichkeiten am Beginn ihrer Karriere mit Selbstzweifeln und quälenden Blockaden zu kämpfen hatten.

Jonathan Franzen lebte in seinen Zwanzigern mit seiner jungen Frau, ebenfalls einer Schriftstellerin, von der Hand in den Mund in einer 300-Dollar-Wohnung außerhalb von Boston. Sie kauften Fünf-Kilo-Säcke mit Reis und Unmengen von Tiefkühlhühnern. Trotz Jonathan Franzens unglaublichem Talent und seiner eisernen Disziplin ließ der Erfolg lange auf sich warten. Sein erster Roman *The Twenty-Seventh City* (*Die 27ste Stadt*) erhielt zwar wohlwollende Kritiken, erreichte aber ebenso wie sein zweites Buch nur wenige Leser. Daraufhin schloss sich Franzen, mittlerweile geschieden und in Harlem lebend, allein in seinem Arbeitszimmer ein. Sieben Jahre lang schrieb er bei heruntergelassenen Rollläden, mit Ohrenstöpseln und Ohrenschützern von seiner Umwelt abgeschottet, an seinem dritten Buch *Die Korrekturen*. Später erzählte er über diese Zeit: »Eigentlich ging es freitags los, wenn mir plötzlich klar wurde, dass die Arbeit der ganzen Woche schlecht war. Ich feilte den ganzen Tag daran, um sie in Form zu bringen, bis ich mir um vier endgültig eingestehen musste, dass sie schlecht war. Zwischen fünf und sechs gab ich mir mit Wodka die Kante. Danach aß ich viel zu spät zu Abend, erfüllt von einem kranken Gefühl des Versagens. Ich habe mich die ganze Zeit über gehasst.« Mit *Die Korrekturen* schaffte Jonathan Franzen 2001 den

23. bis 26. Lebensjahr

Durchbruch. Der Roman wurde ein weltweiter Bestseller und das Magazin *The New Yorker* setzte Franzen auf die Liste der wichtigsten Schriftsteller des 21. Jahrhunderts.

In dem Büchlein *Musenküsse – Die täglichen Rituale berühmter Künstler* von Mason Currey finden sich viele ähnliche Geschichten von Pablo Picasso, Jean-Paul Sartre, Simone de Beauvoir, Ingmar Bergman, Georgia O'Keeffe, Umberto Eco, Woody Allen, David Lynch und Agatha Christie. Ein Verhaltensmuster verbindet diese so unterschiedlichen Persönlichkeiten fast alle: Ihr Tagesablauf war streng strukturiert, und sie ließen sich durch nichts von der Ausübung ihres Talents abbringen.

Drei Fragen, die Bedeutung für Ihre aktuelle Lebensphase haben könnten:

- Hatten Sie ein Ihnen wichtiges Talent, das im Laufe Ihres Lebens verloren gegangen ist? Was würden Sie heute anders machen?
- Gab es wichtige Ziele, die Sie trotz großer Anstrengung nicht erreicht haben? Was könnten die Gründe dafür sein?
- Welche Faktoren waren in Ihrem Leben entscheidend für das, was Sie erreicht haben?

---

1   Interview mit Johannes Steyrer, Karriereforscher an der WU.
2   Wolf Schneider analysiert in seinem Buch *Große Verlierer. Von Goliath bis Gorbatschow,* warum es zwangsläufig mehr Verlierer als Sieger geben muss.
3   Diese Tests untersuchten, inwieweit vier Jahre alte Kinder in der Lage waren, eine Süßigkeit wie einen Marshmallow nicht sofort zu essen, sondern zu warten und dafür mit einem zweiten belohnt zu werden. Die Nachbeobachtungsstudien zeigten: Je länger die Kinder im ursprünglichen Experiment gewartet hatten, desto kompetenter agierten sie als Heranwachsende in schulischen und sozialen Bereichen. Kinder, die zum Belohnungsaufschub fähig waren, konnten auch im Leben besser mit Frustration und Stress umgehen.

INTIMITÄT ISOLATION

DIE ACHTE STUNDE
stellt uns vor die Aufgabe, Intimität in der Liebe und in Freundschaften als wahre Quelle der Lebensfreude zu entdecken.

27. bis 29. Lebensjahr

»Sie sagte sich: Mit ihm schlafen, ja – aber nur keine Intimität!«
Karl Kraus, Sprüche und Widersprüche

Scham ist universell. Wir haben sie alle erlebt – wenn wir als Kind ins Bett gemacht haben, wenn wir in der Schule vor der ganzen Klasse gedemütigt wurden, wenn wir jemand zu Unrecht verdächtigt haben, wenn wir bei einer Lüge ertappt wurden, wenn wir einem geliebten Menschen den Betrug beichten mussten. Über Scham redet niemand gerne, und je mehr wir sie fürchten, desto stärker hindert sie uns daran, mit uns selbst und anderen in Verbindung zu treten. Scham drückt sich in Gefühlen aus wie »Ich bin nicht gut genug« oder »Wenn das schiefgeht, bin ich blamiert bis auf die Knochen«. Scham hat mit unserer Verletzlichkeit zu tun. Die Bereitschaft, uns verletzbar zu machen, ist die Voraussetzung, um Intimität zulassen zu können. Nur ein verletzbarer Mensch kann ein empfindsamer und liebender Mensch sein. Die US-Psychologin Brené Brown versuchte herauszufinden, was Menschen, die sich vertrauensvoll auf Liebe und Zugehörigkeit einlassen konnten, von jenen unterschied, die aus Angst vor Verletzbarkeit damit zu kämpfen hatten. In ihren Studien kam heraus, dass es einen einzigen entscheidenden Faktor gab: Menschen, die ein starkes Gefühl der Liebe und Zugehörigkeit haben, glauben, dass sie die Liebe und Zugehörigkeit wert sind. Diese Überzeugung ermöglicht es ihnen zuzulassen, dass sie so gesehen werden, wie sie sind. Dadurch können intime und tiefe Beziehungen entstehen. Klingt ganz einfach. Doch woher kam diese Überzeugung?

Die erste Gemeinsamkeit, die diese vertrauensvollen Menschen gemeinsam haben, ist Mut. Das englische Wort für Mut, »courage«, stammt vom lateinischen Wort »cor« ab, was »Herz« bedeutet. Diese Menschen sind mutig genug, unvollkommen zu sein, sich aber von ganzem Herzen selbst anzunehmen. Weil sie

Mitgefühl für sich selbst empfinden können, ermöglicht ihnen das auch, Mitgefühl für andere zu zeigen. Brown fand in ihren vielen Interviews heraus, dass diese Menschen sich mit anderen verbinden können, weil sie aufgehört haben, ständig darüber nachzudenken, wer sie sein sollen, und sich stattdessen so akzeptieren, wie sie sind. Die andere Gemeinsamkeit ist, dass sie ihre Verletzlichkeit uneingeschränkt annehmen. Erst das Eingeständnis, ihre Verletzlichkeit macht sie attraktiv für andere und hilft diesen, sich ebenfalls zu öffnen. Verletzlichkeit ist weder etwas Angenehmes noch Qualvolles, sondern etwas Notwendiges. Sie waren bereit, als Erstes etwas wie »Ich liebe dich« zu sagen, in dem Wissen, sich damit verwundbar zu machen.[1]

Warum wir uns nach Intimität sehnen – und sie selten erleben

Intimität liegt oft in der Luft, wir wagen es aber nicht, sie anzusprechen und ihr damit Raum zu geben. Intimität ist ein Zustand tiefster Vertrautheit. Den Zutritt zu unserer Intimsphäre gewähren wir nur ganz besonders ausgewählten Menschen. Die Hemmschwelle, um Intimität zu wagen, ist oft gerade gegenüber uns nahestehenden Menschen besonders hoch, weil wir Angst davor haben, dass wir sie mit zu viel Offenheit und Ehrlichkeit erschrecken könnten. Wir verdrängen dadurch leicht, dass wir keine intimen Beziehungen zu uns wichtigen Menschen wie Eltern, Geschwistern oder dem Partner haben und der Bereich des Unausgesprochenen immer größer wird. Intimität kann auch unangenehm sein, wenn jemand versucht, uns näherzukommen, als wir es wollen. In solchen Situationen ist es erlaubt, Nein zu sagen. Versucht der Mann beim ersten Rendezvous, die Hand der Frau zu berühren, und sie zieht diese zurück, ist das ein klares Signal. Frauen, die gelernt haben, schon in kleinen Dingen Nein zu sagen, tun sich dann leichter damit, wenn es zwingend notwendig wird. Für Männer, von denen meist erwartet wird, den ersten Schritt in Richtung körperlicher Annäherung zu setzen, sei es die erste, fast zufällige Berührung des Beines, die erste Umarmung oder der erste Kuss, ist es wichtig zu lernen, dass nicht jedes Nein eine Ablehnung ihrer Person ist. Die Botschaft kann auch »Ich möchte im Augenblick nicht mehr, weil ich noch nicht so weit bin« sein. Eine Ablehnung bleibt aber stets eine Ablehnung, und die bekommt man oft dort, wo sie besonders schmerzt. »Menschen unterscheiden sich stark in der Art, wie sie mit Ablehnungen umgehen. Gerade jene, denen es besonders schwerfällt, Ablehnungen zu ertragen, neigen daher dazu, sie zu vermeiden. Daraus kann eine sich verstärkende Spirale werden. Weil es so schwerfällt, Ablehnungen auszuhalten, werden Situationen, die diese Gefahr beinhalten, generell vermieden, damit aber auch die Möglichkeit zu lernen, besser damit umzugehen«, erklärt der Psychoanalytiker Klaus Geisslmayr.

Intimität ist etwas anders als Sexualität. Sexualität kann ein möglicher Weg zu Intimität sein, ebenso aber so distanziert wie der Kontakt mit den Geräten im Fitnessstudio sein. Das wird dann schnell langweilig, und im Bett nebenbei fernsehen wie im Fitnessstudio geht auch nicht. Wer sich umsieht, wird langjährige Partnerschaften, Ehen und Freundschaften sehen, in denen es offenbar an Intimität mangelt. Andererseits öffnet eine einfache Berührung oder ein Wort, selbst zwischen zwei fremden Menschen, manchmal Schleusen, und plötzlich fließen Tränen. Das Weinen bei Filmen ist auch ein Ausdruck von Intimität, vor allem wenn wir bei einer Szene, die eigentlich überhaupt nicht traurig ist, uns aber trotzdem ergreift, weinen.

Intimität ist mehr, als Gefühle zuzulassen. Viele Menschen verspüren einen Hunger nach Intimität, haben aber vergessen, was diese bedeutet. Sie unterdrücken jene Sehnsucht nach mehr Intimität und verpassen die Gelegenheiten, die sich bieten. Das »Ich liebe dich« wird gegenüber dem Partner zur Floskel, die Kommunikation zu den Eltern und Geschwistern folgt oberflächlichen Ritualen. Versuche, aus der Sprachlosigkeit durch offensives Ansprechen von intimen Themen auszubrechen, scheitern an der Schweigemauer des anderen. Dieser schweigt meist nicht aus Bösartigkeit, sondern aus Überforderung und Angst, auf Themen antworten zu müssen, die mehr zerstören als heilen. Manchmal bedarf es einschneidender Ereignisse wie Treuebruch, Scheidungsgedanken, Krankheit oder finanzieller Streitigkeiten, bis sich die Schleusen öffnen und die aufgestauten Emotionen den anderen mit voller Wucht überschwemmen. Das kann eine reinigende Kraft für jene sein, die Intimität erlebt und genossen haben, diese sich im Laufe ihres Lebens aber immer mehr verflüchtigt hat.

Intimität kontra Isolation: »Wir sind, was wir lieben«

Wann entscheidet sich, ob wir zur Intimität in unseren Beziehungen fähig sind? Zweifellos spielt das Modell der Ehe unserer Eltern eine wichtige Rolle. Konnten wir als Kinder eine intime, vertrauensvolle Beziehung zwischen unseren Eltern erleben, werden wir uns als Erwachsene wohl leichter damit tun. Herrschte dagegen eine unterkühlt sachliche, vielleicht durchaus freundliche Atmosphäre im Elternhaus, werden Kinder zögern, ihr Innerstes zu offenbaren. Für den deutsch-amerikanischen Psychoanalytiker Erik H. Erikson ist es die Aufgabe des frühen Erwachsenenalters, ein gewisses Maß an Intimität zu erreichen. In der Entwicklungsstufe davor, der Pubertät, mussten wir versuchen, aus der Verwirrung zu einer stabilen Identität zu finden. Ab dann sind wir bereit, unser »Ich« durch vielfältige intime Beziehungen mit anderen zu verschmelzen. Manche verlieben sich in dieser Phase immer wieder schnell, andere suchen die Intimität in Freundschaften. Die Herausforderung ist, sich irgendwann auf feste Beziehungen einzulassen, die Opfer und Kompromisse fordern können. In der achten Stunde spüren wir einerseits die Sehnsucht nach Verschmelzung bis zur Selbstaufgabe und andererseits den Drang, uns zurückzuziehen und abzuschotten. Manche zerbrechen daran. Es ist vielleicht kein Zufall, dass für die Mitglieder des legendären Club 27 die achte Stunde auch schon ihre letzte war. Brian Jones, Jimi Hendrix, Janis Joplin, Jim Morrison, Kurt Cobain und Amy Winehouse starben alle mit 27 Jahren. Sind sie zu Legenden geworden, weil sie gar nicht in Gefahr kamen, sich anzupassen? Als lebendes Gegenbeispiel dient wohl Keith Richards mit seinen mittlerweile 74 Jahren: »Es behauptet ja keiner, dass man gleich das biblische Alter von 70 Jahren erreichen muss. Als ich 20 war, konnte ich mir noch nicht mal vorstellen, wie man sich mit 28 fühlt.«

Der Gegenpol zur Intimität ist die Isolation. Das bedeutet keineswegs, dass man nicht viele enge Beziehungen unterhält, sondern dass man davor zurückschreckt, eine bestimmte Schwelle der Nähe zu überschreiten. Im Spanischen gibt es den Begriff des »amigo íntimo«, womit die intensivste Form der Freundschaft gemeint ist. Erst wenn das Spannungsfeld zwischen Intimität und Isolation erfolgreich gemeistert wurde, ist der junge Erwachsene fähig zur Liebe. Damit meint Erikson die Fähigkeit, Unterschiede und Widersprüche in den Hintergrund treten zu lassen. Für ihn ist Intimität die Hüterin jener schwer fassbaren und doch alles durchdringenden Kraft, die uns die innere Sicherheit gibt, sowohl unsere individuelle Identität aufrechtzuerhalten als auch gemeinsam geteilte Intimität zuzulassen.[2]

27. bis 29. Lebensjahr

Warum *Der letzte Tango in Paris* kein Sexfilm, sondern ein Meisterwerk über Intimität ist

Der Film *Der letzte Tango in Paris* des italienischen Regisseurs Bernardo Bertolucci erregte im Jahr 1972 mit seinen für die damalige Zeit exzessiven Sexszenen zwischen Marlon Brando und Maria Schneider die Öffentlichkeit. Der Clou des Films ist die Übereinkunft der beiden Protagonisten, des 45-jährigen Amerikaners Paul und der 20-jährigen Französin Jeanne, einander nichts von ihrem Leben zu erzählen, einander nicht einmal den Namen zu verraten, sondern sich nur in der leeren Wohnung, in der sie sich bei einer Besichtigung zufällig begegnet waren, zum Sex zu treffen. Gerade in dieser Atmosphäre der Anonymität entwickelt sich eine von beiden nicht zu verhindernde Intimität. Zwar halten sich beide an das Verbot, nicht über ihre gegenwärtigen Lebensumstände zu sprechen, kommen einander aber in der tabulosen Atmosphäre in kurzer Zeit menschlich ungemein nahe. Jeanne, die mit einem jungen Filmregisseur verlobt ist, verfällt Paul für kurze Zeit völlig und glaubt, in ihm den Mann ihres Lebens entdeckt zu haben. Dieser gibt aber die Wohnung auf und entzieht sich ihr, nicht zuletzt aus Sorge, dass sie dann sein wahres Leben als Vermieter einer heruntergekommenen Pension entdecken würde. Als Jeanne daraufhin wieder zu ihrem Verlobten zurückkehrt, läuft Paul ihr auf der Straße nach, breitet sein Leben vor ihr aus und schlägt ihr nun seinerseits vor zu heiraten. Doch nun ist es für Jeanne aus, sie befriedigt ihn noch einmal, weist ihn dann endgültig ab und erschießt ihn am Ende aus Verwirrung. In dem Film treffen zwei Menschen in unterschiedlichen Lebensphasen aufeinander. Die 20-jährige Jeanne erlebt das erste Mal Intimität in einer Intensität, die sie für kurze Zeit fasziniert. Sie will mit dem ihr fremden Paul verschmelzen und ist dafür bereit, ihre instabile Identität zu opfern. Der 45-jährige Paul, der lange eine lieblose Ehe geführt, also im Sinne von Erikson in der Isolation gelebt hat, kann sich gegen die in ihm ausgelöste Sehnsucht nach Intimität nicht dauerhaft wehren. Aus dem distanzierten Macho wird ein um Liebe wimmernder, gebrochener Mann. Auch wenn der Film damals vor allem wegen der Sexszene mit dem Stück Butter zum Skandalerfolg wurde, hat er seine Bedeutung bis heute behalten, weil er auf einer tieferen Ebene den Daseinsschmerz des Menschen und die Unterdrückung der Sehnsucht nach Intimität thematisiert.

Marlon Brando, dessen Filmkarriere sich auf dem absteigenden Ast befand, katapultierte *Der letzte Tango in Paris* wieder zurück an die Spitze. Die damals 19-jährige Maria Schneider zerbrach dagegen am plötzlichen Weltruhm. Zu der viel diskutierten Vergewaltigungsszene mit Brando wurde Schneider, wie Bertolucci später zugab, von ihm genötigt. Schneider hatte 2007 geäußert, sie habe sich in dieser Szene »vergewaltigt gefühlt«. Für ihre Rolle bekam sie übrigens nur 2.500 Dollar, einen Bruchteil der Gage von Marlon Brando.[3] Aufgrund von Alkohol- und Drogenexzessen wurde Maria Schneider schließlich in Nervenheilanstalten behandelt und musste Entziehungskuren auf sich nehmen. Zu viel Intimität, selbst in der fiktiven Welt des Films, kann Menschen zerstören.

Sexualität als Weg zur Intimität

»Wir standen uns so nah, dass es zwischen uns keinen Platz mehr gab für Gefühle.«
Stanisław Jerzy Lec

In jeder potenziellen ernsthaften Partnerschaft gibt es ein Davor und ein Danach. Die Zeit, bevor man miteinander das erste Mal geschlafen hat – und die danach. Der Augenblick unmittelbar nach dem ersten Sex mit einem neuen Liebespartner kann bestimmend für den weiteren Verlauf der Beziehung sein. Ganz kurz öffnet sich ein Fenster zu einer intimen Beziehung, das aber von einem oder beiden sofort zugeschlagen werden kann. Idealerweise sind beide Liebespartner danach erfüllt von euphorischen Glücksgefühlen, genießen den Geruch und den Geschmack des anderen, fühlen sich wortlos ungemein nahe, um dann irgendwann dem anderen Zugang zu ihrem Innersten zu eröffnen, in der Erwartung, dass sich ihnen der andere ebenfalls öffnet. Wie alle Liebespaare reden sie später viel über sich selbst, als könnten sie dadurch die Welt auf einmal besser verstehen. Intimität und Leidenschaft entstehen nicht durch bloße Nacktheit, sondern wenn zwei Menschen bereit sind, ihre Seelen zu entblößen.

Schwieriger wird es, wenn der erste Akt nicht optimal verlaufen ist, einer oder beide vom Gefühl geplagt werden, versagt zu haben oder nicht attraktiv genug zu sein. Auch diese Situation ist ein sehr intimer Augenblick, ein Moment der tiefsten Verletzbarkeit, der gemeinsam bewältigt werden kann, oder aber das Fenster zur Intimität wird aus Scham schnell zugeschlagen, und man geht zu einer anderen »Tagesordnung« über, indem man sich in Belangloses flüchtet. Für Männer und Frauen ist es eine große Herausforderung, offen über ihre Beziehung zu Sexualität zu reden. Gerade in der achten Stunde fragt manchmal einer danach: »Wie viele hattest du denn schon vor mir?«

Intimität ist eine Übersetzung des Begriffes Verletzlichkeit. Traumatisierte Kinder haben damit riesige Probleme, weil sie schon so oft und so tief verletzt wurden, dass intime Beziehungen nur schwer möglich sind. Die Folge ist, niemanden an sich heranzulassen. Daher machen sie die Türe sicherheitshalber schon vorher zu. Der Aufbau intimer Beziehungen kann wieder erlernt werden. So haben Kinder in der Sandkiste überhaupt kein Problem, einander beim Spielen zu berühren, spontan zu umarmen oder einander auch abzulehnen. In der Nacht tauschen Geschwister ihre geheimsten Gedanken aus, beste Freundinnen oder Freunde erzählen einander ohne Scheu ihre Sorgen und Träume. Als Erwachsene neigen wir dazu, unsere Ängste mit Kontrollversuchen zu besänftigen, und fühlen uns sicherer, sobald es uns gelingt, die Distanz zum anderen zu halten. Umso mehr reizt uns das Verbotene.

Das Verbotene ist das nicht Alltägliche, es lässt sich in der Fantasie aufladen. Arthur Schnitzler hat diese verborgenen Sehnsüchte in seiner *Traumnovelle* vortrefflich beschrieben. Darin geht es um das rasche Niederreißen von persönlichen Barrieren, da wird ein Grundbedürfnis nach Intimität und Verschmelzung mit möglichst vielen anderen angesprochen. Der Reiz liegt zusätzlich im abrupten Wechsel von Fremdheit und intensiver Nähe. Den Fremden können wir leichter in unserer Fantasie ausformen als den gewohnten Partner. Die Erlebnisse in der *Traumnovelle* verheißen eine unglaubliche Intensität an Glücksgefühlen und sexueller Ekstase, die im Alltag wenn überhaupt nur mehr selten erlebt wird. Heute erwarten wir von einer verbindlichen Beziehung, dass sie sowohl romantisch als auch emotional und sexuell erfüllend ist. Kann es noch verwundern, dass so viele Beziehungen unter dieser übergroßen Last zerbrechen? Stanley Kubrick hat die Geschichte der *Traumnovelle* in seinem letzten Film *Eyes Wide Shut* in die Gegenwart geholt. Auch darin verschwimmen die Fantasie und Wirklichkeit eines Ehepaares, gespielt von Nicole Kidman und Tom Cruise, die damals auch tatsächlich miteinander verheiratet waren. Die beiden verklagten übrigens das Magazin *The Star*, weil dieses behauptet hatte, ein Sexualtherapeut habe den beiden bei erotischen Szenen im Film Nachhilfe geben müssen. So viel zu Fiktion und Wirklichkeit.

Interessant ist, was die Sexualtherapeutin Esther Perel aus ihrer Praxis über das Thema Intimität erzählt: Viele Paare glauben, Intimität bedeute, alles über den anderen zu wissen. Sie wundern sich dann, dass die prickelnden Gefühle und das Begehren verschwinden, wenn jede Distanz verloren geht. Damit der sprichwörtliche Funke überspringen kann, muss ein gewisser Abstand gegeben sein. Für Erotik ist Distanz unabdingbar. Oder anders formuliert: Erotik entfaltet sich im Freiraum zwischen der eigenen Person und der des anderen. Um mit dem oder der Geliebten zu kommunizieren, müssen wir diese Leerstelle mitsamt ihren Unwägbarkeiten tolerieren.[4]

Reflexionen über die achte Stunde

Natürlich erleben wir Intimität schon vor dem frühen Erwachsenenalter. Die Aufgabe, das Spannungsfeld zwischen Intimität und Isolation zu bewältigen, stellt sich im Laufe der Jahre immer wieder. Wir können Intimität jederzeit wagen, uns ihrer aber nie sicher sein. Nach der achten Stunde wird die neunte folgen, in der das 30. Lebensjahr auf uns wartet, das wir so lange in unabsehbarer Ferne wähnten. Wer bis dahin die Stufe der Intimität einigermaßen bewältigt hat, wird zur Liebe fähig, die entscheidend für ein glückliches Leben ist. Unter Liebe versteht Erik H. Erikson die psychosoziale Stärke, Unterschiede und Konflikte durch gegenseitige Hingabe zu überwinden. Das bezieht sich nicht nur auf die Liebe zum Partner, sondern auch auf tiefgehende Freundschaften. Erwachsen werden bedeutet, ob wir das wollen oder nicht, die Balance zwischen Intimität und Isolation, zwischen abenteuerlustiger Lebendigkeit und verantwortungsvoller Stabilität, zwischen völliger Hingabe und Wahrung unserer Eigenständigkeit zu finden.

Ein Weg zur Intimität ist die Authentizität. Tiefenpsychologisch betrachtet ist eine integrierte Persönlichkeit eine wichtige Voraussetzung, um Intimität ohne überschwemmende Ängste über längere Zeit leben zu können. Wer authentisch lebt, denkt nicht ständig daran, wie nahe er jemandem kommt, und findet intuitiv den geeigneten Zugang zum richtigen Maß an Intimität.

Welche Erkenntnisse der achten Stunde könnten Bedeutung für Ihre aktuelle Lebensphase haben?

- Was waren die intimsten Augenblicke in Ihrem Leben, die Sie nicht missen wollen? Gibt es Fotos oder Briefe aus dieser Zeit, die Ihnen jetzt helfen könnten, jene Augenblicke wieder aufleben zu lassen?
- In welchen Phasen ersetzen Sie Intimität durch die Fantasie davon, weil Ihr Bedürfnis danach so stark ist, dass Sie dieses Gefühl mit realen Menschen schwer erreichen können?
- Wenn Sie sich einem anderen Menschen für eine vertrauensvolle Beziehung öffnen möchten, was wären Sie dann bereit, von sich preiszugeben? Wovor hätte Sie am meisten Angst, dass der andere es herausfindet?

Brené Brown beendete den eingangs zitierten TED Talk über »Die Macht der Verletzlichkeit« mit einer Erkenntnis: »Wenn wir uns selbst genug sind, dann hören wir auf zu schreien und beginnen zuzuhören, sind liebevoller und freundlicher zu den Menschen um uns herum, und auch liebevoller und freundlicher zu uns selbst.« Vielleicht ist es ein guter Weg zu mehr

27. bis 29. Lebensjahr

Intimität, sich jeden Morgen vor dem Spiegel zu fragen: »Bin ich mir genug?«

1 Der TEDxHouston Talk von Brené Brown »Die Macht der Verletzlichkeit« gehört zu den fünf populärsten TED Talks aller Zeiten.
2 Erik H. Erikson: Der vollständige Lebenszyklus. Frankfurt am Main 1980.
3 Geschichte wiederholt sich offenbar doch manchmal, wenn man die Parallelen zur im Jahr 2018 aufgeflammten Diskussion über die Hollywood-Filmindustrie sieht.
4 Esther Perel: Wild Life. Die Rückkehr der Erotik in die Liebe. München 2010.

DIE NEUNTE STUNDE
lehrt uns, dass man mit 30 doch nicht alt ist und warum das 33. Lebensjahr in den Weisheitslehren als viel entscheidender gilt.

30. bis 33. Lebensjahr

»*Er war fast dreiunddreißig. Welchen Sinn hatte es, weiter geduldig zu sein? Es war nicht das Alter, das einen von Fallen befreite. Es ging um die Wahrheit. Und dafür würde er kämpfen. Schlau und unermüdlich.*«
Abraham B. Jehoshua in Die befreite Braut

Die Magie der Zahl 33 von Jesus bis Gaudí

Menschen, die genau auf ihr bisheriges Leben zurückblicken, stellen oft fest, dass die entscheidenden Umwälzungen nicht, wie zu erwarten wäre, im 30., sondern erst im 33. Jahr passierten. Die Zahl 33 spielt jedenfalls in den religiösen und esoterischen Traditionen eine weit wichtigere Rolle als die 30. Das hängt vor allem mit Jesus Christus zusammen, der 33 Jahre alt wurde. Seine Kreuzigung, der Abstieg in das Reich der Toten, die Auferstehung und die Himmelfahrt fanden in seinem 33. Jahr statt. Auch in anderen Religionen oder in der Freimaurerei hat die Zahl 33 eine besondere Bedeutung: Dass Mohammed, »der Gesandte Gottes, das Siegel der Propheten ist«, steht in der 33. Sure. Der höchste Grad, den ein Hochgradfreimaurer im Schotten-Ritus erreichen kann, ist der 33. Grad, der eindeutig auf das letzte Lebensjahr von Jesus hinweist.

Wohl mit Bezug auf Jesus hat der tiefgläubige Antoni Gaudí an der Kathedrale Sagrada Família in Barcelona ein magisches Quadrat mit der Zahl 33 angebracht. Alle Zahlen einer Reihe, einer Spalte oder auch einer Diagonalen ergeben addiert 33.

Für Numerologen gilt die 33 als mächtige, manchmal gar mächtigste Zahl. Sie verkörpert hohe Spiritualität und trägt daher auch die Bezeichnung »Meisterzahl«. Bisweilen wird die 33 auch mit Heilung in Verbindung gebracht.

Wer fürchtet sich vor seinem Dreißigsten?

Der indische Prinz Siddhartha soll 29 Jahre alt gewesen sein, als er sein bisheriges Leben in Reichtum und Sinnesfreuden hinter sich ließ und sich auf den entbehrungsreichen Weg der Suche nach Erkenntnis machte, an dessen Ende er den Buddhismus in die Welt setzte. Ingeborg Bachmanns eher düsterer Zyklus über einen Menschen, der auf sein Leben als Ganzes zurückschaut, heißt wohl nicht zufällig *Das dreißigste Jahr*.

Der Dreißiger ist für viele Menschen eine Bruchlinie, ob diese schon mit 29, 30 oder erst mit 33 Jahren aufreißt, ist dabei wenig relevant. Der Dreißiger bietet Anlass für gute Vorsätze, für Selbstzweifel, für Ängste vor dem Älterwerden und oft für entscheidende Krisen. Die eine Türe wird einem vom Leben lautstark zugeknallt, dafür öffnet sich eine andere, durch die man gehen muss. Wer zu lange vor einer verschlossenen Türe ausharrt, der sieht oft nicht genau genug hin, um die offene zu erkennen. Zu glauben, dass ab dem dritten Lebensjahrzehnt das Leben in ruhigere Bahnen gleitet, erweist sich meist als Illusion. Denn man spürt, dass ab jetzt wirklich zählt, was man tut, die Zeit des unbeschwerten Ausprobierens vorbei ist. Wer mit 30 noch studiert, muss sich auf einmal selbst im Freundeskreis verteidigen. Lange verdrängte Defizite lösen oft hektische Entscheidungen aus, den Partner endlich zu heiraten oder ihn zu verlassen, den ungeliebten Job zu wechseln, Kinder zu zeugen. Die einen sehen im 30. Geburtstag das endgültige Ende der Jugend und fragen sich, was es bedeutet, erwachsen zu sein. Andere sagen sich: »Um Jahreszahlen habe ich mich noch nie gekümmert, mir ist daher auch der Dreißiger egal.« Manche erkennen, dass nicht mehr alles möglich ist. »Es sind schon einige wichtige Weichenstellungen passiert, ich werde Wimbledon nicht mehr gewinnen und nicht Herzchirurg werden. Bis dahin dachte ich, dass im Prinzip noch alles möglich wäre«, erinnert sich David, heute Mitarbeiter in einer Werbeagentur.

Der Tübinger Kulturwissenschaftler Christian Marchetti sieht im 30. Geburtstag eine »bedeutsame Schwelle, an der man sich mit seiner eigenen Biografie auseinandersetzen muss«.[1] Wer jetzt noch keine Arbeit oder Familie hat, empfindet den Dreißigsten oft als belastend. Marchetti hat eine Befragung unter Männern über ihren Dreißiger gemacht: »Für die meisten ist der Termin weniger dramatisch, als man gemeinhin annimmt. Auffällig ist allerdings, dass die Mehrheit trotzdem feiert – und zwar opulenter als die Geburtstage davor. Der 30. Geburtstag wird als Schwelle im Leben empfunden und fordert zum sinnstiftenden Handeln heraus, denn irgendwie muss man ja damit umgehen. Weil der Dreißigste als Einschnitt in der eigenen Biografie empfunden wird, reicht es nicht mehr aus, sich einfach nur zu treffen und gemütlich beisammen zu sitzen. Die Partys werden aufwendiger, die Geschenke größer, und die Schenker machen sich mehr Gedanken.« Für Menschen, deren 30. Geburtstag unaufhaltsam naht, gibt Marchetti den Tipp, diesen groß zu feiern, weil es einfach schöner ist für alle Beteiligten.

Sowohl unter Männern als auch Frauen gibt es den Typus des »Flüchtlings«, der sich eigentlich allem entziehen will und seine Freunde bittet, auf Geschenke und Gratulationen zu verzichten, und stattdessen einen Kurzurlaub mit ganz wenigen Ausgewählten macht oder den Dreißiger einfach allein »aussitzt«.

30. bis 33. Lebensjahr

Warum »zweimal Geborene« oft erfolgreicher sind als »einmal Geborene«

William James unterscheidet in seinem Buch *The Varieties of Religious Experience* zwischen Once-Born- und Twice-Born-Menschen.² Erstere scheinen biologisch zu optimistischen, glücklichen Menschen prädestiniert zu sein. Sie nehmen sich Enttäuschungen nicht so zu Herzen, beschweren sich selten über Missgeschicke und sind weniger angsterfüllt oder zornig. Dagegen haben Letztere einen pessimistischen Zugang zur Welt, leiden mehr unter den Auf- und Abwärtsbewegungen ihres Lebens. Sie haben es schwerer, aber das zwingt sie, sich tiefer mit den Fragen nach dem Sinn des Lebens zu beschäftigen. Sie müssen sich mehr anstrengen und wachsen dadurch an den Krisen. Dieser Transformationsprozess kann im besten Fall eine Art Wiedergeburt auslösen, nicht im religiösen Sinne einer Erlösung, sondern einer Erneuerung nach einem einschneidenden Ereignis. Herausforderungen und Krisen ermöglichen es, durch diese »zweite Geburt« ein glücklicheres oder zumindest sinnvolleres Leben zu führen. Analysiert man Lebensbiografien, so zeigt sich, dass entscheidende Brüche oft im Alter zwischen 30 und 33 zu bewältigen sind.

Historische Beispiele für »zweimal Geborene« könnte man in Abraham Lincoln, Sigmund Freud, Georgia O'Keeffe oder Franz Kafka erkennen, die immer wieder von Depressionen geplagt wurden und durch deren Überwindung Großes bewirken konnten. An dieser Stelle sollten wir nicht vergessen, dass das Leiden, neben dem Tun und der Liebe, in der Lehre Viktor E. Frankls der dritte Weg ist, seinem Leben Sinn zu verleihen. Leben ist demnach unter allen Umständen sinnvoll, selbst unter den schlimmsten. Frankl hatte die entscheidenden Erkenntnisse für seine Lehre bekanntlich am dunkelsten

Ort der Welt, dem Konzentrationslager, entwickelt. Sein Überleben kann man sicher als »ein zweites Mal geboren werden« interpretieren. Um nicht missverstanden zu werden, es geht bei der Theorie der »zweimal Geborenen« nicht darum, Leiden zu suchen oder es gar zu verursachen, sondern um die Tatsache, dass eine positive oder pessimistische Sicht auf die Welt zu einem hohen Anteil genetisch vorgegeben ist. »Zweimal Geborene« sind in der Lage, diesen Startnachteil sogar in einen Vorteil zu transformieren. Wolf Schneider analysiert in seinem faszinierenden Buch *Die Sieger* kenntnisreich an historischen Beispielen, wie derartige Transformationsprozesse individuell ablaufen können.[3]

Es gibt noch eine zweite Interpretation, nach der wir alle »zweimal Geborene« sind. Der Tag, an dem wir unser zweites Leben bekommen, ist jener, an dem wir realisieren, dass wir nur eines haben.

Die Midlife-Crisis ist tot – lang lebe die Lebenskrise

Wer heute noch von seiner Midlife-Crisis redet, der zeigt, dass er wirklich alt ist. Der Begriff ist de facto ausgestorben, das Phänomen der Lebenskrise dagegen nicht. Die Lebenskrise beginnt nur meist schon Mitte 20, in diesem Buch also in der siebten Stunde, und hört nie mehr wirklich auf. Wie ein nervender Verwandter, der sich ungefragt für Monate oder sogar Jahre bei uns einquartiert, kehrt sie immer wieder. Die nächste Krise bricht oft in einer Phase aus, in der wir endlich zu wissen glauben, wie das Leben funktioniert. Dieser Prozess des ständigen Wechsels zwischen Stabilität und Entwicklung unserer Persönlichkeit ist zwar durchaus lehrreich, aber auch ziemlich anstrengend – vor allem für unsere Partner und Freunde. Was verstehen wir überhaupt unter Persönlichkeit?

Unter den unzähligen Theorien wurde das Big-Five-Modell[4] durch eine Vielzahl von Studien belegt und gilt heute international als das universelle Standardmodell in der Persönlichkeitsforschung. Es wurde innerhalb der letzten 20 Jahre in über 3000 wissenschaftlichen Studien verwendet. Die »Big Five« definieren fünf Hauptdimensionen der Persönlichkeit, und jeder Mensch lässt sich auf folgenden Skalen einordnen:

- Offenheit für Erfahrungen (Aufgeschlossenheit),
- Gewissenhaftigkeit (Perfektionismus),
- Extraversion (Geselligkeit),
- Verträglichkeit (Rücksichtnahme, Kooperationsbereitschaft, Empathie) und
- Neurotizismus (emotionale Labilität und Verletzlichkeit).

Übersicht:[5]

Faktor	schwach ausgeprägt	stark ausgeprägt
Offenheit für Erfahrungen	konservativ, vorsichtig	erfinderisch, neugierig
Gewissenhaftigkeit	unbekümmert, nachlässig	effektiv, organisiert
Extraversion	zurückhaltend, reserviert	gesellig
Verträglichkeit	wettbewerbsorientiert, antagonistisch	kooperativ, freundlich, mitfühlend
Neurotizismus	selbstsicher, ruhig	emotional, verletzlich

William James, ein Mitbegründer der modernen Psychologie als Wissenschaft, schrieb 1890: »Der Charakter des Menschen ist spätestens mit 30 so erstarrt wie Gips, und er wird nie wieder weich werden.« Mit unserer selektiven Wahrnehmung bestätigen wir diese veraltete These gerne, vor allem wenn es andere betrifft: »Das ist wieder typisch für Gerda, dass sie sich weigert, einmal etwas Neues auszuprobieren.« Oder: »Bei Georg war völlig klar, dass er rücksichtslos nur auf seinen Vorteil schaut.« Sind wir ab 30 tatsächlich so erstarrt, dass wir unsere Charaktereigenschaften nicht verändern können, sie sich im Alter sogar noch verschärfen?

Eine große neue Studie kommt zu viel differenzierteren Ergebnissen: Die fünf Merkmale sind nicht so stabil, wie ursprünglich angenommen.[6] »Wir analysierten die Daten von rund 50.000 Studienteilnehmern und verglichen dann, wo es Gemeinsamkeiten und wo Unterschiede gab«, erklärt die Studienleiterin Eileen Graham. Im Durchschnitt verändern sich Menschen zwar nicht in großen Sprüngen, sondern etwa alle zehn Jahre ein bisschen. Dennoch seien die Entwicklungen keineswegs zu vernachlässigen, meint die Psychologin von der Northwestern-Universität. Im Laufe des Lebens ruhen wir immer mehr in uns selbst und geben weniger auf die Meinung anderer. Tendenziell ziehen wir uns aber auch mehr zurück, sind weniger offen für Neues und werden etwas nachlässiger und unorganisierter. »Auch wenn man im Laufe seines Lebens beispielsweise nur etwas weniger extrovertiert – also weniger kontaktfreudig – wird, verändert das, wie man mit anderen umgeht«, sagt Graham. Es zeigt sich, dass einige im letzten Lebensabschnitt – etwa im Alter von 70 Jahren – eine Kehrtwende hinlegen und wieder ängstlicher sowie neurotischer werden.

Unverträglich bleibt unverträglich – sonst können wir vieles an uns ändern

Ein einziges Merkmal verändert sich hingegen in keiner der Studien merklich: die Verträglichkeit. Zwar gibt es Menschen, die ein klein wenig verträglicher werden, also etwas mehr Rücksicht auf andere nehmen und empathischer werden. Andere entwickeln sich etwas ins Gegenteil – keiner aber verändert sich hier laut den Daten signifikant. »Wir können davon ausgehen, dass Menschen in dieser Hinsicht einigermaßen gleich bleiben.«[7]

Wir verfügen über sehr viel mehr Spielräume in unserem Verhalten, als wir glauben oder uns einreden lassen. Wir haben uns meist zu sehr in unseren Gewohnheiten eingerichtet, halten sie für unser Wesen und sind der festen Überzeugung: So bin ich eben, ihr müsst mich so nehmen, wie ich bin. Diese Ansicht ist zwar bequem, aber falsch, wir können sehr wohl anders. Wir lieben es, wenn im Film *Der kleine Lord* der Enkel Cedric mit seiner direkten und offenen Art das Herz des mürrischen alten, von Sir Alec Guinness gespielten Earls erwärmt. Auch in der Realität erleben wir doch immer wieder, wie uns Menschen überraschen, die Schüchterne auf einmal gegen Ungerechtigkeit aufbegehrt, der eiskalte Egoist plötzlich Mitgefühl zeigt. Und manchmal überraschen wir uns auch selbst, wenn wir Dinge tun, die uns niemand zugetraut hat. Wir können unsere »Big Five« zwar nicht alle gleichzeitig über Bord werfen, aber unsere Verhaltensmöglichkeiten deutlich erweitern, sollten es bestimmte Situationen erfordern. Ursprünglich verstand man unter Resilienz in der Psychologie vor allem die Widerstandsfähigkeit gegen Verletzungen und Niederlagen. In der heutigen Persönlichkeitspsychologie werden Menschen als resilient bezeichnet, die bei den vier Big-Five-Faktoren Offenheit, Gewissenhaftigkeit, Geselligkeit und Verträglichkeit zumindest überdurchschnittliche Werte aufweisen und einen niedrigen Neurotizismus-Wert haben.

Die Arbeit an uns selbst, um uns auch nach dem 30. Lebensjahr noch weiterzuentwickeln, hat nichts mit Selbstverleugnung zu tun. Sie gleicht eher dem ständigen Versuch, uns nicht selbst im Kreis unserer Gewohnheiten einzumauern. Die Charakterfrage lässt sich so stellen: Wie viel Spielraum gewähren wir uns selbst im Umgang mit anderen? Das ermöglicht uns dann, je nach Situation, zurückhaltend oder entschieden, leidenschaftlich oder entspannt, freundlich oder distanziert zu reagieren. Charakter zeigt sich manchmal auch daran, wie sehr wir uns selbst überwinden und überraschen können. In diesen Entscheidungen offenbart sich, wer wir wirklich sind.

Reflexionen über die neunte Stunde

Für viele Menschen ist gerade die neunte Stunde von heftigen Umbrüchen gekennzeichnet: Scheinbar Sicheres zerbricht, unerwartete Chancen tun sich auf, das Leben verläuft wie auf einer Achterbahn. Bewährte Muster und Konzepte, die bisher wunderbar funktionierten, beginnen erst »unrund« zu laufen, um dann völlig zu versagen. Andere glauben mit 33 Jahren noch an ihre Unverwundbarkeit und sind davon überzeugt, dass sie in ihrer Karriere noch ganz weit hinaufkommen müssten, weil es bisher so gut gelaufen ist.

Jedenfalls verändern sich mit dem Dreißiger die Erwartungen der Umwelt. Man sollte auf eigenen Füßen stehen, für sich selbst sorgen und zu ernsthaften Partnerschaften fähig sein können. Wir sehen uns die Dinge genauer an, zum Beispiel Verträge, bevor wir diese unterschreiben. Wie im Tennis ist die Zeit des Aufwärmens vorbei, jetzt beginnt das Match, jeder Punkt zählt, jeder Doppelfehler auch.

Bei Frauen beginnt die Frage, ob sie Kinder haben möchten oder nicht, drängender zu werden. Das Herz sagt vielleicht schon Ja, der Verstand ist zögerlich. Die Antwort auf die Frage nach dem Kinderwunsch wechselt von »Das kann ich mir nicht vorstellen« zu »Jetzt noch nicht, aber vielleicht in ein paar Jahren«. Wer schon Kinder hat, muss das Ausleben der eigenen Individualität deutlich zurückschrauben und dafür Verantwortung für andere übernehmen.

Zwischen 20 und 30 Jahren ist für die meisten Menschen noch nicht die Zeit, sich mit Spiritualität intensiv zu beschäftigen. Mit 33 beginnt die Erosion der Zeit und damit die Sinnfrage an Bedeutung zu gewinnen. Wir ziehen eine erste Bilanz, was wir bisher geschafft haben in unserem Leben, und fragen, wohin die Reise weitergehen soll.

Welche Erkenntnisse der neunten Stunde könnten Bedeutung für Ihre aktuelle Lebensphase haben?

- Sehen Sie sich selbst eher als »einmal« oder »zweimal Geborener«? Wie hat dieses Muster Ihr Leben beeinflusst?
- Hat es zwischen Ihrem 30. und 33. Lebensjahr entscheidende Brüche oder Veränderungen gegeben?
- Wenn Sie sich selbst anhand des Big-Five-Modells einschätzen, welche der fünf Dimensionen ist eher stabil geblieben, und welche hat sich bis heute eher verändert? In welcher Dimension sehen Sie für sich selbst den größten Veränderungsbedarf?

Die Zukunft lässt sich am besten vorhersehen, wenn wir verstehen, dass wir sie wesentlich selbst erschaffen können. Das Leben ist eine Aufgabe, keine Karriere-Laufbahn; es ist eher der Weg von innen nach außen als der von außen nach innen.

»Aber in der Geschichte wie im menschlichen Leben bringt Bedauern einen verlorenen Augenblick nicht mehr wieder, und tausend Jahre kaufen nicht zurück, was eine einzige Stunde versäumt.«
Stefan Zweig

30. bis 33. Lebensjahr

1 Carola Padtberg im Gespräch mit Christian Marchetti, in Spiegel online vom 17. Januar 2006.
2 William James: »Once Born and Twice Born People«, veröffentlicht im Onlinemagazin Institute for Ethics and Emerging Technologies am 28. Mai 2016.
3 Wolf Schneider: Die Sieger. Wodurch Genies, Phantasten und Verbrecher berühmt geworden sind. München 1993.
4 Zwei populärwissenschaftliche Bücher als Einführung in das Thema: Lars Lorber: Menschenkenntnis – Der große Typentest: So entschlüsseln Sie die Stärken und Schwächen. München 2015. Und: Thomas Saum-Aldehoff: Big Five – Sich selbst und andere erkennen. Düsseldorf 2012.
5 Quelle: Wikipedia.
6 Ruth Hutsteiner in Ö1-Wissenschaft am 9. Februar 2018. Die Studie im Original: Eileen Graham: A Coordinated Analysis of Big-Five Trait Change Across 14 Longitudinal Studies.
7 Heiko Ernst: »Mal so, mal so. Aber immer: ich!«. In: Psychologie Heute, 8/2013.

DIE ZEHNTE STUNDE
mahnt uns, dass es an der Zeit wäre, uns für einen Lebenspartner zu entscheiden, Kinder in die Welt zu setzen und ein Haus zu bauen – oder zumindest einen Apfelbaum zu pflanzen.

34. bis 36. Lebensjahr

»*Man ist glücklich verheiratet, wenn man lieber heimkommt als fortgeht.*«
Heinz Rühmann

»Ab Anfang 20 war mir klar, dass ich einmal Kinder haben möchte, und auch ein Haus als Rückzugsort. Aufgrund einiger dramatischer Einschnitte in meiner Jugend hatte ich eine tiefe Sehnsucht, mir selbst eine heile Welt zu erschaffen. Meine Frau entsprach diesem Idealbild in hohem Ausmaß. Sie war attraktiv, intelligent, ausgeglichen und kam aus einer guten Familie, bei der der gemeinsame Mittagstisch am Sonntag eine gut gepflegte Tradition war. Wenn man heutzutage als Mann mit 28 Jahren heiratet, dann blendet man alle Bedenken, ob man wirklich bis zu seinem Lebensende treu sein und sich nie von dieser Frau trennen wird, einfach aus. Ich fühlte mich reif genug, nicht mehr wie bisher mit vielen Sternen, sondern nur mehr mit einem zu tanzen. Dass das aber eine lange Reise mit unbekanntem Ausgang wird, war mir schon bewusst. Meine Frau ist mit viel Liebe, Idealismus und wahrscheinlich ebenfalls Wunschdenken in die Ehe gegangen. Das erste und vor allem das zweite Kind veränderten unsere Beziehung massiv, die Freude war riesig, die Belastung ebenfalls. Für uns beide hatten unsere Kinder absolute Priorität. Ich empfand das erste Mal, was selbstlose Liebe bedeutet. Wie viele Paare ordneten wir den Kindern alles unter, auch unsere Liebesbeziehung. Außerdem unterschätzten wir beide völlig, wie sich der Mensch zwischen 30 und 40 Jahren nochmals grundlegend in seiner Persönlichkeit verändert. Da bauen sich dann viele, manchmal auch unüberwindbare Probleme auf. Es beginnt ein ständiges Ringen, in welchem Ausmaß man bereit ist, seine eigenen Lebensträume zurückzustellen, um dem Partner entgegenzukommen und das Wohl der Kinder nicht zu gefährden«, erzählt Lukas von seinen bisherigen Eheerfahrungen.

34. bis 36. Lebensjahr

Zu heiraten und Kinder in die Welt zu setzen ist wahrscheinlich die größte Lebensentscheidung, die man mit der nötigen Lebensreife treffen sollte. Das heißt allerdings nicht, dass der alte Spruch »Früh gefreit, nie gereut« nicht in jenen glücklichen Fällen stimmen kann, wo sich zwei füreinander bestimmte Menschen treffen. Jedenfalls sollte man an Friedrich Schiller denken, der uns mahnte: »Drum prüfe, wer sich ewig bindet, ob sich das Herz zum Herzen findet! Der Wahn ist kurz, die Reu' ist lang.«

Warum es besser ist, Zweifel ernst zu nehmen

Es wäre eher verwunderlich, wenn Menschen vor so einer großen Lebensentscheidung keine Zweifel hätten. Im Gegenteil, wer diese völlig ausblendet, wird bei der ersten Krise umso heftiger davon geplagt werden. Die Frage ist nur, ob die Gefühle und Argumente, die für die Ehe sprechen, die Bedenken deutlich überwiegen. Ist das nicht der Fall, dann sollten potenzielle Ehepartner ihre Zweifel ernst nehmen, insbesondere wenn sich die Frau unsicher ist.[1] Psychologen der University of Californa in Los Angeles haben 232 frisch verheiratete junge Paare direkt nach der Hochzeit und dann in Halbjahresabständen während der ersten vier Jahre ihrer Ehe befragt. Es zeigte sich: Wer schon vor der Hochzeit Bedenken hatte, ob es denn wohl gut gehen würde, hatte tatsächlich ein höheres Scheidungsrisiko. Unmittelbar nach der Eheschließung bejahten 47 Prozent der Männer und 38 Prozent der Frauen die Frage: »Waren Sie je unsicher oder zögerlich, was die Hochzeit anging?« Die Frauen hatten also seltener Zweifel als die Männer, allerdings stellte sich heraus, dass die weiblichen Zweifel entscheidendere Konsequenzen hatten: 19 Prozent der schon bei der Hochzeit skeptischen Frauen waren vier Jahre danach wieder geschieden; das waren zweieinhalbmal so viele wie bei jenen Frauen, die sich beim Jawort ihrer Sache sicher waren. Die Zufriedenheit mit ihrer Ehe war bei jenen Zweiflerinnen, die nach vier Jahren noch verheiratet waren, viel geringer als bei den Frauen, die mit einem sicheren Gefühl geheiratet hatten. Waren sowohl die Frau als auch der Mann vor der Heirat skeptisch, hielt die Ehe sogar in jedem fünften Fall keine vier Jahre lang. Die gute Nachricht für alle Heiratswilligen: Gaben beide Partner voller Zuversicht ihr Jawort auf dem Standesamt, so scheiterte die Ehe nur in einem von 17 Fällen.

»Man sollte nicht davon ausgehen, dass Liebe die Zweifel schon hinwegwischen wird. Es gibt keinerlei Hinweise, dass Probleme in der Ehe nachlassen oder verschwinden. Eher tendieren sie dazu, zu eskalieren«, meint Justin Lavner, der Erstautor der Studie. Auch Psychologieprofessor Thomas Bradbury warnt heiratswillige Paare, ihre Bedenken nicht leichtsinnig zu ignorieren: »Glauben Sie, dass die Zweifel sich in Luft auflösen, sobald Sie eine Hypothek und zwei Kinder haben? Sie sollten nicht darauf zählen!« Zwar raten die Psychologen unsicheren Paaren nicht prinzipiell von der Hochzeit ab. Doch »es ist die Sache wert zu erkunden, was genau einen so nervös macht«, empfiehlt Lavner.

Es gibt nicht den richtigen Zeitpunkt, um zu heiraten, wohl aber den richtigen Menschen dafür. »Als ich meinen Mann das erste Mal gesehen habe, war ich davon überzeugt, dass das eine schicksalhafte Begegnung ist. Bei ihm hatte ich immer das Gefühl, ›den kenne ich schon viel länger‹. Wir ergänzen uns perfekt in unseren Stärken und Schwächen. Daher bin ich auch sehr sicher und positiv gestimmt mit meinem Mann vor den Traualter getreten. Ich spüre bis heute diese starke Verbundenheit, obwohl natürlich die Phase der ersten Verliebtheit etwas abgeklungen ist. Treue spielt in meinem Leben eine wichtige

Rolle, daher empfinde ich das auch nicht als Einengung«, erzählt Isabella, die seit drei Jahren verheiratet ist.

Über die Frage, wie man vor der Ehe erkennt, ob diese langfristig halten wird, gibt es unzählige Theorien. Hier ein Auszug aus einigen besonders seltsamen »Studien«: Ehen von Personen, die auf ihrem Klassenfoto lächeln, werden seltener geschieden. Männer und Frauen, die sich unter besonders gefährlichen oder dramatischen Umständen kennenlernen, finden einander attraktiver. Reiche Männer bringen ihre Frauen häufiger zum Orgasmus. Frauen stehen nicht auf Muskeln, sondern auf Männer, die intelligent sind. Eine Ehe ist umso glücklicher, je attraktiver die Frau im Vergleich zu ihrem Ehemann ist – so gesehen wären der Glöckner von Notre-Dame und die schöne Zigeunerin Esméralda ein ideales Paar gewesen. Und je mehr Männer sich um eine Frau bewerben, desto mehr will jeder einzelne sie unbedingt für sich gewinnen.

Nur scheinbar seriöser wirkt die Behauptung des Psychiaters John Gottman, in seinem Buch *Die 7 Geheimnisse der glücklichen Ehe* eine mathematische Methode entwickelt zu haben, die den Vertrauenskoeffizienten eines Paares so treffsicher misst, dass er nach wenigen Minuten die Chancen einer Ehe mit 90-prozentiger Wahrscheinlichkeit vorhersagen könne. Offenbar versucht der gute Mann, seinem Namen Gottman alle Ehre zu erweisen.

Warum die koschere Ehe gar nicht prüde ist

»Wir wissen, dass eine Ehe nicht das Ausleben der Verliebtheit ist, sondern viel Arbeit. Die Thora sagt, ein Ehemann muss seine Frau mehr lieben als sich selbst. Das fällt einem Mann schwer, zum Beispiel nicht darüber nachzudenken, was man selbst gerne kaufen würde, sondern was sich seine Frau wünschen würde«, erklärt Alexander kurz vor seiner jüdischen Hochzeit.[2]

34. bis 36. Lebensjahr

Im Judentum ist ein erfülltes Liebesleben ein Gebot – allerdings nur innerhalb der Ehe. Sex dient nicht nur der Fortpflanzung, sondern explizit auch der Lust und dem Vergnügen. In diesem Verständnis hatten Adam und Eva schon Sex im Paradies, bevor sie vom Baum der Erkenntnis aßen. »Für das Judentum ist Sexualität ein Geschenk Gottes und nicht das Ergebnis eines Sündenfalls«, sagte der ehemalige Wiener Oberrabbiner Chaim Eisenberg. Die Frau hat, ebenso wie der Mann, ein verbrieftes Recht auf sexuelle Befriedigung. Damit die wechselseitige Anziehungskraft trotz der Mühen des Alltags und der Kindererziehung möglichst lange erhalten bleibt, soll der Sex koscher sein. Koscherer Sex bedeutet, dass die Frau nach ihrer Periode noch sieben Tage wartet, was gerade für junge Paare herausfordernd ist, weil sie jeden Monat zwölf Tage enthaltsam leben müssen. In dieser Phase wächst das Begehren, und das Paar ist gezwungen, sich mit dem Wesen des anderen auseinanderzusetzen, anstatt nur seine Lust auszuleben. Lustvolle Sexualität hat im Judentum eine so hohe Bedeutung, dass das Recht auf Befriedigung für die Frau sogar im Ehevertrag festgehalten ist. Das Ausmaß der Befriedigung kann nicht eingeklagt werden, das Bemühen darum sehr wohl. Verweigert einer der beiden Ehepartner dem anderen ohne triftigen Grund den Verkehr, ist das ein Scheidungsgrund.

Im jüdischen Ehevertrag stehen interessanterweise nur die Verpflichtungen des Mannes seiner Frau gegenüber. Das hängt allerdings mit der traditionellen Rollenverteilung im Judentum zusammen. Die Frau hat zu Hause das Sagen und der Mann ist für das finanzielle Wohlergehen verantwortlich. Jeder Nichtjude, der einmal eine jüdische Hochzeit erleben durfte, wird von dem mächtigen Ritual beeindruckt sein, das aufwendiger als zum Beispiel bei einer christlichen Hochzeit wirkt. Die Vorbereitung auf die Hochzeit beginnt schon davor, zum Beispiel mit der rituellen Reinigung. Einer der Höhepunkte der Hochzeitszeremonie ist das siebenmalige Umkreisen des Bräutigams durch seine Braut, dabei werden sie symbolisch eins. Am Ende der Zeremonie zertritt der Bräutigam ein Glas, was an die Zerstörung des Tempels in Jerusalem erinnern soll und nicht, wie oft missverständlich geglaubt wird, als Glückssymbol gilt.

Romantik ist auch im Christentum im 21. Jahrhundert noch sehr gefragt, sie beginnt schon mit dem Ritual des Hochzeitsantrags. Boris bastelt ein aufwendiges Modell mit einem Haus, einem Garten mit einem Apfelbaum und vielen liebevoll ausgefertigten Details. Eines Abends überrascht er seine Partnerin Gisela mit dem Modell. Die Rechtsanwältin ist sprachlos. Boris schaut sie an und sagt: »Ich will mit dir ein Haus bauen, ich möchte mit dir einen Apfelbaum pflanzen, ich möchte mit dir Kinder haben. Siehst du, die Parkbank, dort möchte ich mit dir gemeinsam alt werden. Möchtest du das auch? Möchtest du meine Frau werden?«

Worüber der Papst sich freuen kann

Ob jüdische Ehen länger als christliche oder muslimische halten, ist nicht eindeutig erforscht, es deutet allerdings viel darauf hin, dass religiöse Paare generell ein deutlich geringeres Scheidungsrisiko als Verheiratete ohne religiöse Orientierung haben.[3] Bei Paaren, die regelmäßig einen Gottesdienst besuchten, sank laut einer US-Studie das Trennungsrisiko um 50 Prozent gegenüber weniger religiösen Verheirateten. Kölner Soziologen kamen zu dem gleichen Ergebnis, wobei sie auf ein interessantes Detail stießen, das den Papst freuen wird: Katholische Ehen sind noch etwas langlebiger als evangelische. Die protestantische Kirche sei, was Scheidungen betrifft, liberaler, Trennungen deshalb weniger abschreckend. Wobei die Verweigerung der

34. bis 36. Lebensjahr

Kommunion für geschiedene Wiederverheiratete auch in der katholischen Kirche nur mehr von fundamentalistischen Priestern durchgehalten wird. Für alle christlichen Religionen gilt jedenfalls, dass der hohe Stellenwert der Ehe Paare in Krisensituationen eher motiviert, sich nochmals eine Chance zu geben: »Je weniger man religiös orientiert ist, desto niedriger ist die Stabilität der Ehe«, so die These der Kölner Forscher.

Welche Erfolgsfaktoren helfen sonst noch? Ökonomen sehen berufsbedingt alle Fragen unter dem Aspekt des Geldes. So fand die Untersuchung »Die Beziehung zwischen Hochzeitsausgaben und Ehe« einen überraschenden Zusammenhang heraus: Wer die Hochzeitsvorbereitungen mit einem billigen Verlobungsring startete, dessen Ehe hielt im Schnitt länger als die Beziehung derer, die viel investierten. Lange Flitterwochen waren dagegen ebenso beziehungsfördernd wie ein Familieneinkommen über 110.000 Euro. Ein paar Jahre zu warten senkt ebenfalls das Scheidungsrisiko: Wer im Alter zwischen 28 und 32 Jahren geheiratet hatte, reichte besonders selten die Scheidung ein. Genauere Gründe dafür wurden nicht erforscht. Das sollte alle Paare, die in diesem Alter geheiratet haben, nicht daran hindern, sich einfach über die gute Prognose zu freuen.

Warum überhaupt heiraten?

Hannah ist 32 Jahre, und damit hat ihre bevorstehende Hochzeit laut obiger Prognose beste Voraussetzungen, wovon sie auch persönlich überzeugt ist. »Ich sehe in Björn einen ganz besonderen Menschen, und wir passen gut zueinander. Wir mögen Klarheit, planen Dinge in allen Konsequenzen und mit möglichen Alternativen durch, sind also keine Spontis. Diese Übereinstimmung könnte damit zusammenhängen, dass wir uns über Parship kennengelernt haben. Wir beide hatten keine Zeit, uns mehrmals die Woche in Bars herumzutreiben und zu hoffen, dort einen geeigneten Partner zu finden. Außerdem war ich einer der letzten Singles in meinem Freundinnenkreis, die schon fast alle in der Familiengründungsphase waren. Bei Parship kreuzt man dann die entscheidenden Kriterien für einen Partner wie Wohnort, Alter, Nichtraucher, Haustiere, Kinderwunsch usw. an. Darauf spuckte der Computer bei mir rund hundert Kandidaten aus. Bei der Auswahl spielt die Optik wie im realen Leben natürlich eine Rolle, aber beim ersten Treffen sind dann ganz schnell andere Dinge entscheidend. Wenn mich ein Mann schon nach zehn Minuten langweilt, dann will ich den nicht jahrelang an meiner Seite haben, selbst wenn er fesch ist. Im ersten Anlauf lieferten meine Rendezvous zwar unterhaltsame Geschichten für meine neugierigen Freundinnen, aber keine einzige ernsthafte Option. Gott sei Dank ging ich immer mit der ›Schauen wir einmal‹-Einstellung in diese Begegnungen und war daher nie enttäuscht, wollte meine Mitgliedschaft aber beenden. Davor überprüfte ich nochmals alle vorgeschlagenen Kontakte und riskierte, einem Kandidaten, der mir zwar positiv aufgefallen war, den ich aber wegen seines eher aussagelosen Profils übergangen hatte, ein Smiley zu schicken, um mein Interesse zu bekunden. Innerhalb weniger Minuten erhielt ich eine Antwort, und dieser Klick mit der Maustaste führte dann schnell zu mehreren Treffen und letztlich zu einer Liebesbeziehung.«

In zwei Monaten wird Hannah ihren Björn heiraten: »Heiraten war für mich nie ein Lebensziel, mir geht es um die Symbolik, dass jetzt etwas neues Gemeinsames gegründet wird. Ich bin sehr optimistisch, was meine zukünftige Ehe betrifft, weil ich bei meinem Mann tief davon überzeugt bin, dass er hinter mir stehen wird und bereit ist, sein Leben auf unsere gemeinsamen Bedürfnisse auszurichten. Ein wichtiger Punkt für meine Entscheidung ist seine Offenheit, was Kinder betrifft. Er ist aufgeschlossen dafür, wenn ich das auch will, und akzeptiert, dass ich mir das derzeit offenhalten möchte. Aktuell verspüre ich noch kein großes Bedürfnis danach, weil ich zwar gerne auf die Kinder meiner Freundinnen aufpasse, aber ganz froh bin, wenn ich sie ihnen wieder zurückgeben kann. Mutter auf Zeit wäre für mich das ideale Konzept, das kann sich allerdings noch ändern. Nach einer großen Enttäuschung bin ich jetzt davon überzeugt, dass Björn der richtige Mann für mein Leben ist.«

Heute wimmelt es von Partnervermittlungen im Internet, die Idee ist allerdings viel älter. Die erste überlieferte Hochzeitsanzeige stammt aus dem Jahr 1695: »Ein Herr von etwa 30 Jahren mit ansehnlichem Besitz sucht für die Ehe eine junge Dame mit einem Vermögen von ca. 3000 Pfund«, schrieb ein Mann in einem von John Houghton herausgegebenen Wochenblatt. Für Frauen inserierten dagegen meist die Väter, die sich nicht scheuen, die Dinge beim Namen zu nennen: »Moderne Baumwollfabrik sucht für Tochter einen guten Geschäftsmann ...« Im Zentrum der Werbung steht eindeutig die Fabrik und nicht die Tochter.[4]

Wer spät oder gar nicht startet, hat trotzdem gute Chancen, lange im Rennen zu bleiben

»Bis 35 hatte ich überhaupt keine Ambition, Kinder in die Welt zu setzen. Plötzlich gab es eine Stimme in mir, die immer lauter wurde. Ich wollte ankommen und Wurzeln schlagen, Roller fahren, Fußball spielen, einfach Dinge tun, die ich seit 30 Jahren nicht mehr gemacht habe. Wenn man wie ich mit 45 Jahren spät Vater wird, geht man das mit einer reiferen Einstellung an. Mein Sohn hat mein Leben jedenfalls total umgekrempelt. Ich kann nur bestätigen, was ich vorher darüber gelesen habe, dass ich auf einmal beginne, über mein eigenes Leben hinauszudenken«, erklärt Harald.

34. bis 36. Lebensjahr

Eine Familie kann etwas sehr Bereicherndes sein. Bei den vielen Fragen, Zweifeln und auch Optionen, die einen Menschen ständig fordern, sind Freunde durchaus hilfreich, der ständige vertrauensvolle Austausch mit einem geliebten Lebenspartner hat aber eine andere Qualität. Die Entscheidung zu heiraten wird heute oft lange hinausgeschoben, um dafür dann umso bewusster getroffen zu werden, wie Johannes erklärt: »Ich habe mich bei Tanja angekommen gefühlt und wollte auch nach außen zeigen, dass das die Frau ist, mit der ich die zweite Hälfte meines Lebens verbringen möchte. Du trägst einen Ring und in unserem Fall auch denselben Namen. Diese Rituale können einer Verbindung Kraft und Verbindlichkeit geben. Ich gehe mit einem reifen und sicheren Gefühl in die Ehe, weil wir beide uns beruflich nichts mehr beweisen müssen.« Ab einem gewissen Alter bekommen wir einen Partner allerdings nie ganz allein für uns, sondern mit seinem gesamten sozialen Umfeld. Es gibt Männer mit Kindern von Ex-Frauen, oft zieht sich das Scheidungsverfahren hin. Dann sind da die potenziellen Schwiegermütter und -väter, die idealerweise eine wunderbare Erweiterung der Familie, aber auch ständige Einmischung und nervende Diskussionen bedeuten können.

Was ist eigentlich mit der immer größer werdenden Zahl von Männern und Frauen, die weder in der zehnten Stunde noch später den Wunsch verspüren, Kinder in die Welt zu setzen? Seit den Sechzigerjahren können Menschen sich durch die Geburtenkontrolle bewusst gegen Nachwuchs entscheiden. Heute ist es uns möglich, durch künstliche Befruchtung Kinder in die Welt zu setzen, obwohl wir genetisch nicht dafür die Voraussetzungen hätten. Für den Genetiker Markus Hengstschläger haben Menschen, die keine Kinder in die Welt setzen, trotzdem eine Bedeutung für die evolutionäre Entwicklung. Sie können für die nächste Generation zum Mentor, Lehrer und Helfer werden. Auch im Tierreich gebe es Mitglieder im Rudel, die sich nicht fortpflanzen, aber sehr wohl wichtige Aufgaben erfüllen.

Ein Trost bleibt vor allem unverheirateten Männern: Zitate, Witze und Karikaturen stellen Männer in geschätzten 90 Prozent als leidgeprüfte Opfer der Ehe dar. Die Zitate von George Bernard Shaw (»Im ersten Ehejahr strebt ein Mann die Vorherrschaft an. Im zweiten kämpft er um die Gleichberechtigung. Ab dem dritten ringt er um die nackte Existenz.«) oder von William Somerset Maugham (»Nach den Vorstellungen einer amerikanischen Frau ist der ideale Ehemann ein Butler mit dem Einkommen eines Generaldirektors.«) gehören noch zur harmlosen Sorte.

Haben Scheidungskinder schlechtere Chancen auf geglückte Ehen?

Die beiden Wissenschaftlerinnen Judith Wallerstein und Julia Lewis führten die erste Langzeituntersuchung über Scheidungskinder durch, die überraschende Ergebnisse brachte:[5] Die früheren Annahmen, dass Kinder unter dem Zusammenbruch der Familie nicht lange leiden würden, insbesondere wenn diese konfliktreich war, erwiesen sich als falsch. Die Kinder erlebten die Scheidung als ernsthafte Bedrohung für ihre Geborgenheit und Sicherheit. Vor allem wenn ein Ehepartner den anderen verließ, wurden sie von der Angst geplagt, dass der verbleibende auch sie verlassen könnte. Vor allem kleinere Kinder waren überzeugt, dass sie die Ursache für die Trennung ihrer Eltern darstellten. Ältere Kinder reagierten dagegen mit Zorn, weil sie ihren Eltern vorwarfen, egoistisch ihre Bedürfnisse über die gemeinsamen der Familie zu stellen. Es gab allerdings zwei Ausnahmen, wann Kinder die Scheidung akzeptieren konnten: wenn ständig Gewalt in der Familie herrschte oder wenn sie sich bereits als Jugendliche als Vertraute ihrer Eltern sahen.

Viel bedenklicher war für die Studienautorinnen aber die Erkenntnis, wie nachhaltig eine Scheidung die Einstellung der Kinder zu den Themen Heirat und eigene Kinder beeinflusste. Wenn Scheidungskinder überlegten, selbst eine Familie zu gründen, wurden sie hin- und hergerissen zwischen der Sehnsucht nach einer dauerhaften Liebesbeziehung und der Angst, genauso zu scheitern wie ihre Eltern. Ihnen fehlten Vorbilder für geglückte Beziehungen. Ein Studienteilnehmer sagte: »Ich glaube, dass die Ehe für andere funktionieren kann, aber nicht für mich. Ich würde sehr gerne heiraten, aber ich werde es mit Sicherheit nur vermasseln.« Kinder lernen durch Beobachten und verinnerlichen diese Bilder. Daraus entstehen Vorstellungen, wie Frauen und Männer miteinander umgehen, eben liebevoll und zärtlich oder gefühlskalt und ständig nörgelnd. Die Scheidungskinder erzählten, dass das Bild ihrer Eltern als Liebespaar für immer verloren war. Oft erleben Scheidungskinder nicht nur einen Verlust, sondern mehrere. Nach der Trennung suchen die Eltern neue Partner, diese bemühen sich sogar besonders um ihre »Stiefkinder«, die allerdings ängstlich und verwirrt reagieren. Verschwinden die Partner dann wieder aus dem Leben der Eltern, müssen die Kinder nochmals eine Hoffnung begraben. Wenig überraschend kommen sie bereits früh zu dem Schluss, dass die Liebe offenbar kurzlebig und unsicher ist. Daher ist die Entscheidung, selbst Kinder in die Welt zu setzen, für Scheidungskinder keine Selbstverständlichkeit, sie denken intensiver darüber nach. Diejenigen, die sich dafür entschieden, profitierten von der heilenden Kraft eigener Kinder, und es gelang oft, die unerfreulichen Erinnerungen besser zu verarbeiten.

34. bis 36. Lebensjahr

Geglückte Familien sind für Scheidungskinder durchaus möglich. Die schwierigeren Startvoraussetzungen sollten daher keine Ausrede sein, seinem Partner in jeder Konfliktsituation die Rechtfertigung »Tut mir leid, ich bin halt so, weil meine Eltern sich haben scheiden lassen« an den Kopf zu werfen. Bei der Bischofssynode in Rom, die über den Umgang mit geschiedenen Wiederverheirateten entscheiden sollte, eröffnete ein Kardinal der deutschen Sprachgruppe die Diskussion mit einem interessanten Vorschlag. Jedes Mitglied des Gremiums sollte zuerst über seine eigene Familie erzählen. Es stellte sich heraus, dass mehr als die Hälfte der Bischöfe und Kardinäle selbst Scheidungskinder waren. Die mit Konflikten aufgeladene Gesprächsatmosphäre entspannte sich auf einmal merkbar.

Scheidungskinder bringen eine einmalige Kombination aus Verletzbarkeit und Stärke mit ins Erwachsenenleben. Ihre Resilienzfähigkeit hilft ihnen oft, im Studium und Beruf besonders erfolgreich zu sein und sich von Misserfolgen nicht aus der Bahn werfen zu lassen. So meinte ein 36-jähriger Rechtsanwalt: »Die Scheidung meiner Eltern machte mich unabhängig. Ich kann gut mit schwierigen Menschen arbeiten, und ich bin bereit, Risiken einzugehen. Da meine Eltern sich nicht verstanden haben, musste ich als Kind an mich selbst denken und meine eigenen Werte herausfinden. Ich musste meine eigene Mutter und mein eigener Vater sein. Ich musste meinen eigenen Weg in der Welt bestreiten.«

Reflexionen über die zehnte Stunde

»Der Traum, dass Ehe gelingen kann, ist nicht ausgeträumt. Obwohl Menschen das Zerbrechen von Ehen in ihrem Umfeld wahrnehmen, wollen es viele wagen, vielleicht auch in der Sorge, sonst etwas sehr Schönes im Leben versäumt zu haben.

34. bis 36. Lebensjahr

Denn die Bereitschaft, sich ein ganzes Leben auf einen Partner einzulassen, ändert viel, wenn nicht alles in einer Beziehung«, beschreibt der Dompfarrer von St. Stephan in Wien, Toni Faber, seine Erfahrungen, die er in 35 Jahren Ehevorbereitung und Ehebegleitung gewonnen hat.

Folgende Faktoren erhöhen die Wahrscheinlichkeit, dass Ehen Belastungen standhalten:

Der Mut, vor der Ehe alle heiklen Themen ehrlich anzusprechen: Was sind meine Hoffnungen, Ängste und Erwartungen an den Partner? Wollen wir Kinder, und wie gehen wir damit um, wenn wir keine bekommen können? Wie halten wir es mit der Treue? Entscheidend ist auch eine realistische Erwartungshaltung: Wer sehr hohe Maßstäbe an seine Ehe anlegt, der muss bereit sein, selbst sehr viel zu investieren, um ein stabiles Fundament zu schaffen, das den Ansprüchen standhält. Die Wörter »investieren« und »miteinander reden« kommen ganz häufig vor, wenn man Priester, Rabbiner oder Ehetherapeuten nach dem Geheimnis funktionierender Ehen fragt. Die Aufrechterhaltung der Gesprächsfähigkeit gerade in Phasen der Krise ist dabei genauso wichtig wie das Gesetz des klugen Schweigens, um den Partner nicht ständig mit seinen Fehlern zu konfrontieren.

Wie wirken sich Kinder auf die Lebenszufriedenheit aus? Menschen mit Kindern können sich ein Leben ohne sie nicht vorstellen, Menschen ohne Kinder können sich ab einem bestimmten Lebensalter ein Leben mit Kindern auch nicht vorstellen. Kinder bedeuten einen deutlichen Verlust an Unabhängigkeit und bereiten viele Sorgen, dafür geben sie viel zurück und stellen in der Regel eine Quelle der Freude dar. Ohne Kinder lebt man freier, selbstbestimmter und kann den Sinn seines Lebens in anderen Aufgaben finden. Beide Wege können zu einem gelungenen Leben führen. Welchen man wählen will, sollte man jedenfalls in der zehnten Stunde ernsthaft zu überlegen beginnen. In diesem Alter sollte man wissen, wer man ist. Denn erst wer sich selbst kennt, ist in der Lage einzuschätzen, wen er heiraten sollte.

Und was ist mit dem Apfelbaum? In der alten Volksweisheit heißt es, ein Mann müsse »ein Haus bauen, einen Sohn zeugen und einen Baum pflanzen«. Der Baum steht dabei als Symbol für Wurzeln schlagen, Wachstum, Dauerhaftigkeit und Glauben an die Zukunft. Schon Martin Luther soll diesen Gedanken zu seiner Zeit gehabt haben: »Wenn ich wüsste, dass morgen der jüngste Tag wäre, würde ich heute noch ein Apfelbäumchen pflanzen.«

Welche Erkenntnisse der zehnten Stunde könnten Bedeutung für Ihre aktuelle Lebensphase haben?

- Falls Sie noch nie verheiratet waren und jetzt einen Menschen, den Sie schon kennen, für eine Ehe auswählen könnten, wer wäre das? Warum fragen Sie diesen Menschen nicht?
- Fall Sie schon länger in keiner Partnerschaft leben, glauben Sie, dass eine solche Ihre Lebenszufriedenheit wesentlich verbessern würde? Was wären Sie bereit, dafür aufzugeben?
- Wenn Sie jetzt nur mehr einen Liebesbrief für den Rest Ihres Lebens schreiben könnten, an wen würden Sie ihn richten, und was würden Sie schreiben?

Das Geheimnis, wie man 40 Jahre glücklich mit derselben Frau verheiratet sein kann, lüftete der Schweizer Autor Martin Suter in einem Fernsehinterview lächelnd, neben seiner Frau sitzend, in seiner bekannt trockenen Art: »Also es hilft schon, wenn man sich liebt.«

1   Thomas Saum-Aldehoff: »Drum prüfe, wer sich bindet«. In: Psychologie Heute, 10/2012.
2   Die ORF-Fernsehdokumentation in „Kreuz & Quer" von Helene Maimann im Jahr 2008 informiert anhand der Hochzeitsvorbereitungen eines jungen jüdischen Paares über Liebe und Ehe im Judentum.
3   Fabian Klask: »Warum Ehen mit Gott länger halten«. In: Die Zeit 30/2017.
4   Annegret Braun: Mr. Right und Lady Perfect. Von alten Jungfern, neuen Singles und der großen Liebe. Darmstadt 2017.
5   Judith S. Wallerstein/Julia Lewis: »Für andere kann die Ehe funktionieren, aber nicht für mich!«. In: Psychologie Heute 29, 3/2002. Der Originaltitel der Studie lautet: »The Unexpected Legacy of Divorce. Report of a 25 Year Landmark Study«.

DIE ELFTE STUNDE
raubt uns unsere Illusionen, dafür gewinnen wir an Lebenserfahrung, um an Verletzungen zu wachsen und nicht daran zu zerbrechen.

37. bis 40. Lebensjahr

*»Eines Tages wird alles gut sein, das ist unsere Hoffnung.
Heute ist alles in Ordnung, das ist unsere Illusion.«*
Voltaire

»Wo sind die Menschen, die mich inspirieren, mir neue, höhere Ziele zu stecken? Wo ist das Lodern im Herzen, wo ist das Leuchten in meinen Augen geblieben? Was könnte der Beitrag sein, den ich so gerne erbringen möchte? Will ich mich mit dem zufrieden geben, was jedes Jahr zufällig passiert? Warum erscheinen mir Sport und entspannte Treffen mit Freunden als sinnlose Verschwendung meiner Zeit? Ich möchte etwas Bedeutsames bewegen, die vielen Stunden, die ich arbeite, sollten einer Vision dienen, aber welcher? Ich brauche diese Vision, damit meine Energie, meine Lebensfreude und mein inneres Strahlen zurückkommen«, schrieb die damals 37-jährige Angelika in ihr Arbeitsbuch, in dem sie ihre Ziele und Gedanken regelmäßig reflektiert.

Das Leben Angelikas war seit ihrer Kindheit davon geprägt, dass es immer weiter nach oben gehen muss. Das begann in der Schule mit Bestnoten und mit Medaillen bei Sportwettkämpfen. Nach dem Gymnasium musste es ein Studium sein, natürlich mit einem Doktorat, um mit einem Job bei einer prestigeträchtigen internationalen Unternehmensberatung zu starten. Dort fühlte Angelika sich wohl, stieg Stufe für Stufe von der Juniorberaterin zur Projektleiterin auf, coole Leute in einem motivierenden Umfeld, viel arbeiten, wenig Zeit zum Nachdenken. Mit 30 wurde das Thema Familiengründung plötzlich drängender. Angelika realisierte, dass keine einzige ihrer Kolleginnen Kinder hatte, weil diese alles der Karriere unterordneten. Mit 31 Jahren wechselte Angelika deshalb in die Leitungsfunktion einer großen Non-Profit-Organisation. Ihr war bewusst, dass sie damit die hochfliegenden Pläne einer Laufbahn in einem internationalen Konzern opfern musste. Die neue Aufgabe bereitete ihr zwar viel Freude, es fiel aber das große Ziel weg. Ihr gesamtes bisheriges Leben war auf das Erreichen von ehrgeizigen Zielen ausgerichtet. Auf einmal fehlte der Lebenssinn. Dieser kehrte kurzfristig mit ihrer Heirat und der Geburt eines Sohnes wieder zurück, wonach sie dann umso heftiger in eine Krise stürzte. Was tun, wenn man mit 37 Jahren alles erreicht hat? Insgeheim hatte sie immer davon geträumt, irgendwann in einen erlesenen Kreis von Menschen aufgenommen zu werden, die wirklich große Dinge bewegen, die die Welt verbessern. Von diesem Traum musste sie sich verabschieden. Ihr Mann konnte ihre Sinnkrise nicht nachvollziehen, sie solle doch einfach glücklich das Leben genießen.

Nach einer intensiven Phase der inneren Auseinandersetzung erkannte Angelika, dass die Zeit des mühsamen, aber motivierenden Aufstiegs vorbei war. Sie hatte den ihr möglichen Berg bezwungen, es gab von dort keine höhere Spitze mehr zu erklimmen. Der Berg bot ihr aber dafür ein wunderschönes Plateau, das es in seiner Weite zu erkunden und auszubauen galt. Kam jetzt zum ersten Mal eine Phase, in der es darum ging zu arbeiten, um zu leben, statt wie bisher zu leben, um zu arbeiten? Immerhin war es ihr gelungen, eine Familie mit einem durchaus interessanten Job zu vereinbaren. Dafür musste sie sich von der Illusion verabschieden, dass es immer nach oben gehen muss. Sie schrieb in ihr Arbeitsbuch: »Das, was ich jetzt bin, ist das, was aus mir geworden ist. Mehr wird es nicht mehr. Das Bild des Plateaus mit seinen unentdeckten Möglichkeiten hilft mir dabei, neue Motivation zu finden, statt zu resignieren.«

Der systemische Lernzyklus – vom Auf und Ab des Lebens

Es gibt zwei Kurven, die unseren Lebenszyklus bestimmen. Eine führt nach oben und bedeutet ein Mehr an Geld, Status

37. bis 40. Lebensjahr

und Wissen. In dieser Phase des Mehrwerdens findet Wachstum statt. Es ist eine Zeit der Expansion in der äußeren Welt, in der das Ego zunimmt. Die andere Kurve führt nach unten. Sie steht für Verlust, Verletzung und Kränkung. Entwicklung findet immer nur in dieser zweiten Phase des Wenigerwerdens statt, weil unser Ego schmilzt und dadurch ein Vertiefungsprozess nach innen ausgelöst wird. Die westliche Philosophie versucht vor allem, den Wachstumsprozess in der äußeren Welt zu begründen, darauf basieren fast alle Erfolgslehren, während die asiatische sich primär mit der Kurve des »Weniger« beschäftigt, weil eben dort die Entwicklung passiert. Es ist wichtig zu begreifen, dass wir uns erst dann erneuern können, nachdem wir zuvor weniger geworden sind. In der Antike sah man den »Phönix aus der Asche« aufsteigen. Christen hoffen nach dem Tod auf die Auferstehung. Die Gefahr ist, dass wir in einer der folgenden vier Fallen stecken bleiben und dadurch den fließenden Erneuerungsprozess unterbinden.[1]

1. Die Rigiditätsfalle: In ihr befinden sich die eisernen Verteidiger des Status quo, Menschen, die sich in ihrer erreichten Position einmauern und auf Kosten anderer nicht loslassen können. Selbst wenn sie innerlich wissen, dass es nicht ewig so weitergehen kann, finden sie immer eine Rechtfertigung für sich, den Neuanfang hinauszuschieben. Irgendwann kommt der Punkt, an dem sie sich nicht mehr halten können, meist tief fallen und hart aufschlagen, weil niemand da ist, der sie auffängt.

2. Die Opferfalle: Darin verfangen sich jene, die in der Phase des »Weniger« keine Kraft mehr haben, sich auf den Pfad der Erneuerung zu begeben, sondern in der Opfermentalität verharren. Sie erzählen immer wieder, was man ihnen angetan hat, ihre Feinde im Unternehmen, der betrügerische Ex-Mann, die lieblosen Eltern usw. Durch die permanente Schuldzuweisung an andere schaffen sie den Neuanfang nicht.

3. *Die Vagabundenfalle:* Menschen, die suchen, etwas anfangen, aber nie vollenden, wieder suchen, um sich in der ständigen Suche irgendwann zu verlieren – das sind die ewigen Studenten, die Träumer, die Start-up-Gründer, die nicht starten, die Jobhopper, die Lebenskünstler, die Alt-Hippies. Leider enden viele Vagabunden in der vierten Falle.

4. *Die Armutsfalle:* Dort sammeln sich die ewigen Verlierer. Das sind Menschen, mit denen es das Leben nie gut gemeint hat. Falsche Freunde, Frustrationserlebnisse in der Schule und später im Job, gescheiterte Beziehungen hindern sie daran, überhaupt aus den Startlöchern zu kommen.

Mit Ausnahme einiger außergewöhnlich reflektierender Menschen denkt in der Phase des Wachstums, des Erfolges und somit der Bestärkung des Egos niemand daran, dass diese einmal enden wird. Erst mit zunehmender Erfahrung können wir lernen, eine fundamentale Lebensweisheit zu verstehen: Der Zyklus des Auf und Ab ist nicht unser Feind, selbst wenn uns dieser zwangsläufig immer wieder nach unten führt. Das Übel kommt von den Blockierungen. Gerade in der Phase des Abschwungs findet die Entwicklung, vor allem die so notwendige spirituelle Entwicklung, statt. Wenn wir die Erfolge unseres Lebens reflektieren, werden wir feststellen, dass wir davor fast immer Verluste erleiden mussten, die uns zur Auseinandersetzung mit uns selbst gezwungen haben.

In der elften Stunde treten wir ins mittlere Erwachsenenalter ein. Wir beginnen zu ahnen, dass das Anstreben des »Immer mehr« nicht auf ewig funktionieren kann. Lernen bedeutet nicht nur das ständige Hinzufügen von Wissen, sondern auch ganz bewusstes Verlernen. Es ist leichter, Neues zu lernen, als alte Verhaltensmuster aufzugeben. Viele Therapien basieren im Kern darauf, uns von belastenden Glaubenssätzen und Fixierungen zu lösen. In der zweiten Lebenshälfte sind wir gefordert, vieles zu verlernen, um uns von Illusionen trennen zu können. Und irgendwann erkennen wir unsere Endlichkeit.

Wer seine Illusionen schon sehr früh aufgeben musste, dem kann die elfte Stunde keine mehr rauben. Wer nie aus der in den Lebenszyklen beschriebenen Armutsfalle herausgekommen ist, der hat die Fähigkeit zu träumen verloren. Mit »arm« ist damit nicht nur materielle Armut gemeint, sondern ein Mangel an Zuwendung, Bildung, Kontakten, Gesundheit und daraus resultierend geringe Lebenschancen. Die Verlierer erleben nie den Zustand des Dahinwelkens einer großen Liebe, weil sie nie eine hatten, sie können nicht enttäuscht vom vermeintlichen Traumjob werden, weil sie nie nur in die Nähe eines solchen gekommen sind.

Die Illusion der Unverwundbarkeit

Baumstämme zerbrechen nicht so leicht. Menschen schon. Eines haben Baumstämme und Menschen gemeinsam: Wann sie brechen werden, ist meist unvorhersehbar. Das gilt nicht nur für die ewigen Verlierer, sondern gerade für Menschen, die es im Leben weit gebracht haben. Gar nicht so wenige scheinbar erfolgreiche Menschen zerschellen mit ihren Autos an Bäumen. Offiziell sind das meist Unfälle, um die Lebensversicherung für die Hinterbliebenen nicht zu gefährden. Selbstmord ist die am meisten unterschätzte Todesursache in einer Welt, in der wir täglich von Terrorangriffen, Haiattacken und Morden lesen. Dabei nimmt sich alle 40 Sekunden irgendwo auf der Welt ein Mensch das Leben. Allein in Deutschland sterben jährlich 10 000 durch Selbstmord. Es ist eine traurige

37. bis 40. Lebensjahr

Tatsache, dass in der EU in Summe weniger Menschen durch Verkehrsunfälle, illegale Drogen, Gewaltverbrechen und HIV sterben als durch die eigene Hand. In den Medien vernehmen wir wenig darüber. Es herrscht eine freiwillige Selbstzensur, weil Berichte über Suizide oft bei labilen Menschen den Nachahmungstrieb auslösen. Deshalb verbirgt sich hinter der Durchsage einer Betriebsstörung in der U-Bahn oft ein Mensch, der sich vor den Zug geworfen hat. Es gibt weit mehr Menschen, die ernsthaft mit dem Gedanken spielen, ihrem Leben ein Ende zu setzen, als wir gemeinhin annehmen. Wenn Sie jetzt darüber nachdenken, ob Sie in Ihrem weiteren Bekanntenkreis jemand kennen, der sich umgebracht hat, ist die Wahrscheinlichkeit dafür weit größer, als dass jemand tödlich verunglückt ist.

Besonders erfolgreiche Menschen sind fast immer hochintelligente Wesen mit guten Antennen für atmosphärische Änderungen in ihrem Umfeld. Sie sind wachsam, wenn ihre Mitarbeiter beginnen, abschätzige Bemerkungen über sie zu machen. Zu oft haben sie erlebt, wie aus dem professionellen Exekutor einer Reorganisation selbst ein Opfer wurde. Die Revolution frisst auch in der Wirtschaft ihre Kinder. Executive Coach Claudia Daeubner beschreibt dieses Klima: »Die Zerbrechlichkeit drückt sich dadurch aus, dass Manager heute viel rascher angreifbar und ersetzbar sind. Hatte ein Manager früher eine bestimmte Position erreicht, konnte er kaum mehr abstürzen, solange er sich nichts zuschulden kommen ließ. Das ist heute ganz anders.«

Nimmt man einem Menschen, der sein ganzes bisheriges Leben erfolgreich darauf verwendet hat, eine bestimmte Position zu erreichen, diese weg, so verliert er nicht nur den Titel auf seiner Visitenkarte, sondern den für ihn wesentlichen Teil seiner Identität. Die Ahnung, dass er die Wertschätzung im

Leben nicht seiner Person, sondern seinem beruflichen Status und der damit verbundenen Macht verdankt, wird plötzlich Wirklichkeit. Die Flut an Einladungen zu den gesellschaftlich wichtigen Events reißt ab und »Freunde« haben auf einmal keine Zeit mehr für ein Treffen. Eine Vielzahl an ablehnenden oder gar unbeantworteten Bewerbungen enthüllt, dass er nicht mehr als eine Nummer im Heer der Arbeitssuchenden ist. Das löst einen heftigen inneren Protest aus. Die Art, wie der Mensch die Welt bisher gesehen hat, stimmt plötzlich nicht mehr. Der scheinbar sichere Schutzmantel, auf den er vertraut hat, wird weggerissen. Menschen, die meinen, dass sie in ihrem bisherigen Leben alle Probleme stets im Griff hatten, tun sich ungemein schwer zu akzeptieren, dass ihnen etwas widerfahren könnte, das sie so tief in ihrer Persönlichkeit erschüttert. Die Illusion der Unverwundbarkeit geht verloren. Irgendwann erkennen sie, dass alle bewährten Krisenbewältigungsstrategien der Vergangenheit auf einmal nicht mehr wirken. Die Kurve der beruflichen Karriere, die mit kurzen Unterbrechungen tendenziell immer nach oben geführt hat, kippt auf einmal nach unten. In dieser Stunde trennen sich die Sieger von den Verlierern.

Was Sieger von Verlierern unterscheidet

Der Satz »Erkenne dich selbst« vor dem Orakel zu Delphi in der Antike zielte auf die Einsicht des Menschen in seine Begrenztheit ab und galt als Warnung vor der Überschätzung individueller Möglichkeiten. Bei den Triumphzügen durch Rom stand hinter dem siegreichen Heerführer ein Sklave, der einen goldenen Kranz über das Haupt des Siegers hielt und ihn dabei ständig mahnte: »Sieh dich um; denke daran, dass auch du ein Mensch bist.«

Den Lebenszyklus des Mehr und Weniger kann man genauso wenig abschaffen wie den Wechsel der Jahreszeiten. Es ist auch nicht möglich, das Schicksal durch administrative Maßnahmen abzuschaffen, um uns Menschen vor Rückschlägen zu bewahren, wie das manche Sozialbürokraten glauben. Im Leben wird es immer Kündigungen, Scheidungen, Kränkungen und Ungerechtigkeiten geben. Das meiste davon können wir nach einiger Zeit bewältigen, wirklich gefährlich ist alles, das den Kern unserer Persönlichkeit trifft.

Der Unterschied zwischen Menschen, die an Verletzungen zerbrechen, und jenen, die daraus große Fähigkeiten entwickeln können, lässt sich in drei Worten zusammenfassen: Selbstverantwortung statt Schuldzuweisung. Egal wie tief, egal wie oft, egal wie ungerecht Sieger verletzt wurden, sie fühlen sich nicht als ohnmächtige Opfer. Sieger leiden sicher nicht weniger als Verlierer an Niederlagen, aber sie fühlen sich immer als für ihr Leben selbst verantwortlich. Sie suchen im Ernstfall nicht den Schuldigen, sondern den Neuanfang. Diese Fähigkeit zur Resilienz ist teilweise angeboren, wir können sie aber auch erlernen. Resilienz ist ein Begriff aus der Baukunde und beschreibt die Biegsamkeit von Material. Resiliente Menschen lassen sich biegen, aber nicht brechen, sie gedeihen trotz widriger Umstände – wie Schilf in einem Sturm. Resilienz bedeutet auch Anpassungsfähigkeit an veränderte Umweltbedingungen. Wer nur wenige Verhaltensmuster hat, wird schwer in den unterschiedlichen Phasen des jeweiligen Lebenszyklus auf die richtigen Kompetenzen zurückgreifen können, die er benötigt. Für resiliente Menschen gehören Enttäuschungen sogar zu den stärksten Antriebskräften in ihrem Leben. Diese ermöglichen ihnen, Lebensträume im zweiten Anlauf zu verwirklichen.

37. bis 40. Lebensjahr

Begeisterung: Der Unterschied zwischen Sieg und Niederlage im Zehnkampf

Christa verfolgte stets voller Wehmut die Leichtathletik-Weltmeisterschaften und die Olympischen Spiele. Seit ihrer Jugend träumte sie davon, einmal als Sportlerin dabei zu sein. Doch während ihrer aktiven Zeit als Leichtathletin hatte die Schule Vorrang, vor allem Mathematik und Latein galt es zu bewältigen, und Trainingseinheiten mussten hintangestellt werden. Mit 30 musste Christa einsehen, dass es wohl nichts mehr mit ihrer olympischen Sportlerkarriere werden würde. Mit 32 Jahren nahm sie einmal ein Jugendfreund zu einem Training für den Jedermann-Zehnkampf von Georg Werthner mit. Der Olympia-Vierte von Moskau und Organisator des größten Zehnkampfs der Geschichte im Jahr 2000 setzte sich jahrelang mit großem Engagement dafür ein, diesen wunderschönen Sport für jedermann erlebbar zu machen.

An ihr allererstes Training kann sich Christa bis heute lebhaft erinnern: »Das verlief nämlich ganz und gar nicht so, wie ich mir das vorgestellt hatte. Von meiner einstmals großartigen Form war nicht mehr viel zu erkennen, in einigen Disziplinen war ich sogar eine ziemliche Null, und letztendlich kam ich mir komplett fehl am (Sport-)Platz vor. Aber aufgeben wollte ich trotzdem nicht gleich. Also zwang ich mich dazu, mich von der Leistung der anderen nicht einschüchtern zu lassen. Das zweite Training kostete mich schon einiges an Überwindung. Doch langsam konnte ich meine Leistung steigern, und die darauffolgenden Jahre waren ausgefüllt mit Job, Training, Wettkämpfen und einem Fitnesstrainerkurs, den ich nebenbei absolvierte. Nach zwei Jahren intensiven Trainings gehörte ich bereits zu den Siegesanwärterinnen. In den sechs Jahren meiner zweiten Sportkarriere konnte ich zahlreiche

Medaillen ergattern, und in einigen Disziplinen halte ich nach wie vor den Rekord bei den ›Zehnkampf-Jedermännern‹. Doch das, was diese Jahre so unvergesslich für mich macht, sind diese unendliche Begeisterung und Freude, mit der meine Sportlerkollegen und ich tagein, tagaus gemeinsam trainiert haben, die vielen während dieser Zeit geschlossenen Freundschaften und die tiefe Solidarität, die immer wieder während der zwei anstrengenden Wettkampftage zwischen uns entstanden ist, und ... wie schön es ist, auf ein Ziel hinzuarbeiten und es schließlich zu erreichen. Ohne den Zehnkampf gäbe es auch meinen Sohn nicht! Meinen letzten Zehnkampf haben wir zu zweit bestritten. Für diese Zeit werde ich für immer und ewig dankbar sein.«

Reflexionen über die elfte Stunde

»*Wenn du Gott zum Lachen bringen willst, erzähl ihm von deinen Plänen.*«
Woody Allen

In der ersten Lebenshälfte werden wir stark von unseren Wünschen an das Leben getrieben. Die Sehnsucht nach Liebe und beruflicher Erfüllung ist dabei zentral. Idealtypisch erleben wir alle vier Möglichkeiten: Erstens, Erfolg in der Liebe und im Beruf. Zweitens, Erfolg in der Liebe und Misserfolg im Beruf. Drittens, Misserfolg in der Liebe und Erfolg im Beruf. Und viertens, am wenigsten erfreulich, Misserfolg in der Liebe und im Beruf. Aber selbst wenn wir privat und beruflich wie Angelika in der Eingangsgeschichte das erreicht haben, was wir uns erträumt haben, sind wir unzufrieden. Die erhoffte Zufriedenheit stellt sich nicht ein, unser Leben ist ganz anders als erwartet. Da unser Partner die gleichen Erfahrungen macht, entfernen wir uns nicht nur von unserem Selbstbild, sondern auch von ihm. Wobei wir die Illusionen des Partners ganz klar sehen, während wir die eigenen lange verteidigen und nicht aufgeben können. Es gibt einen Unterschied zwischen Träumen und Illusionen. Wir träumen mit geschlossenen Augen, während wir unsere Illusionen mit offenen Augen sehen. Daher erweisen sich viele unserer Träume, sobald wir sie verwirklicht haben, als Illusionen. Sie zerbrechen nicht an der Wirklichkeit, sondern wir zerbrechen sie selbst, weil sich unsere Persönlichkeit, ohne dass wir es gemerkt haben, so verändert hat, dass die Erfüllung unserer Wünsche nicht die erhoffte Zufriedenheit ausgelöst hat.

Die elfte Stunde endet mit zwei Lektionen und einer Geschichte aus *Tausendundeine Nacht*.

Erstens: Manche Entscheidung, die wir heute treffen, wird sich zwangsläufig als falsch erweisen, weil sie von unserer zukünftigen Persönlichkeit anders beurteilt wird. Gerade deshalb ist es gut zu wissen, dass es auch Entscheidungen gibt, die sich mit hundertprozentiger Sicherheit als richtig für unser Leben bewahrheiten werden. Ist Ihnen bewusst, dass Sie die Zahl Ihrer gesunden Jahre um bis zu 17 Jahre verlängern könnten, wenn Sie sich spätestens ab heute an drei einfache Erkenntnisse der Präventionsmedizin halten? Die erste der drei Regeln kannte schon Benjamin Franklin, der das für das 18. Jahrhundert erstaunliche Alter von 84 Jahren erreichte: »Um dein Leben zu verlängern, kürze deine Mahlzeiten.« Die anderen beiden Regeln erfahren Sie im Kapitel über die einundzwanzigste Stunde.

Zweitens: Es ist eine riesige Herausforderung, das Prinzip der ansteigenden und der abfallenden Kurve auch dann anzunehmen, wenn wir gerade in der Abwärtsbewegung sind. Dabei

37. bis 40. Lebensjahr

hilft es zu wissen, bei welcher der vier Fallen – Rigiditäts-, Opfer-, Vagabunden- und Armutsfalle – für uns die größte Gefahr besteht, darin stecken zu bleiben. Wer ein tieferes Verständnis für dieses Lebenszykluskonzept verinnerlicht, wird kommende Krisen besser, vor allem gelassener bewältigen.

Harun al-Raschid war Kalif von Bagdad in dessen Blütezeit Ende des 7. Jahrhunderts. Unter Muslimen ist er wegen seiner Brutalität und aufgrund seines Lebenswandels umstritten. Im Westen gilt er als Dichter, Gelehrter und weiser Herrscher. Seine Person würde heute mit Ausnahme von einigen Orientalisten wohl niemand interessieren. Im Gegensatz zu seinem Zeitgenossen Karl dem Großen ist er nicht durch seine Taten, sondern durch seine sagenhafte Gestalt in den Geschichten von *Tausendundeine Nacht* bis heute in Erinnerung geblieben. In vielen dieser Erzählungen kommt Harun al-Raschid auch selbst vor, und ein Fünkchen Weisheit steckt immer in ihnen. So beklagt er sich bei seinem Wesir Dschafar über seinen Kummer, der ihm den Schlaf raubt. Dschafar rät ihm: »Befreiung von Sorgen liegt in einem von drei Dingen: darin, dass man sieht, was man noch nie gesehen hat, oder dass man hört, was man noch nie gehört hat, oder dass man ein Land betritt, das man noch nie betreten hat.«

---

1 Das dargestellte Konzept des systemischen Lernzyklus basiert auf einem Interview mit dem Netzwerkforscher Harald Katzmair, der sich ebenfalls intensiv mit Lebenszyklen beschäftigt.

DIE ZWÖLFTE STUNDE
fordert alle unsere Kräfte im Beruf und in der Familie – dabei übersehen wir leicht, dass wir die Hälfte unserer Reise bereits hinter uns haben.

41. bis 45. Lebensjahr

»In seinem dreiundvierzigsten Jahr erfuhr William Stoner, was andere, oft weit jüngere Menschen vor ihm erfahren hatten: dass nämlich jene Person, die man zu Beginn liebt, nicht jene Person ist, die man am Ende liebt, und dass Liebe kein Ziel, sondern der Beginn eines Prozesses ist, durch den ein Mensch versucht, einen anderen kennenzulernen.«
John Williams, Stoner

Im Film *Peggy Sue hat geheiratet* von Francis Ford Coppola besucht die Hausfrau und Mutter Peggy Sue das 25-jährige Klassentreffen. Sie hat sich gerade von ihrem Ehemann Charlie getrennt, der sie betrügt, statt sich um sie und die Kinder zu kümmern. Sie und Charlie heirateten sofort nach der Highschool, weil sie schwanger war. Jetzt steht sie enttäuscht vor den Scherben ihres Lebens. Wie auf dem Abschlussball wird die noch immer attraktive Peggy auch beim Klassentreffen 25 Jahre später zur Ballkönigin gewählt und muss völlig überrascht eine Rede halten. Dabei fällt sie plötzlich in Ohnmacht und findet sich beim Aufwachen in ihre Highschoolzeit zurückversetzt. Peggy Sue bekommt nun die Möglichkeit, ihr Leben ab der Schulzeit nochmals mit dem Wissen von heute zu leben und ihre falschen Entscheidungen zu korrigieren. Sie trennt sich sofort von Charlie, wissend, wie er sich entwickeln wird, und entscheidet sich für einen Mann, von dem sie weiß, dass er eine vielversprechende Zukunft vor sich hat. Peggy Sues Leben in dem Film nimmt viele unerwartete Wendungen. Irgendwann erwacht sie mit neuen Erkenntnissen über sich und Charlie wieder in der Gegenwart. Wer sich dafür interessiert, wie es ausgeht, dem sei das Ende nicht verraten, aber der Film empfohlen. Für das Thema der zwölften Stunde dient der Film als ein spannendes Gedankenexperiment, das es wert ist, es für das eigene Leben durchzuspielen. Würden Sie

41. bis 45. Lebensjahr

die wichtigsten Entscheidungen in Ihrem Leben mit dem Wissen, das Sie heute haben, anders treffen?

Das frühe Erwachsenenalter erstreckt sich von der sechsten bis zur elften Stunde, also vom 19. bis zum 40. Lebensjahr. In dieser Phase versuchen die meisten von uns, den richtigen Liebespartner zu finden und zu beruflichem Erfolg zu gelangen. Irgendwann treffen wir die Entscheidung, uns fix zu binden, weil wir davon überzeugt sind oder es zumindest hoffen, die Liebe unseres Lebens gefunden zu haben. Es folgen das Zusammenziehen in eine gemeinsame Wohnung oder der Bau eines Hauses, oft die Hochzeit und die Geburt des ersten Kindes. Vielleicht gibt es kurz vor dem Traualtar noch eine Mentalreservation, ob wir uns jetzt wirklich für diesen einen Menschen für immer entscheiden sollen, die Bedenken werden aber meist weggedrückt. Von Frauen wird erwartet, dass es der schönste Tag ihres Lebens ist, von Männern, dass sie offiziell ihre Freiheit aufgeben und glaubhaft ewige Treue schwören. Es ist der Augenblick der großen Hoffnung.

Warum sind viele Ehepaare dann oft wenige Jahre danach so niedergeschlagen, wo doch ihre Träume in Erfüllung gegangen sind? Der erste Satz aus dem 1877/78 erschienenen Roman *Anna Karenina* von Leo Tolstoi lautet: »Alle glücklichen Familien gleichen einander, jede unglückliche Familie ist auf ihre eigene Weise unglücklich.« Selbst wenn sich die Träume von der idealen Familie und dem Haus im Grünen in einem hohen Ausmaß verwirklicht haben, bringt das Konsequenzen mit sich, die sich die Betroffenen nicht vorstellen konnten. Sie finden sich in einem Leben wieder, das aus einer Vielzahl von Verpflichtungen, großem Stress, Verlust an vertrauten Lebensgewohnheiten und lähmenden Alltagsproblemen besteht. Das erträumte Leben stimmt nicht mit dem realen überein. Der Partner entpuppt sich als streitlustig oder langweilig, als geizig oder leichtsinnig, als karrierebesessen oder als Versager, als lustlos oder notorisch untreu. Die Reaktion darauf sind Wut gegen sich selbst, spontane Weinkrämpfe ohne Anlass, Streit über Nebensächlichkeiten, Flucht in die Arbeit und Erschöpfung. Max Giesinger trifft den Nerv der widersprüchlichen Gefühle einer Mutter in seinem Musikvideo, das bisher von fast 45 Millionen Menschen angesehen wurde:[1]

»*Und wenn sie tanzt*
Ist sie wer anders
Lässt alles los
Nur für das Gefühl.«

Die unerklärliche Traurigkeit, die uns manchmal überwältigt, ist typisch für diese Lebensphase. Das liegt aber nicht darin, dass sich oft Träume, die wir einst hatten, nach ihrer Erfüllung als Illusionen erweisen. Es ist vielmehr die Tatsache, dass sich unsere Vorstellungen davon, was für uns erstrebenswert ist, im Laufe der Jahre sehr verändert haben – ohne dass uns das bewusst wird. Das betrifft unser Privatleben genauso wie den Beruf.

Sieben Gründe, warum wir glauben festzustecken

Überlastung: Arbeit, Familie, eine Flut an sonstigen Verpflichtungen und zusätzlich unerwartete Krisen werfen jeden Plan über den Haufen. Die »To-do-Listen« werden ständig länger statt kürzer. Wir wachen jeden Tag mit dem Gefühl auf, allein in einem Bergwerk Steine abbauen zu müssen, und selbst die Wochenenden sind fix mit Dingen verplant, die wenig Euphorie auslösen. Wir träumen von Flugzeugen, die wir versäumen, oder finden uns im Klassenzimmer wieder, wo wir eine Mathematikschularbeit schreiben müssen.

Erschöpfung: Die Ziele, die wir noch vor einiger Zeit klar gesehen haben, verschwinden im Nebel. Wir verzetteln uns mit einer Unzahl von Kleinigkeiten und verlieren die Kontrolle über das Steuerrad, mit dem wir bisher unser Leben in die richtige Richtung bewegen konnten. Je mehr Energie wir aufwenden, desto kraftloser fühlen wir uns. Es ist aber meist nicht die Vielzahl von Aufgaben, die uns erschöpft, sondern der Verlust an Orientierung.

Orientierungslosigkeit: Wir verlieren die Orientierung, sobald das Wertegerüst, das wir uns im Laufe der Jahre zurechtgezimmert haben, ins Wanken gerät. Wenn wir anhalten wollen und ins Leere greifen, so erfüllt uns die große Angst zu fallen. Die Gefahr dabei ist, sich an Dinge zu klammern, von denen wir uns besser lösen sollten, wie zum Beispiel falsche Autoritäten, esoterische Scheinwahrheiten oder lieblose Partner.

Hoffnungslosigkeit: Unser ganzes Leben erscheint auf einmal blutleer und sinnlos. Es fehlen uns die großen motivierenden Ziele. Wir fühlen uns alleingelassen, obwohl wir ständig unter Menschen sind. Wir kämpfen gegen Zynismus und Defätismus, gefährliche Mittel im Kampf gegen Hoffnungslosigkeit. Der Gedanke, einfach auszubrechen und abzuhauen, erscheint als ein reizvoller Ausweg. Das Lied »Ich war noch niemals in New York« von Udo Jürgens ist die männliche Fluchtfantasie.

Zerrissenheit: Wenn wir versuchen, unsere Arbeit gut zu machen, leiden wir darunter, dass uns unsere Kinder mehr bräuchten. Wenn wir mit den Kindern spielen, quält uns der Gedanke an die unerfüllten Aufgaben im Job. Unser Partner, meist getrieben von ähnlichen Gefühlen, stellt ständig Ansprüche an uns und gibt uns das Gefühl zu versagen. Flüchten wir uns dann noch in eine Affäre, stellen wir schnell fest, dass es die unbeschwerte Sexaffäre nur im Film gibt. Im realen Leben plagen uns das schlechte Gewissen und die Forderungen des meist gar nicht so einfachen Liebhabers bzw. der Geliebten.

41. bis 45. Lebensjahr

Bedeutungslosigkeit: Der Mensch sehnt sich nach Anerkennung und fürchtet Kritik. Wenn wir davon überzeugt sind, unser Bestes in der Familie und im Job zu geben, und trotzdem keine Anerkennung dafür bekommen, dann fühlen wir uns abgewertet. Egal was wir tun und wie sehr wir uns anstrengen, es ist nie genug. Leistungen werden als selbstverständlich genommen, Misserfolge dagegen endlos seziert. Wir verlieren jede Freude daran, Erfolge zu genießen, irgendwann erkennen wir sie sogar selbst nicht mehr.

Einsamkeit: Die erste Nacht in der neuen, kleineren Wohnung nach der Trennung oder Scheidung fühlt sich selten gut an. Auch die Alternative, das Aushalten einer unbefriedigenden Partnerschaft, wegen der Kinder oder weil wir das Haus nicht verlieren wollen, macht nicht glücklich. Nirgends drückt die empfundene Einsamkeit so aufs Herz wie in einer erkalteten Beziehung. In Unternehmen mit einer extrem leistungsorientierten Kultur fühlt sich der Einzelne oft ebenfalls schnell völlig alleingelassen, vor allem wenn er nicht zu hundert Prozent funktioniert. Doch wer sich dem 45. Lebensjahr nähert, der wird es sich dreimal überlegen zu kündigen.

Gefühle von Überlastung, Erschöpfung, Orientierungslosigkeit, Hoffnungslosigkeit, Zerrissenheit, Bedeutungslosigkeit oder Einsamkeit verengen die Sicht auf unser Leben.[2]

Sie können einzeln oder in Kombination auftreten. Wir leiden unter Kurzsichtigkeit. Wir sehen nicht mehr, wer wir sein könnten. Was können wir tun?

Diese sieben Symptome sind keine Verschwörung des Schicksals gegen uns, sondern typisch für die beginnende Phase des mittleren Erwachsenenlebens. Die dadurch ausgelöste Lebenskrise kann dabei helfen, die Perspektive auf unser Sein zu erweitern: Ist mein Partner wirklich derjenige, mit dem ich alt werden will? Gäbe es nicht einen geeigneteren,

41. bis 45. Lebensjahr

wenn ich weitersuchen würde? Erfüllt mich meine Arbeit wirklich, oder will ich nicht ganz etwas anderes tun? Werde ich in diesem Unternehmen noch weiterkommen, oder wartet eine Periode der Stagnation auf mich, bis ich aussortiert werde oder in Pension gehen muss?

Es gibt eine einfache Methode, konstruktiv mit diesen drängenden Themen zu arbeiten: die »Drei-Seiten-Morgen-Übung«.[3]

Schreiben Sie jeden Morgen möglichst unmittelbar nach dem Aufstehen drei Seiten handschriftlich in ein DIN-A4-Heft. Beginnen Sie, einfach alles, was Ihnen durch den Kopf geht, niederzuschreiben. Es handelt sich dabei um kein Tagebuch, in dem Sie Themen oder Erinnerungen festhalten, sondern Sie halten völlig ungeordnet Ihre Gedanken fest: Triviales, Intimes, Zweifel, Hoffnungen, Träume, Ärger mit Ihrem Partner oder Ihren Eltern bringen Sie ohne Unterbrechung und möglichst schnell zu Papier. Lassen Sie es fließen, suchen Sie nicht nach Worten, stoppen Sie nicht, um etwas zu analysieren. Sollten Sie hängen bleiben, verwenden Sie die Formulierung »Ich erinnere mich ...« oder »Ich fühle gerade ...«, dann fließt Ihr Gedankenstrom weiter. Sie können nichts falsch machen. Niemand außer Ihnen wird diese Seiten jemals sehen, Sie sollten sie nie herzeigen. Wenn Sie fertig sind, dann sperren Sie das Heft oder Buch weg und lesen es auch nicht. Das können Sie später einmal tun, Sie werden überrascht sein.

Warum drei Seiten? Bei der ersten und zweiten Seite bleibt man oft an der Oberfläche, ab der vierten würde es wiederum zu tief gehen. Drei Seiten sind ideal.

Warum am Morgen? In der Nacht arbeitet unser Unbewusstsein an den ungelösten Problemen, die uns dann oft lange in den Tag hinein beschäftigen. Lassen Sie die Gefühle gleich in der Früh aus sich heraus, indem Sie sie niederschreiben, so werden Sie bereits nach kurzer Zeit merken, dass Sie mit einem klareren Blick in den Tag gehen. Sie hängen nicht immer wieder Ihren Problemen nach, sondern haben mehr Energie, um sich auf die unmittelbaren Aufgaben zu konzentrieren.

Die »Drei-Seiten-Morgen-Übung« kostet Sie zwischen 10 und 15 Minuten jeden Tag. Die Herausforderung ist nur, die Übung regelmäßig zu praktizieren. Wer das schafft, wird verblüfft sein, wie wirksam diese Methode ist, um den Blick auf das Ganze seines Lebens wiederzufinden.

Wie wir lernen können, lustvoll in einer stabilen Beziehung zu leben

Von wenigen Ausnahmen abgesehen nimmt das sexuelle Begehren in einer Partnerschaft spätestens nach drei Jahren rapide ab. Kommen Kinder dazu, besteht die Gefahr, dass die Lust auf Sex mit dem Partner völlig erlischt. Obwohl man einander nach wie vor liebt, spielt Sex nur mehr eine untergeordnete Rolle in der Beziehung. Dabei geht es nicht darum, wie oft man im Monat Sex miteinander hat, sondern um das Begehren an sich. Sexualtherapeuten beschäftigen sich seit Langem mit der scheinbar unlösbaren Frage, wie sich lustvolle Sexualität mit einem harmonischen Zusammenleben vereinbaren lässt. Kann man sich noch wünschen, was man bereits gut kennt und täglich verfügbar hat? Wie kommt es, dass der Übergang zur Elternschaft so häufig mit einem erotischen Desaster einhergeht? Es überrascht wenig, dass viele danach trachten, ihr sexuelles Bedürfnis außerhalb ihrer Partnerschaft zu befriedigen. Das war natürlich nie anders, nur wurde nicht offen darüber geredet, sondern alles fand unter einer dicken Decke, gewebt aus Doppelmoral und Verdrängung, statt. Drang trotzdem etwas an die Öffentlichkeit, so erregte man sich über den Skandal.

Geändert haben sich die Ansprüche, mit denen wir heute Partnerschaften und Ehen eingehen. Wir erhoffen uns von einer einzigen Person die Erfüllung unserer Bedürfnisse nach Zugehörigkeit, Sicherheit und Hilfe, die früher ein ganzes Dorf abgedeckt hat. Gleichzeitig erwarten wir von einer verbindlichen Beziehung, dass sie sowohl liebevoll-romantisch als auch sexuell aufregend sein soll. Kann es noch verwundern, dass so viele Beziehungen unter jener übergroßen Last zerbrechen? Kommen zu diesen unerfüllbaren Ansprüchen noch der Stress am Arbeitsplatz und die Erziehung der Kinder dazu, tritt bei einst glücklichen Paaren die Erschöpfung ein. Jeden Abend fallen sie, oft nicht mehr gleichzeitig, ermattet ins Bett und fragen sich vor dem Einschlafen, warum aus ihrem leidenschaftlichen Partner ein netter Bruder oder eine verständnisvolle Schwester geworden ist. Viele Männer und Frauen erwerben unbewusst einen M.B.A. – sie sind »married but available«.

Idealisierende Ansprüche an die wahre Liebe verlangen, dass wir ständig geben und nie verlangen dürfen. Mit sich selbst im Einklang, freundlich, verständnisvoll und empathisch zu sein sind an sich gute Voraussetzungen. Trotzdem reichen sie oft nicht aus. Zur Liebe gehören nämlich immer zwei. Und mindestens einer will meist nicht nur geben, sondern erwartet, vom Partner viel zu bekommen, am besten gleich alles, was ihm selbst zum Glück im Leben fehlt. Daher gibt es neben gleich starken Beziehungen auch nicht gleichberechtigte, in denen der eine sich immer mehr bemüht. Es existieren leidenschaftliche Partnerschaften mit viel Streit und lustvoller Versöhnung genauso wie harmonische ohne große Höhepunkte. Keine Liebe ist falsch, unreif, armselig und somit falsch, solange nicht einer dauerhaft leidet. Die wirklich schlimme Bedrohung jeder Liebesbeziehung ist der Terror des unerfüllbaren Ideals. Denn dieses Ideal entwertet unseren realen Partner und lässt uns ständig von einem idealen träumen.[4]

41. bis 45. Lebensjahr

Aus ihrer langjährigen Praxis als Sexualtherapeutin fordert Esther Perel, dass das Klischee, wonach Frauen ganz und gar romantisch gestimmt, die Männer hingegen sexuelle Eroberer seien, längst nicht mehr taugt und schnell entsorgt werden sollte. Ebenso falsch sei die Vorstellung, dass Frauen typischerweise nach Liebe dürsteten, im Wesentlichen aber treu und häuslich veranlagt seien, während Männer, von Natur aus auf Untreue gepolt, jegliche Intimität und Bindung scheuen. Frauen leiden also genauso unter mangelnder Leidenschaft. Das Gefühl, sich endlich wieder spüren zu können, zu begehren und begehrt zu werden, ist für Esther Perel der Hauptgrund dafür, warum Menschen, die einander nach wie vor lieben, irgendwann beginnen, einander zu betrügen. Es ist nicht nur der Geschlechtsakt, den sie entbehren oder als Pflichtübung empfinden, sondern der Mangel an Verbundenheit, Verspieltheit und Erneuerung, den erfüllender Sex bieten kann.

Die zwölfte Stunde, die in diesem Buch die Hälfte der Lebensreise verkörpert, stellt uns eine für unser Glück entscheidende Frage: Können wir in einer dauerhaften Partnerschaft oder Ehe beides erleben, Liebe und Begehren? Freudige Erregung und vertrauensvolle Stabilität mit demselben Partner zu schaffen ist schwierig, aber nicht unmöglich. Eine Erkenntnis wird gerne übersehen: Für Erotik ist Distanz unabdingbar. Wer ständig alles über den Partner wissen, wer jedes Geheimnis der Vergangenheit aufdecken, ja sogar dessen Gedanken kennen will, der darf sich nicht wundern, wenn das Prickeln und die Leidenschaft verloren gehen. Es ist das Unbekannte, das Verbotene, das Riskante, das uns erregt. Nur wenn es gelingt, Verbindlichkeit und Unabhängigkeit, Verantwortung und Risikobereitschaft und vor allem Nähe und Distanz ständig zu balancieren, kann die Erotik in dauerhaften Beziehungen am Leben erhalten werden. Esther Perel schreibt dazu in ihrem sehr empfehlenswerten Buch *Wild Life: Die Rückkehr der Erotik in die Liebe*: »Wir sind freier, aber auch einsamer oder ängstlicher geworden, was unser Sein betrifft. Wir neigen dazu, unsere Ängste mit Kontrollversuchen zu besänftigen, und fühlen uns sicherer, wenn es uns gelingt, die Distanz zum Partner zu verringern, Gewissheit zu maximieren, Gefahren zu minimieren und alles Unbekannte auf Abstand zu halten. Manche von uns setzen sich derart eifrig gegen die Unwägbarkeiten der Liebe zur Wehr, dass sie sich um ihren Reichtum bringen.«

Warum Einheitsgrößen für Socken, aber nicht für Menschen passen

Oft treffen wir im Leben auf Menschen, die wir sehr mögen, in die wir uns aber trotz redlichem Bemühen nicht verlieben können. Wir halten sie uns als gute Freunde in Reserve, vielleicht greifen wir dann später noch auf sie zurück. Irgendwann entscheiden sich diese lieben Menschen schließlich für jemand anderen, und es gibt keine Reserve mehr. Wer in der zwölften Stunde noch immer keinen idealen Lebenspartner gefunden hat, der senkt meist unbewusst seine Ansprüche und beginnt, sich einen Menschen, der einigermaßen gut aussieht und freundlich ist, schönzudenken. Daraus entwickelt sich oft die Geschichte vom falschen Partner zum richtigen Zeitpunkt, die – besonders, wenn aus dieser Beziehung Kinder entstehen – im besten Fall mit einer freundschaftlichen Trennung endet. Ehe und Familie ist nicht für jeden das richtige Beziehungsmodell, weil Einheitsgrößen bei Socken, aber nicht bei Menschen funktionieren. Die durchschnittliche Dauer von geschiedenen Ehen hat sich zwar von 1981 und 2016 um mehr als drei Jahre von 7,7 auf 10,9 Jahre erhöht, dafür verdoppelte sich der Anteil der Scheidungen von Ehen ab einer Dauer von 40 Jahren.[5]

41. bis 45. Lebensjahr

Reflexionen über die zwölfte Stunde

Wir verlieben uns am Anfang nicht, wie wir glauben, in einen konkreten Menschen, sondern in eine idealisierte Vorstellung dieses Menschen. Im Laufe der Zeit kommen wir drauf, dass er dem idealen Bild nicht entspricht. Alle Versuche, jenen Menschen durch liebevolle Bestechung oder Drohung in die von uns gewünschte Richtung umzumodeln, sind zum Scheitern verurteilt. Wir haben daher nur die Möglichkeit, einen Menschen so zu lieben, wie er ist, oder gar nicht. Allerdings kann uns das auch in allen nachfolgenden Beziehungen wieder so gehen, weil die Dinge, die uns besonders an unseren Partnern stören, manchmal weniger mit diesen, sondern sehr viel mehr mit uns selbst zu tun haben.

Der entscheidende Faktor für ein gelungenes Leben ist gut erforscht, am ausführlichsten in der »Grant-Studie über Erwachsenen-Entwicklung« der Harvard-Universität. Sie beweist eindeutig, dass unser Lebensglück in einer echten und tiefen Bindung mit anderen Menschen liegt. Ob es uns im Alter gut gehen wird, hängt maßgeblich von unseren Beziehungen zu unserem Partner und unseren Freunden ab. Die Gefahr, wahre Freunde in der Lebensphase zwischen 30 und 50 Jahren zu verlieren, wird in meinem Buch *Ich bin für Dich da. Die Kunst der Freundschaft* ausführlich beschrieben. Die zweite, mindestens so große Herausforderung ist, eine stabile und trotzdem lebendige Partnerschaft zu schaffen. Die Aufrechterhaltung einer lieblosen Ehe mit permanentem Konfliktpotenzial wirkt sich auf die Gesundheit meist belastender aus als eine Scheidung. Es zählt nicht die Tatsache, verheiratet zu sein, sondern die Qualität der Partnerschaft.

Ein gelungenes Leben ist eine Feier der Lebendigkeit. Die Entscheidung, ob wir die Lebendigkeit in unserer Partnerschaft wiedererwecken können, indem wir Lust und Stabilität neu balancieren, oder ob wir es mit einem neuen Partner versuchen, kann uns niemand abnehmen. Das gilt genauso für die Frage, ob und wie wir mehr Freude in unserer Arbeit finden können oder den Mut haben, etwas Neues zu beginnen. Die Kunst besteht darin, einerseits den Mut zu haben, vertraute Pfade zu verlassen und Neues zu wagen, und andererseits die Reife, dann mit dem Suchen aufzuhören, sobald man den Ort, den Partner und den Beruf gefunden hat, die es wert sind, sich zu verpflichten.

Die oft gefühlte Erschöpfung in der zwölften Stunde ist kein Naturgesetz, sondern die Ursache liegt meist in mangelnder Lebensfreude. Gelingt es, die Quellen der Lebendigkeit wieder zum Sprudeln zu bringen, kehrt die Lebensenergie zurück.

Welche Erkenntnisse der zwölften Stunde könnten Bedeutung für Ihre aktuelle Lebensphase haben?

- Versuchen Sie das »Peggy-Sue-Gedankenexperiment«: Würden Sie wieder den gleichen Partner wählen und mit ihm Kinder in die Welt setzen?
- Falls nein, was würden Sie bei der Wahl eines zukünftigen Partners anders machen?
- Erkennen Sie in »falschen« Entscheidungen in Ihrem Leben, unter denen Sie leiden mussten, heute im Nachhinein doch einen Sinn?
- Glauben Sie, dass die Balance in Ihrem Leben zwischen Arbeit, Familie, Lernen und Zeit für sich selbst stimmt?
- In welchen Momenten in der letzten Zeit haben Sie sich richtig lebendig gefühlt?

41. bis 45. Lebensjahr

1 Songwriter: Jens Schneider, Martin Maria Haller, Max Giesinger
2 Die sieben Ursachen sind inspiriert vom Buch *Unstuck* von Keith Yamashita und Sandra Spataro, New York 2004.
3 Die »Drei-Seiten-Morgen-Übung« ist angelehnt an die »Morning Pages«, die Julia Cameron und Mark Bryan in ihrem Buch *The Artist's Way at Work*, New York 1998, empfehlen.
4 Richard David Precht: Liebe. Ein unordentliches Gefühl. München 2009, S. 255 ff.
5 Quelle: APA/Statistik Austria 2016.

DIE DREIZEHNTE STUNDE

zeigt uns, dass wir mit deutlich weniger Anstrengung mehr erreichen können, wenn wir uns auf das konzentrieren, was wir gerne tun und gut können.

46. bis 50. Lebensjahr

»Solang du Selbstgeworfnes fängst, ist alles
Geschicklichkeit und lässlicher Gewinn –;
erst wenn du plötzlich Fänger wirst des Balles,
den eine ewige Mit-Spielerin
dir zuwarf, deiner Mitte, in genau
gekonntem Schwung, in einem jener Bögen
aus Gottes großem Brücken-Bau:
erst dann ist Fangen-Können ein Vermögen, –
nicht deines, einer Welt. Und wenn du gar
zurückzuwerfen Kraft und Mut besäßest,
nein, wunderbarer: Mut und Kraft vergäßest
und schon geworfen hättest ... (wie das Jahr
die Vögel wirft, die Wandervogelschwärme,
die eine ältre einer jungen Wärme
hinüberschleudert über Meere –) erst
in diesem Wagnis spielst du gültig mit.
Erleichterst dir den Wurf nicht mehr; erschwerst
dir ihn nicht mehr. Aus deinen Händen tritt
das Meteor und rast in seine Räume ...«
Rainer Maria Rilke

In der dreizehnten Stunde will der Ruf des Lebens gehört und verstanden werden. Wer Rilkes Gedicht mehrmals, am besten laut, liest, wird vielleicht die für ihn bestimmte Botschaft entdecken. Es gibt nicht die eine richtige Interpretation, aber sehr wohl eine für jeden Leser treffende. Was könnte der Ball bedeuten, den uns die ewige Mitspielerin in der dreizehnten Stunde zuwirft?

Das Selbstgeworfene steht für die Routine, die uns glauben lässt, dass das Spiel des Lebens aus Optimierung des Bewährten besteht. Dabei liegt gerade im gewagten Verlassen des Gewohnten, im freien Wurf erst der Gewinn. Die »ewige Mitspielerin«

könnte das Schicksal, das Glück, die Berufung, eine höhere Macht oder ganz einfach nur der Zufall sein. Doch diese Mitspielerin wirft nicht irgendwohin, sondern in unsere Mitte, dorthin, wo unsere Seele sitzt. Den Sinn können wir oft erst im Nachhinein erfassen. Resonanz erzielen wir in der Welt durch das Fangen aller Möglichkeiten, die das Schicksal uns zuwirft. Beim Ergreifen dieser Möglichkeiten erzielen wir mehr Wirkung als mit purer Anstrengung. Erst wer mit sich selbst im Einklang ist, nicht krampfhaft strebt, sondern auch imstande ist, vertrauensvoll zu warten, dem gelingt vielleicht der Weltentwurf. Durch das spielerische Probieren eines neuen Schrittes – nicht wissend, wohin er führt – kann ein neuer Weg entstehen. Wer weder Dankbarkeit noch Erfolg erwartet, kann befreiter alles fangen, was ihm das Leben zuwirft. Vorbild ist der Meteor, welcher von den Kräften des Universums geleitet wird. Er steht für eine höhere Ordnung, der sich alles letztendlich zu fügen hat. Er erinnert uns in bestimmten Situationen daran, dass das Leben eben so ist, wie es ist, ein großes Spiel, dessen Regeln wir nie ganz durchschauen.

Diese erste Interpretation soll als Anregung für Ihre eigene dienen. Rolf, der gerade zum zweiten Mal Vater geworden ist, findet seinen Sinn in dem Gedicht, indem er es sehr wörtlich nimmt: Die Mitspielerin ist seine Partnerin Julia. Ob sie ewig sei, wird sich weisen. Sie hat ihm den Ball hingeworfen. Der Ball steht für ein Angebot, sein Leben anders als bisher zu leben. Er hat diesen Ball gefangen. Selbst das Wort »werfen« nahm er sehr wörtlich. Auch wenn Julia geworfen hat und nicht Rolf, sieht er die beiden gemeinsamen Kinder als einen großen Wurf, der ihm das Gefühl gibt, erst jetzt richtig zu leben. Betrachtet er manchmal die Wohnung, hat er tatsächlich das Gefühl, ein Meteor sei durch diese Räume gerast.

Wofür könnten die »Bögen aus Gottes großem Brückenbau« in Ihrem Leben stehen? Für den Weltenbaumeister, das

Universum? Woher kommt die ältere und jüngere Wärme, die hinübergeschleudert wird über die Meere? Was haben Sie trotz großer Anstrengung bisher nicht erreicht in Ihrem Leben, und was ist Ihnen einfach zugeworfen worden, ohne dass Sie dafür etwas tun mussten?

Warum das Leben keine Reise, sondern ein Musikstück ist

Für den Philosophen Alan Watts[1] ist das Leben vor allem ein Spiel. »Je sicherer und je deutlicher man die Zukunft sieht, desto mehr kann man sagen, dass man sie bereits hinter sich hat. Wenn der Ausgang eines Spiels sicher ist, dann möchten wir gar nicht mehr weiterspielen, sondern fangen ein neues Spiel an.« Daher sollten wir uns nicht von einem Job abhängig machen, sondern herausfinden, wie wir dafür bezahlt werden, dass wir etwas spielen, das uns Freude macht. Seinen scheinbar sehr realitätsfernen Rat begründete Watts mit rationaler Zivilisationskritik, die ihm vor allem in den USA der Siebzigerjahre große Popularität einbrachte. Das Universum sei prinzipiell spielerisch angelegt, es habe kein Endziel, welches es zu erreichen gebe. Unser Leben gleicht daher nicht einer Reise, sondern ist viel eher wie Musik zu verstehen. Wir spielen auf dem Klavier, wir arbeiten nicht auf dem Klavier. Bei einer Reise wollen wir irgendwo ankommen, eine Musikkomposition dagegen will vollendet werden. Die besten Dirigenten sind nicht diejenigen, die eine Symphonie am schnellsten spielen. Auch Tanzen entspricht dem Charakter unseres Lebens. Wir bewegen uns durch den Raum, ohne einen bestimmten Punkt erreichen zu wollen. Das einzige Ziel ist der Tanz selbst.

Haben Sie schon einmal ein kleines Kind gefragt, warum es tanzt oder singt? Es wird Sie fassungslos anschauen. Die Idee,

Tanz oder Musik als pure Freude zu verstehen, wird uns leider oft in der Schule ausgetrieben. Es geht um Anpassung und gute Noten, nicht um Spiel und Kreativität. Das setzt sich fort bis zum Ende der Ausbildung, um dann einen Job zum Beispiel in einer Versicherung zu bekommen und jeden Tag zu hoffen, dass wir den großen Erfolg erreichen werden. Mit 40 sind wir dann endlich dort, wo wir hinwollten. Das Problem ist nur, dass wir uns um nichts glücklicher fühlen als beim Start. Dann beginnen wir, Geld zu sparen für die Pension, wo wir mit anderen Alten, von Gesundheitsproblemen geplagt, in Heimen sitzen und auf den Tod warten. Wir sind selbst schuld an dieser Tragödie, weil wir uns auf diesem langen Weg von Anfang an selbst betrogen haben. Wir haben den wirklichen Reiz des Lebens verpasst: zu singen und zu tanzen. Lebenskunst ist für Alan Watts »weder ein sorgloses Dahintreiben noch ein angstvolles Festklammern an der Vergangenheit. Sie besteht darin, in jedem Augenblick ganz einfühlsam zu sein, ihn als völlig neu und einzigartig anzusehen und das Bewusstsein offen und ganz und gar empfänglich zu halten.«

Manche Menschen lassen sich ein Tattoo mit dem Schriftzug »Harley Davidson« stechen, obwohl sie gar kein Motorrad haben, sondern weil das eine bestimmte Haltung ausdrückt. Niemand lässt sich dagegen »Unilever« auf den Oberarm tätowieren. Leidenschaft ist kein Studienfach, das wir lernen können, vielmehr eine Energie, die von den Dingen herrührt, die wir mit Freude tun. Freude kann man nicht für Geld kaufen. Freude macht es, etwas Neues wie Tennis, Golf, Reiten, Malen, Kochen oder eine Sprache zu lernen. Ideen und Inspiration allein sind zu wenig, es bedarf sehr wohl auch verschiedener Kenntnisse und der Übung, damit man ein Niveau erreicht, das Freude bereitet. Haben Sie sich schon mal gewundert, warum die exklusivsten Jachthäfen der Welt in

46. bis 50. Lebensjahr

Saint-Tropez, Capri oder Palma de Mallorca immer vollgestopft mit großartigen Schiffen sind, auf denen Menschen gemeinsam Champagner trinken, aber trotz traumhaftem Wetter nicht auf das Meer fahren? Weil das Segeln anstrengender ist und mehr Erfahrung verlangt, als seine Jacht im Hafen zu genießen und dafür bewundert zu werden. Viele Menschen kaufen ihre Jachten nicht, um aufs Meer zu fahren, sondern um bewundert zu werden. Meist nutzen sie ihre Jacht ein bis zwei Wochen im Jahr, weil sie nicht mehr Zeit haben. Man ist ein leidenschaftlicher Mensch bei allem, was man tut – oder nicht. Sind wir begeisterte Hobbysportler, aber lustlose Mitarbeiter im Job, so stimmt etwas nicht. Das gilt auch, wenn wir in unsere Arbeit verliebt sind, aber nicht in unseren Partner.

»*Ich will nicht an meinem Arbeitsplatz sterben, sondern an einem Strand.*«
Jack Ma, *Gründer von Alibaba*

Von Abraham Lincoln lernen, einen Baum zu fällen

Die Zeit zwischen 20 und 30 in unserem Leben sollten wir vor allem nutzen, um zu lernen, möglichst von den Besten. Dabei müssen wir uns noch nicht festlegen, weil wir das Ziel in unserem Leben noch gar nicht wissen können. Gleich den Gesellen im Mittelalter können wir von einem Meister zum anderen, von einer Universität zur nächsten, von einer Position zur anderen wandern, um Wissen zu mehren. Wir werden nicht klüger, indem wir ständig nur Erfolge feiern, sondern indem wir aus unseren Misserfolgen lernen. In unserem dritten Lebensjahrzehnt erreichen wir trotz großer Anstrengung meist nicht das, was wir uns erhoffen. Es mangelt uns nicht an Energie, sondern an Erfahrung und Kontakten. Zwischen 30 und 40 sollten wir dann schon das Gebiet kennen, auf dem wir mit Freude und Tatkraft selbst einmal Meisterschaft erreichen wollen. Trotz mancher Enttäuschung und Rückschläge häufen sich die Erfolge, weil wir gelernt haben, wie wir unsere Talente einsetzen und wo wir gefragt sind.

Haben wir lange genug das getan, was wir gut beherrschen, können wir mit Zuversicht auf die Periode zwischen 40 und 50 Jahren blicken. Sie ist die Zeit der reichen Ernte. Wir erreichen deutlich mehr mit weniger Aufwand. Wie in Rilkes Gedicht sind wir »plötzlich Fänger des Balles, den eine ewige Mit-Spielerin uns zuwirft«, oder verstehen das Leben als Tanz und Musik, wie es Alan Watts vorschlägt. Wer glaubt, trotz großer Anstrengung noch wenig erreicht zu haben, der sollte innehalten. Wer beurteilt, was »etwas erreicht haben« bedeutet? Vielleicht geht es darum, mit sich selbst und seinem Umfeld zufrieden zu sein, Familie und Freunde zu haben, ausgeglichen zu sein, schallend lachen zu können, für andere Menschen da zu sein. In vielen Teilen der Welt geht es gar nicht darum, »etwas zu erreichen«, sondern um das nackte Überleben, um die Gemeinschaft und die Familie. Auch bei uns gibt es Großmütter, die im Krieg vertrieben wurden, nach schwierigen Jahren endlich einen schlecht bezahlten, aber sicheren Arbeitsplatz gefunden haben. Ihre Aufgaben sahen sie darin, ihre Kinder mit großer Liebe und Hingabe zu liebevollen, zufriedenen und sozial kompetenten Menschen zu erziehen. Heute kümmern sie sich um ihre Enkelkinder. Sie haben viel erreicht.

Wer sich dagegen ehrlich eingestehen muss, dass etwas falsch läuft in seinem Leben, ist vielleicht nicht auf dem richtigen Spielfeld tätig, oder die Kraft verlässt ihn, weil er schon zu lange versucht hat, mit einer stumpfen Axt Bäume zu fällen. Jeder, der die unglaubliche Lebensgeschichte von Abraham Lincoln kennt, weiß, wie viele Niederlagen und Enttäuschungen er durchstehen musste, bis er seine Lebensweisheit erkannte:

»Geben Sie mir sechs Stunden, um einen Baum zu fällen, und ich werde die ersten vier Stunden damit verbringen, die Axt zu schärfen.«

Neustart – warum die Stunde null eine Illusion ist

Was tun, wenn man in der dreizehnten Stunde feststellen muss, dass man auf der Erfolgsleiter zwar schon weit hinaufgekommen ist, beim Hinunterblicken jedoch realisiert: »Verdammt, die Leiter lehnt an der falschen Mauer«? Anders formuliert: Kann man aus dem eigenen Leben aussteigen und komplett neu anfangen? Eine Erfahrung aus der Computerwelt könnte hilfreich sein.[2] Mit der Zeit schleichen sich in alle Computerprogramme nervende Fehler ein, die mit immer mehr Aufwand korrigiert werden müssen. Einige Unternehmen sind daher auf die Idee gekommen, das alte Programm zu entsorgen und einfach wieder bei null anzufangen. Die Ergebnisse waren fast immer desaströs. Auf das Leben übertragen erscheint es in völlig vertrackten Situationen durchaus verlockend, reinen Tisch zu machen, seine Familie zu verlassen und neu zu starten. Oder im Beruf dem Chef einmal alles so richtig reinzusagen, dann zu kündigen und »etwas ganz anderes« zu machen, ohne sich zu früh mit der Frage »Was eigentlich?« zu belasten.

Die Stunde null erweist sich oft als Illusion. Man erkennt zwar die Fehlentwicklungen in der Vergangenheit, scheut sich aber, die Ursachen dafür zu beseitigen. Wenn man glaubt, dem eigenen Leben fluchtartig entkommen zu können, übersieht man leider, dass alle selbst gemachten Probleme als treue Gefährten im Gepäck mitreisen. So wie Steven Pinker in seinem Buch *Das unbeschriebene Blatt* verdeutlicht, dass wir alle mit einer ziemlich klaren genetischen Prägung auf die Welt kommen, ist auch unser bisheriges Leben in der dreizehnten Stunde alles andere als ein unbeschriebenes Blatt. Es ist beidseitig vollgeschrieben mit Verpflichtungen, ungelösten Problemen, unseren Glaubenssätzen und vielen dunklen Flecken. Wir haben eine Geschichte, selbst wenn uns diese nicht gefällt, wir können sie in eine bessere Richtung weiterschreiben, aber nicht von Anfang an löschen. Wo immer wir hingehen, wir nehmen uns mit. Wann immer wir versuchen, unser Leben neu zu gestalten, ohne auf das Vorhandene Rücksicht zu nehmen, wird uns die Realität schneller und härter einholen, als uns lieb ist. Das ist eine ähnliche Erfahrung, die Menschen machen, die zum Eheberater gehen, der dann sagt: »Sie müssen beide ganz von vorne anfangen.« Das Problem ist, dass der Mann und die Frau nicht 20 Jahre mit Höhepunkten und Verletzungen einfach hinter sich lassen können. Sie haben eine gemeinsame Geschichte, die auseinanderzubrechen droht, deshalb sind sie ja beim Eheberater gelandet.

Kehren wir kurz in die Computerwelt zurück. Dort hat sich das Reset als deutlich wirkungsvoller erwiesen als der totale Neuanfang. Man identifiziert das Problem und beginnt, mit der Gelassenheit daran zu arbeiten, dass es einen nicht umbringen wird. Das ist ein Neustart innerhalb des Systems mit den vorhandenen Mitteln. Nun, da wir unser eigenes Leben ohnehin nicht verlassen können, es sei denn, wir begehen Selbstmord und schalten uns selbst für immer aus, erscheint das Reset auch für uns ein brauchbarer Weg. Oft funktioniert alles wieder ganz gut, sobald man für ein paar Minuten den Stecker zieht.

Allerdings haben wir gegenüber einem Computer den Vorteil, dass unser Gehirn nicht dafür geschaffen ist, Regeln und Algorithmen möglichst effizient zu erfüllen. Grade unsere Fähigkeit zum Irrtum und zur Ungenauigkeit macht uns dem Computer überlegen.³ Unser Gehirn bleibt immer dynamisch in der Schwebe, verknüpft Bekanntes mit neuen Elementen, daher entstehen bei einem Reset-Prozess oft kreative Lösungen. Renovieren wir daher lieber unser Leben, statt gleich das ganze Haus abzureißen, um es dann auf der grünen Wiese genau nach unseren aktuellen Wünschen neu zu bauen. Das hört sich nach harter Arbeit an, und das ist es auch.

Es gibt Fitnessmaschinen, die unsere Muskeln durch Vibrationen trainieren, ohne dass wir uns dafür selbst quälen müssen. Die Maschine, die uns die mühsame Arbeit an uns selbst abnimmt, ist leider noch nicht erfunden. Wenn wir diese Arbeit zu lange aufschieben, sind die Folgen genauso schlimm wie bei der Vernachlässigung unseres Körpers. Es geht um jene zwei Prozent, die wir jeden Tag verändern könnten. Gelingt es uns, in den vielen Jahren, die hoffentlich noch vor uns liegen, nur zwei Prozent zu verändern, werden wir Tausende Stunden in einer höheren Qualität erleben. Es geht nur um diese zwei Prozent, die uns ein anderes, ein reicheres Leben eröffnen könnten. Sind wir im Tanz des Lebens aus dem Takt geraten, geht es oft darum, uns durch Training so lange zu verbessern, bis wir wieder den Takt finden. Dann spüren wir erneut den Flow in unserem Leben, und die Tanzschritte, die wir uns davor angestrengt selbst vorgesagt haben, fließen auf einmal wie von selbst. Wir tanzen nicht, um an ein Ziel zu kommen oder Beifall zu erheischen, sondern weil es uns pure Freude macht. Die Frage »Was will ich wirklich?« wäre ein guter Einstieg, um den Takt wiederzufinden.

Reflexionen zur dreizehnten Stunde

Mit der dreizehnten Stunde beginnt die zweite Hälfte Ihres Lebens. Wunschdenken sollte ab jetzt keine Strategie mehr sein. Durch die sozialen Medien sind viele ständig beschäftigt, umso wichtiger werden jetzt Zeiten der Muße. Muße ist die Möglichkeit, Zeit nach eigenem Wunsch zu nutzen, daher ist sie nicht mit Freizeit gleichzusetzen, weil gerade diese immer mehr von fremden Interessen bestimmt wird. Wenn Sie mit Ihrem Leben voll zufrieden sind, dann nutzen Sie diese Zeit, es zu genießen, ihre eigene Musik zu spielen. Sollte es dagegen schwere Brüche geben, so ist Rückzug angesagt, um wieder zu sich selbst zu finden. Einige Stunden, einen ganzen Tag oder besser ein ganzes Wochenende »mit sich selbst in Klausur zu gehen« kann Ihnen helfen, den Mut zu finden, nicht um auszusteigen, sondern um neu zu starten. Hier zwei konkrete Vorschläge:

Schreiben Sie einen Essay »Wie sieht mein Paradies aus?«

Alan Watts hatte einen provokanten Vorschlag, wie man Studenten sinnvoll auf das Leben vorbereiten könnte. Statt sie eingelernte Antworten auf langweilige Fragen geben zu lassen, sollten sie einen 20-seitigen Essay darüber schreiben, wie sie sich ihr ideales Leben vorstellten. Der Essay könnte idealistisch schildern, wie sie genau die Welt verbessern würden, oder ganz pragmatisch, wie sie reich werden wollten. Alles ist erlaubt, es muss nur ganz klar formuliert sein. Dann würde ein weiser Professor den Studenten genau prüfen, jedes Detail hinterfragen, um herauszufinden, ob der Student die Konsequenzen seiner Ziele wirklich genau durchdacht hat. Wünscht sich der Student zum Beispiel die Heirat mit einer wunderschönen Frau, deren Aussehen und Wesen er genau beschreibt, so fragt ihn der Professor: »Aber was ist mit Ihrer Mutter? Wie müsste Ihre zukünftige Schwiegermutter sein, wie dürfte sie auf keinen Fall sein?« Die Studenten würden

46. bis 50. Lebensjahr

lernen, sehr vorsichtig mit dem umzugehen, was sie sich wünschten – es könnte tatsächlich in Erfüllung gehen.

Was wäre, wenn Sie sich jetzt in der dreizehnten Stunde an dieser Übung für Ihr zukünftiges Leben versuchen würden? Das Paradies auf Erden sieht für jemanden, der auf die 50 zugeht, zweifellos anders aus als für einen 20-Jährigen. Wie viele Seiten gelingen Ihnen, um Ihr ideales zukünftiges Leben so detailliert wie möglich zu beschreiben? Was wollen Sie auf keinen Fall verlieren? Wovon sollten Sie sich jedenfalls trennen? Wer ist der Mensch, neben dem Sie aufwachen wollen, oder wollen Sie lieber allein aufwachen? Wo wollen Sie leben? Wer sind Ihre Freunde, und welche Menschen wollen Sie demnächst unbedingt persönlich kennenlernen? Es geht nicht um eine Bucket-Liste, also eine Liste mit allen Dingen, die Sie noch tun wollen, bevor Sie »den Löffel abgeben«. Es soll ein Essay sein, in dem Sie die Vorstellung von Ihrem zukünftigen Leben bildhaft beschreiben und diese aber in allen Konsequenzen durchdenken. Wenn Sie schon lange allein leben und sich einen Partner wünschen, wollen Sie wirklich, dass dieser bei Ihnen einzieht? Wenn ja, welches Zimmer würden Sie ihm geben? Wenn Sie Ihren Traum verwirklichen und eine Schule gründen, Schriftsteller oder Maler würden, könnten Sie damit leben, dass Sie mit wenig Geld und fehlender Anerkennung arbeiten müssten?

Lesen Sie jetzt den Exkurs über den »längsten Tag Ihres Lebens« am Ende des Buches

Gibt es Bereiche in Ihrem Leben, in denen ein Neustart notwendig wäre? Nehmen Sie sich eine Auszeit. Ziehen Sie sich mit diesem Buch einen ganzen Tag lang zurück. Eine Anleitung dafür finden Sie im Exkurs am Ende des Buches.

46. bis 50. Lebensjahr

1   Alan Watts (geboren am 6. Januar 1915 in Chislehurst, Kent, England; gestorben am 16. November 1973 am Mount Tamalpais, Kalifornien, USA) war ein populärer Philosoph, Dozent und Buchautor, dessen Denken stark von der Philosophie des Zen, des Buddhismus und des Daoismus beeinflusst war. Als Quellen für dieses Kapitel dienten seine Vorträge »Law Of Attraction – Most EPIC Speech Of All Time« und »Life is NOT a Journey«, die beide auf YouTube veröffentlicht wurden.
2   Wolf Lotter: »Wir können auch anders«. In: brand eins, Januar 2018, S. 32 ff.
3   Der deutsche Gehirnforscher Hennig Beck: »Zu viel Routine schadet«, Interview im Onlinemagazin profil vom 22. Januar 2018.

DIE VIERZEHNTE STUNDE

konfrontiert uns mit der schmerzhaften Erfahrung, dass unsere Eltern nicht ewig leben, und zeigt, wie wir mit dem Verlust geliebter Menschen umgehen.

51. bis 55. Lebensjahr

Lieber Stefan,
so viel möchte ich Dir sagen zum Abschied, aber mir fehlen einfach die Worte. Jedenfalls möchte ich Dir danken, dass Du so ein guter und lieber Sohn für mich warst. Das hat mir sehr viel in meinen schweren Zeiten und auch danach geholfen. Ich danke Dir auch für die schönen Reisen, die Du mir ermöglicht hast. Eigentlich möchte ich Dir nur wünschen, dass Du weiterhin ein so lieber »Bub« bleibst, wie Du bisher warst.
   Für Dein Leben wünsche ich Dir das Beste, was eine Mutter Ihrem Sohn wünschen kann. Das bisschen Ersparte findest Du auf den Sparbüchern in der untersten Lade in meinem Schlafzimmer. Es gehört Dir. Das Losungswort kennst Du ja. Beim Ausräumen soll Dir Mira helfen, schenke ihr alles, was sie haben will. Sie hat es auch nie leicht gehabt. Bitte, Stefan, lasse mein Grab für mich pflegen, und vergiss nicht, hin und wieder ein Kerzerl für mich anzuzünden.
   Ich wäre gerne noch ein wenig länger auf dieser Welt geblieben, aber leider ist nun alles vorbei. Sollte ich aber am Leben bleiben, doch behindert sein, bitte sorge gut für mich. Und lasse mich nicht ewig leiden, wenn ich nur mehr an Maschinen angeschlossen sein sollte. Danke.
   Nun will ich Abschied nehmen von Dir, ich umarme und küsse Dich ganz fest. Ich denke immer an Dich als meinen ganz besonders lieben und guten Sohn, der mir wirklich nur Freude bereitet hat.
   Auf ein Wiedersehen irgendwo und irgendwann,
   Deine Mama

Er kommt unweigerlich. Der Tag, an dem die eigene Mutter stirbt. Es ist der Tag, an dem die Kindheit endgültig vorbei ist. Für Menschen, die sehr jung die Mutter verlieren, endet ihre Kindheit daher schon als Kind. Wenn der Vater oder die Mutter lebensgefährlich erkrankt, herrscht das schreckliche Gefühl, dass »es« nun unvermeidlich geschehen wird. Demgegenüber steht die Hoffnung, dass es nicht sein kann, weil es nicht sein darf. Unser ganzes Leben lang haben wir gefürchtet, unsere Eltern zu verlieren. Als kleine Kinder ahnten wir unsere katastrophale Reaktion auf dieses Ereignis voraus und hatten oft Albträume, in denen wir diesen Verlust schon erlebten. Wir dachten: »Ich will meinen Vater für immer behalten, weil ich ihn so liebe. Das Schlimmste, was mir passieren könnte, wäre, dass meine Mutter oder mein Vater stirbt. Dann, fürchte ich, würde sich mein Leben um 180 Grad wenden. Ich würde auf alles verzichten, selbst wenn ich auf der Straße sitzen müsste, solange ich mit ihnen zusammen bin, könnte mich nichts erschüttern.«

Wenn die Mutter stürzte und sich das Hüftgelenk brach, war das früher oft ein Todesurteil. Heute ist es ein Alarmzeichen. Genauso wie die Diagnose einer Krankheit, die zwar nicht unmittelbar den Tod von Vater oder Mutter bedeutet, diesen aber vorankündigt und als konkret zu erwartendes Ereignis in unser Bewusstsein pflanzt. Tritt der Tod eines Elternteils dann tatsächlich ein, sind wir fast immer überrascht, dass es jetzt tatsächlich endgültig aus ist. Diese Tatsache zu akzeptieren und nicht zu verleugnen ist die große Herausforderung für die Trauerzeit. Erinnerungen tauchen auf, kleine, unbedeutende Ereignisse treiben uns spontan die Tränen in die Augen. Wir denken daran, dass es das alles nicht mehr geben wird: die Stimme, die wir nie mehr hören, gemeinsam erlebte Augenblicke, die Haut, die wir nie mehr berühren werden, den Blick, die Geste, die wir nie mehr sehen werden. Die Mutter ist uns oft auf die Nerven gegangen mit ihrem Drang, sich in unser Leben einzumischen oder im falschen Augenblick anzurufen und uns endlos von ihren Alltagsproblemen zu erzählen. Jede geliebte und ungeliebte Erinnerung hämmert uns die schmerzliche Botschaft der Endgültigkeit ein. Und sie muss uns immer wieder eingehämmert werden, damit wir sie glauben. Das Begräbnis ist schließlich der offizielle Akt der Bestätigung, dass wir die Mutter, den Vater für immer auf dieser Welt verloren haben.

Wenn der Batteriestand 33 Prozent anzeigt

Solange ein Elternteil noch lebt, können wir an der Illusion festhalten, dass der Tod ein planmäßiges Ereignis ist, vor dem wir durch einen anderen geschützt werden. Noch können wir mit dem noch lebenden Elternteil gemeinsam das Grab des verstorbenen besuchen. Der Name des lebenden Elternteils steht noch nicht auf dem Grabstein, daher sind wir noch nicht gezwungen, uns unseren eigenen Namen dort vorzustellen. Dies ist ein unsichtbarer Schutzmechanismus der Kindheit, den wir bis weit ins Erwachsenenalter hinein beibehalten, um uns die Illusion der Sicherheit bewahren zu können. Mit dem Tod unserer Eltern überfällt uns dagegen selbst Todesfurcht, zum Beispiel, wenn wir vor dem offenen Grab stehen. Manchmal löst diese Todesangst eine zwanghafte Besorgnis um unsere Gesundheit aus. Wir fühlen uns verwundbarer, so als wären unsere Eltern ein Schild gewesen, der zwischen uns und dem Tod stand. Nun, da sie dahingegangen sind, sind wir die nächsten – und es kann jederzeit geschehen.

Wenn wir auf unser Mobiltelefon schauen und sehen, dass wir nur mehr 33 Prozent Batteriestand haben, werden wir vorsichtiger und gehen sorgfältiger mit der Restlaufzeit um, versuchen, die Batterie zu schonen, indem wir keine unnötigen Telefonate mehr führen. Stellen wir uns einmal vor, wie im Science-Fiction-Film *In Time – Deine Zeit läuft ab* mit Justin Timberlake würden wir auf unserem Arm die Restlaufzeit unseres Lebens ständig angezeigt bekommen. In der vierzehnten

Stunde mit 54 Jahren angekommen, wäre unser Batteriestand auf 33 Prozent abgesunken. Wissend, dass wir diesen im Gegensatz zum Smartphone nicht wieder aufladen können, wären wir wohl gezwungen, achtsam mit unserer verbleibenden Lebenszeit umzugehen. 33 Prozent sind noch immer eine ganze Menge, aber die Dreißig bewegt sich unwiderruflich in Richtung der Zwanzig.

Männer scheint die Tatsache der Sterblichkeit mehr zu überraschen als Frauen. Sie reagieren auf eine Todesnachricht oft so, als hätte ihnen jemand einen bösen Streich gespielt. In den mittleren Lebensjahren müssen sie sich mit dem Thema des Sterbens über lange Zeiträume hinweg befassen, weil ihnen der Tod gleichaltrige Freunde und Verwandte entreißt. Die Hochzeiten und Geburtsanzeigen werden weniger, die Todesanzeigen nehmen zu. Es finden sich mehr Briefe mit schwarzem Trauerrand als edel bedruckte Kuverts im Postkasten, die Parten verstorbener Volksschulkollegen häufen sich, die Einschläge kommen näher. Viele Männer sehen den beruflichen Erfolg als taugliches Mittel zur Immunisierung gegen den Tod. Unbewusst sind sie davon überzeugt, einen Pakt mit dem Tod schließen zu können. Wenn sie hart arbeiten und Erfolg haben, dann wird die Angst, die sie schon als Kinder überfiel, keine Macht über sie gewinnen. Sterben jedoch geliebte Menschen in ihrem Umfeld, zerplatzt diese Illusion, und Männer können ihre Tränen nicht halten, selbst wenn ihre Persönlichkeit nicht nah am Wasser gebaut wurde.

Am Jahrestag des Todes des Vaters oder der Mutter erleben wir gewöhnlich ein kurzes Wiedererwachen des Kummers, wenn wir eine Kerze anzünden, alte Fotos betrachten oder das Grab besuchen. Grab und Gedanke sind kein Widerspruch. Gedenken ist ein Wort, das wir langsam aussprechen oder denken sollten. Wir denken an jemanden. Wenn es vorher viele tiefe Gespräche gegeben hat, echte Berührungen, fällt es uns umso leichter, an jemanden zu denken.

    Je weiter der Tod zurückliegt, desto eher verliert dieses Datum seine bedrängende Macht über uns. Schließlich, wenn wir die Schuldgefühle verarbeitet haben, scheint der Einfluss des Sterbedatums nicht mehr zu sein als eine traurig-melancholische Stimmung. Doch nicht nur der Todes- oder Geburtstag des Verstorbenen ergreift uns. Wenn wir nach einem Flug sicher gelandet sind, dann verspüren wir den Wunsch, unsere Mutter anzurufen und ihr zu sagen, dass wir wieder heil zurück sind. Im selben Augenblick wird uns bewusst, dass das natürlich nicht mehr geht. Diese großen Gefühle, die immer wieder hochkommen, zeigen, wie sehr wir einander geliebt haben. Das gibt uns die Möglichkeit, die schmerzliche Erfahrung in ein Gefühl der Verbundenheit umzuwandeln. Ja, wir können durch starke Gefühle mit unseren geliebten Menschen verbunden bleiben.

Wenn der Opa und die Oma für immer gehen

Meist sind es nicht unsere Eltern, die uns zuerst genommen werden, sondern die Großmutter oder der Großvater. Sie sind jene Menschen in unserem Leben gewesen, die oft viel Zeit in unserer Kindheit mit uns verbracht haben, ohne den Stress der Eltern. Buben wurden von ihren Großvätern in die Welt der Indianer und Cowboys eingeführt. Die Großväter weckten in ihnen die Sehnsucht, einmal selbst ein Held zu werden, mit Mut und Charakter durchs Leben zu gehen. Lange Zeit waren die Großväter die wichtigste männliche Bezugsperson für die Heranwachsenden. Sie bastelten in ihren Schuppen und gingen stolz mit ihren Enkelkindern stundenlang spazieren. Und wenn heute irgendwo der Evergreen der Musik-

51. bis 55. Lebensjahr

gruppe STS erklingt, dann singen sie, wenn sie sich unbeobachtet fühlen, den Refrain mit:[1]
»Großvater, kannst du ned abakumman auf an schnellen Kaffee? Großvater, i möcht' dir so viel sagn, was i erst jetzt versteh! Großvater, du warst mei erster Freind, und des vergiss i nie!«

Und irgendwann geht dann auch die Großmutter. Wie wäre unsere Kindheit ohne unsere Großmutter verlaufen? Wer hätte immer Zeit für uns gehabt, als wir uns mit unseren Sorgen nicht zu unseren Eltern getraut haben? Es waren die Großmütter, die uns vom Weltkrieg erzählt haben und welche Freude sie überwältigt hat, wenn der verschollene Mann oder Bruder dann plötzlich vor der Türe stand. Oder wie sie jahrelang gegen jede Vernunft darauf gehofft haben, dass er vielleicht doch noch wiederkehrt. Die Großmütter haben uns die sich endlos dahinziehende Zeit zwischen dem Mittagessen und der Bescherung am Heiligen Abend mit ihren Geschichten darüber, wie sie selbst früher Weihnachten erlebten, verkürzt.

Unsere Großeltern waren die Professoren und wir die Studierenden in der ältesten Universität der Welt: der Universität des Lebens. Sie existiert, seit das Wissen und die Weisheit der Menschen von Generation zu Generation in Form von Geschichten weitergegeben werden. Was die Universität des Lebens seit Jahrtausenden so einzigartig macht, ist das herrschende Prinzip des Lernens. Denn Großväter und Großmütter sind nicht nur die Vortragenden, sondern gleichzeitig die Lernenden, weil sie von den Jungen mit ihren Fragen immer wieder gefordert sind, ihr Wissen infrage zu stellen, und die Jungen sind immer auch die Forscher, denn sie wollen Neues entdecken. Die Hörsäle der Universität des Lebens sind die Wohnungen, Häuser, Bauernhöfe, genauso wie die Parks, Dorfplätze, Wiesen und Wälder, überall dort, wo Junge und Alte sich treffen können. Wenn wir heranwachsen, dann zieht es uns immer seltener in diese älteste Universität, weil wir unser Wissen woanders suchen oder wir keine Zeit mehr für die Großeltern haben, die immer Zeit hatten. Ob sie leiden, weil all ihr Wissen und ihre Erfahrung brachliegen? Wir wissen es nicht und können sie auch nicht mehr fragen, wenn sie gestorben sind. Ein afrikanisches Sprichwort sagt: »Wenn ein alter Mensch stirbt, ist das, als ob eine Bibliothek abbrennt.«

Schwierige Beziehungen – Trauer und Vergebung

Nicht immer ist das Verhältnis zwischen Eltern und ihren Kindern liebevoll und frei von Spannungen. Die Gefahrenzonen zwischen Eltern und ihren Kindern sind unübersehbar, das Ausmaß möglicher wechselseitiger Verletzungen unvorstellbar. Kinderseelen zerbrechen leicht und sind oft nur schwer heilbar. Töchter, deren Familie vom Vater früh verlassen wurde, reden oft lange kein Wort mit diesem, um sich dann später bestenfalls zu einem von eisiger Kälte geprägten Verhältnis durchzuringen. Es etabliert sich ein Ritual des wechselseitigen Leidens. Die Tochter will den Vater lieben, glaubt aber, es nicht zu schaffen, der Vater will seine Versäumnisse gutmachen, kann aber die Schatten der Vergangenheit nicht vertreiben. Das Verhältnis von Müttern und Töchtern entwickelt sich ebenso nicht naturgegeben liebevoll, sondern kann zwanghaften Charakter annehmen. Töchter kämpfen dann jahrzehntelang mit ihren Hassgefühlen gegenüber ihren Müttern. Die Zeit heilt eben nicht alle Wunden. Vergebung passiert nicht durch Zufall. Vergebung ist die Erkenntnis, dass wir nicht das Verhältnis zu unseren Eltern in der Vergangenheit ändern können, sehr wohl aber in der Gegenwart. Spätestens am Ende des Tages bietet sich die letzte Chance auf Versöhnung. Dabei geht es nicht um die große Geste, sondern um einfache Sätze oder eine Berührung. »Und sprich nur ein Wort, so wird meine Seele gesund.« Man muss kein gläubiger Christ sein, um die Kraft zu verstehen, die in dem einen Satz liegt, den wir gerade jenem Elternteil sagen könnten, der sich ein Leben lang danach gesehnt hat. Diesen einen Satz irgendwann über seine Lippen zu bringen oder nicht kann zwei Leben ändern: das des anderen und das eigene. Irgendwann müssen Kinder sich entscheiden, ob sie ihrem Vater, ihrer Mutter, die ihnen etwas angetan haben, vergeben – oder nicht. Die Reihenfolge ist klar vorgegeben. Erst die Versöhnung mit dem Lebenden, dann folgt irgendwann die Trauer um den Verstorbenen. Die Umkehrung – erst die Trauer, dann die Vergebung – funktioniert nicht.

Manchmal entreißt uns der Tod einen geliebten Menschen ganz plötzlich, und wir sehen ihn das letzte Mal liegend auf einem weißen Laken. Oder es sind uns Monate des Abschiednehmens gegönnt, und wir können die Hand des anderen bis zum Schluss spüren. Ein Moment, der immer einzigartig ist, und den John Williams in seinem Roman *Stoner* trotzdem so mitfühlend beschreibt.

»Und schließlich, mitleidlos, setzte er hinzu: Hätte ich sie nur mehr geliebt. Als müsste sie eine weite Entfernung zurücklegen, schob sich seine Hand über das Laken, das ihn bedeckte, und griff nach ihren Fingern. Sie rührte sich nicht, und nach einer Weile fiel er in eine Art Schlaf.«

Reflexionen über die vierzehnte Stunde

Ob Vater oder Mutter, Opa oder Oma, Geliebter oder Geliebte, Bruder oder Schwester, Freund oder Freundin, das Abschiednehmen ist immer einer der schmerzhaftesten Augenblicke im

Leben eines Menschen. Und das Aushalten dieser Schmerzen kann man nicht üben, es wird nicht leichter, nur weil man den Verlust schon öfter erlebt hat. Was wir lernen können, ist das Verständnis, dass Abschiednehmen Geben und Nehmen von uns verlangt. Zuerst müssen wir die Stufe des Aufgebens schaffen. Wir müssen den Verstorbenen aufgeben, die Hoffnung aufgeben, dass wir alles Versäumte noch nachholen könnten. Aufgeben ist eine positive, nach oben gerichtete Handlung. Dann folgt die noch schwierigere Stufe des Annehmens. Wir müssen den Tod annehmen und können uns den geliebten Verstorbenen zu Herzen nehmen. Nur wenn wir nach der Trauerzeit, die wir brauchen, den Verstorbenen aufgeben und seinen Tod annehmen, befreien wir uns, um unser eigenes Leben weiterleben zu können.

Mit dem Tod unserer Eltern sind wir unweigerlich erwachsen. Die Illusion, dass da noch wer ist, der uns beschützt und heißen Tee ans Bett bringt, wenn wir krank sind, löst sich auf. Fällt der Tod eines Elternteils zeitnah mit der Geburt eines Kindes zusammen, wird das »Stirb und werde« besonders augenscheinlich. Der Tod der Eltern konfrontiert uns mit der Endlichkeit, bis dahin konnten wir den Gedanken daran verdrängen, denn dieser ist schwer zu ertragen.

Gedanken und Bücher zum Thema Verlust

Redet man mit guten Freunden, die gerade die Mutter oder den Vater verloren haben, geben sie uns häufig den Rat: »Verbringe so viel Zeit wie möglich mit deinen Eltern, solange sie leben, auch wenn das manchmal aufwendig und anstrengend ist.«

Bei den Katholiken ist es der 1. November, aber in fast allen Religionen gibt es einen Tag, an dem die Menschen der Toten gedenken. An diesem Tag sollten wir uns erinnern, wie

51. bis 55. Lebensjahr

viele Möglichkeiten es gibt, den uns wichtigen lebenden Menschen etwas zu sagen, das tief aus unserem Herzen kommt. Drei Bücher, die berühren, trösten und helfen, das Leben als Zyklus besser zu verstehen:

John Williams: *Stoner*
»Es ist ein zutiefst menschliches Buch über einen zutiefst menschlichen Mann.«
(Elke Heidenreich in *FOCUS Special*)

Rachel Joyce: *Die unwahrscheinliche Pilgerreise des Harold Fry*
»Große Themen verpackt in eine einfühlsam erzählte Geschichte. Es gibt nicht viele Bücher, die einen solchen Sog entfalten.«
(*Financial Times Deutschland*)

Benedict Wells: *Vom Ende der Einsamkeit*
»Ein berührender Roman über das Überwinden von Verlust und Einsamkeit und über die Frage, was in einem Menschen unveränderlich ist. Und vor allem: eine große Liebesgeschichte.«
(Diogenes Verlag)

---

1 Gert Steinbäcker: »Großvater«, STS, 1985.

DIE FÜNFZEHNTE STUNDE
bestätigt das Gerücht, dass das Leben mit seiner Fortdauer immer schneller verrinnt, und zwingt uns, die »Was bleibt?«-Frage zu stellen.

56. bis 59. Lebensjahr

»... große Zeiträume schrumpfen bei ununterbrochener Gleichförmigkeit auf eine das Herz zu Tode erschreckende Weise zusammen; wenn ein Tag wie alle ist, so sind sie alle wie einer; und bei vollkommener Einförmigkeit würde das längste Leben als ganz kurz erlebt werden und unversehens verflogen sein.«

Dieses Phänomen, das Thomas Mann in seinem Roman *Der Zauberberg* beschreibt, erfahren wir alle ab einem bestimmten Alter selbst. Obwohl die letzten Weihnachten schon viele Monate zurückliegen, kommt es uns vor, als sei es gestern gewesen. Oder uns quält plötzlich der Gedanke, ob und wie wir unseren nächsten Geburtstag feiern sollen, obwohl dieser viele Monate in der Zukunft liegt. Uns zerrinnt die Zeit, je älter wir werden. In der Kindheit fehlte uns noch jedes Gefühl für die Zeit, die Sommerferien dauerten endlos lange, ein Jahr in der Zukunft erschien uns in weiter Ferne. Erst in der Pubertät konnten wir ahnen, dass jedes Leben endlich ist, wir fühlten uns davon aber nicht wirklich betroffen. Der Tod eines Verwandten oder eines Haustieres irritierte uns zwar kurzfristig, den Bezug zur Endlichkeit des eigenen Lebens erfassten wir freilich nicht. Mit 30 Jahren waren wir vielleicht noch angenehm überrascht, wie wenig uns dieser runde Geburtstag ausmachte. Mit 40 kam dann allerdings die Bestätigung, dass alle recht hatten, die meinten, dass das Leben umso schneller verfliegt, je älter wir werden. Jetzt, in der Lebensphase zwischen 56 und 59, schlägt uns die fünfzehnte Stunde. Statistisch haben wir noch mindestens 30 Jahre vor uns, also so lange wie von unserem 20. bis zu unserem 50. Geburtstag, das erscheint durchaus lange. Nur wenn diese Zeit doppelt so schnell vergeht wie bisher, sind es nur mehr 15 Jahre, und das ist ziemlich kurz. Warum vergeht eigentlich die Zeit umso schneller, je älter wir werden?

Diese Frage ist eines der Hauptthemen des *Zauberberg*-Romans. Thomas Mann lässt den Leser das Zusammenschrumpfen der Zeit aus der Perspektive des jungen Hamburgers Hans Castorp, der seinen Vetter im Lungensanatorium von Davos besucht, miterleben.[1] Nach seiner Ankunft taucht Castrop in diese ihm fremde Welt ein, entdeckt jeden Tag etwas Neues, ist fasziniert von den Geschichten der Kranken, die sich aus ganz Europa versammelt haben. Bereitwillig lässt er sich von einem Arzt wegen einer Erkältung überreden, länger als die ursprünglich geplanten drei Wochen zu bleiben. Daraus werden am Ende sieben Jahre. Mit scheinbar unendlicher Langsamkeit zieht sich die Beschreibung der ersten beiden Tage im Sanatorium über drei Kapitel. Die nächsten sieben Monate füllen nur mehr zwei Kapitel. Mit zunehmender Fortdauer beschleunigt sich die Zeit im subjektiven Empfinden von Castrop, sodass sich die gesamten letzten sechs Jahre in zwei Kapitel zusammendrängen. Drei Faktoren beeinflussen das Lebensgefühl am Zauberberg: erstens die ständige Bewusstheit der Vergänglichkeit, zweitens macht der Abstand vom Alltagsgetriebe draußen in der Welt den Blick für Wesentliches frei und drittens die Verbundenheit in einer Art Schicksalsgemeinschaft.

Um die verzerrte Zeitwahrnehmung des Hans Castrop nachvollziehen zu können, reicht uns schon die Erinnerung an einen dreiwöchigen Urlaub am selben Ort. In der ersten Woche entdecken wir eine Menge neuer Dinge, erkunden die Umgebung, probieren unterschiedliche Restaurants aus, ab der zweiten Woche stellt sich Routine ein, und die dritte Woche vergeht wie im Flug. In dieser Erfahrung liegt einer der beiden Gründe, warum die Zeit scheinbar immer schneller vergeht, je älter wir werden. Für den Säugling ist alles neu – eine Premiere. Dann tauchen einige dauerhafte Strukturen auf: Hunger, satt, schlafen und wachen, Vater, Mutter, erste Schritte. Der Lebensabschnitt ab der Pubertät

56. bis 59. Lebensjahr

lässt uns dann bedeutsame Premieren wie die erste Liebe, den ersten Sex, den ersten Urlaub ohne Eltern, den ersten Job oder die Matura erleben, an die wir uns unser ganzes Leben lang erinnern können. Je älter wir werden, desto herausfordernder wird es, neue Premieren zu schaffen. Den ersten Kuss erlebt man eben nur einmal. Für einen 72-Jährigen könnte der Reiz darin liegen, bestimmte, scheinbar bekannte Dinge immer wieder durch bewusste Achtsamkeit wiederzuentdecken, wie einen Sonnenaufgang am Meer, das Lachen seiner Enkelkinder oder die verborgene Schönheit der Seele seiner Partnerin. Je weniger Premieren uns gelingen, weil wir glauben, schon alles entdeckt zu haben, desto eintöniger verläuft unser Leben. Wie im *Zauberberg* beginnen die Jahre dahinzuschmelzen.

Der zweite Grund für das Verrinnen der Zeit liegt im Verhältnis zwischen unserem aktuellen Alter und der bereits abgelaufenen Lebenszeit. Für einen 60-Jährigen erscheint daher ein neues Lebensjahr zwangsläufig kürzer als für einen Zehnjährigen, weil er es in Relation zu den 59 verstrichenen Jahren erlebt. Der Zehnjährige empfindet ein Lebensjahr dagegen deutlich länger, weil er es an den erst neun vergangenen misst.

Diese beiden Ursachen für das immer schnellere Vergehen der Zeit sind miteinander verknüpft, und sie wirken unbewusst. Haben wir sie aber verstanden, können wir diesem Phänomen durchaus effektiv entgegenwirken. Eine Anregung bietet uns Viktor E. Frankls Kernthese, dass wir auf die äußeren Umstände, die uns widerfahren, keinen Einfluss haben, sehr wohl aber darauf, wie wir damit umgehen.

Wie man auf den Abreißkalender seines Lebens schauen sollte

Wenn wir uns das Leben als großen Abreißkalender für jeden Tag vorstellen, dann sieht der Pessimist mit Furcht und Trauer,

56. bis 59. Lebensjahr

wie die verbleibenden Tage immer weniger werden. Die Schicht der verbleibenden Tage am Kalender wird immer dünner. Im Gegensatz zu einem Kalender kann er sich nie sicher sein, dass das Blatt, welches er abgerissen hat, nicht das letzte gewesen sein könnte. Der Optimist hat den gleichen Kalender vor sich, er blickt nur mit einer anderen Perspektive darauf. Jedes abgerissene Blatt legt er mit Freude auf den Stoß, der sein bisheriges Leben dokumentiert. Dankbar notiert er auf der Rückseite jeder Seite tagebuchartig, was er an diesem Tag erlebt, gelernt, geschafft hat. Immer wieder nimmt er sich Zeit, durch das Bilderbuch seines Lebens zu blättern und gespannt zu verfolgen, wie er sich trotz mancher Misserfolge und Umwege langsam zu dem Menschen weiterentwickelt hat, der er heute ist. Dann wird er in der fünfzehnten Stunde mit gespannter Neugierde darüber nachdenken, wie er die vielen vor ihm liegenden Stunden füllen will, anstatt sich selbst das Herz mit der Tatsache zu beschweren, dass diese weniger werden. Umso kostbarer werden diese ihm erscheinen und ihn anspornen, sie mit Sinn zu leben.[2]

Die fünfzehnte Stunde fordert von uns, sich einem der letzten großen Tabus unserer Leistungsgesellschaft zu stellen: der Frage nach dem Sinn. Natürlich ist die Frage nach dem Sinn des Lebens nur von jedem Menschen für sich selbst zu beantworten. Umso faszinierender ist eine Erkenntnis, die im Einklang sowohl mit der klassischen Philosophie als auch der modernen Forschung steht:

So stimmt Aristoteles' Befund »Die wirkliche Quelle unseres Glücks liegt darin, mit Freude das zu tun, was langfristig gut für uns und die Gesellschaft ist« überein mit der Feststellung des führenden Glücksforschers Mihály Csíkszentmihályi »Die beste Methode, seinem eigenen Leben Sinn zu geben und jeden Augenblick entlang dieser Wegstrecke freudig zu genießen, ist die aktive, bewusste Teilnahme am Evolutionsprozess«.

56. bis 59. Lebensjahr

Wir leben heute viel länger und haben daher mehr Zeit, über Probleme nachzudenken, die nicht unmittelbar mit unserem täglichen Überleben zu tun haben. Die Bereitschaft vieler Menschen, sich für eine bessere Welt zu engagieren, nimmt stark zu. Besonders bei der nächsten Generation, die ihr Vertrauen in die Lösungskompetenz staatlicher Institutionen verloren hat. Die Frage, ob das, was wir tun, Sinn für unser eigenes Leben, für das unserer Organisation und für die Welt hat, führt irgendwann zu der Frage: »Was bleibt?«

Warum wir bei Alfred Nobel meist an den Nobelpreis und nicht an Dynamit denken

Alfred Nobel warf die Zeitung weg und vergrub entsetzt seinen Kopf in den Händen. Man schrieb das Jahr 1888. »Der Kaufmann des Todes ist tot«, lautete die Schlagzeile der französischen Zeitung, die jetzt auf dem Boden vor ihm lag.

Er hatte soeben seinen eigenen Nachruf gelesen. Dabei war gar nicht er verstorben, sondern sein Bruder Ludwig. Der Herausgeber der französischen Zeitung hatte die beiden Brüder miteinander verwechselt und einen langen Nachruf auf ihn, Alfred Nobel, verfasst. Darin wurde er als Erfinder des Dynamits dargestellt, der dadurch reich geworden war, dass er den Menschen dabei geholfen hatte, sich noch effizienter gegenseitig umzubringen.

Alfred Nobel war so schockiert über diesen irrtümlichen Nachruf, dass er beschloss, sein Vermögen zu nutzen, um ein positiveres Vermächtnis zu hinterlassen, wenn ihm einmal tatsächlich die letzte Stunde schlagen würde. Als er dann acht Jahre später starb, stiftete er 95 Prozent seines Vermögens einem Fonds, der Preise zum Wohle der Menschheit vergibt. Diese Preise wurden als Nobelpreise bekannt und

56. bis 59. Lebensjahr

gelten bis heute als höchste Auszeichnungen für Wissenschaftler und Künstler.

Reflexionen über die fünfzehnte Stunde

Sie haben recht, dieses Kapitel ist ziemlich kurz. Um die immer schneller verrinnende Zeit in diesem Buch zu verdeutlichen, müsste das Kapitel über die erste Stunde die meisten Seiten haben und die Seitenanzahl von Kapitel zu Kapitel immer mehr abnehmen, bis Sie in der vierundzwanzigsten Stunde ankommen, die nur mehr einige wenige Sätze umfassen würde. Die Kürze dieses Kapitels soll Sie daran erinnern, dass die Uhr des Lebens läuft ...

Haben Sie einmal überlegt, wann es so weit sein könnte, dass über Sie ein Nachruf geschrieben wird? Denken Sie jetzt bitte an ein Jahr in der Zukunft, in dem Ihr Nachruf tatsächlich erscheinen könnte. Was glauben Sie, würden andere Menschen über Sie schreiben oder sagen? Was wäre Ihnen selbst wichtig, dass man über Sie schreibt?

Schreiben Sie einige Sätze Ihres Nachrufes, wie dieser Ihrer Meinung nach aussehen könnte.

1 Stefan Klein: Die Zeit. Der Stoff aus dem das Leben ist. Frankfurt am Main 2006, S. 140 ff.
2 Viktor E. Frankl: Der Mensch vor der Frage nach dem Sinn. München 1979, S. 243.

DIE SECHZEHNTE STUNDE
fordert von den einen, ihren Lebenssinn in der Pension neu zu bestimmen, und von den anderen, den Gedanken daran nicht zu verdrängen.

60. bis 63. Lebensjahr

»*Völlig unvorbereitet brechen wir in die zweite Lebenshälfte auf, schlimmer noch, wir tun diesen Schritt in der irrigen Annahme, dass unsere Wahrheiten und Ideale uns wie bisher dienlich sein werden. Aber wir können den Lebensnachmittag nicht nach dem Programm des Lebensmorgens leben – denn was am Morgen großartig war, wird am Abend unbedeutend sein, und was am Morgen wahr war, ist bis zum Abend eine Lüge geworden.*«
C. G. Jung

Werner Funk,[1] der ehemalige Chefredakteur von *Spiegel*, *Stern* und *Geo*, beschreibt die Gefühle, als er mit 54 Jahren beim *Spiegel* gefeuert wurde: »Dort loslassen zu müssen bedeutete die größte Krise meines Lebens. Ich war schwer verletzt.« Funk hat die Geschichte noch gut in Erinnerung. Ausgangspunkt seines dramatischen Sturzes war aus seiner Sicht die problematische Persönlichkeit des damaligen *Spiegel*-Eigentümers Rudolf Augstein gewesen. Dieser habe ihn beauftragt, ein Stiftungsmodell zu konzipieren, um den Einfluss der Mitarbeiter zu reduzieren. Als es zu starken Widerstand gab, wollte Augstein nichts mehr davon wissen und ließ Funk wie eine heiße Kartoffel fallen: »Was ich spürte, war eine Leere, die auf angenehme Weise mit Hass unterfüttert war ... Hass hat ja auch eine reinigende Wirkung. Man merkt in einer solchen Situation plötzlich, wie wenig wirkliche Freunde man hat.« Fragt man den inzwischen 80-Jährigen, der noch immer das Kundenmagazin einer Bank betreut, wie er mit dem Verlust von Macht und Status heute umgehe, antwortet er: »Ich habe immer noch Macht. Über mich selbst. Das muss heute reichen.«

Chip Conley[2] begann mit 26 Jahren, eine private Hotelkette in Kalifornien aufzubauen. Am Höhepunkt seines Erfolges verkaufte er seine 50 Boutique-Hotels im Jahr 2010 und suchte eine neue Aufgabe für sich. 2013 stieg er als persönlicher Mentor von Airbnb-CEO Brian Chesky ein. Dieser wollte vor allem, dass er das stark wachsende Unternehmen beim Thema Gastfreundlichkeit beriet. Conley, der es als langjähriger CEO und Eigentümer gewohnt war, Entscheidungen zu treffen fand sich auf einmal in einem Umfeld von 25- bis 28-jährigen, technologieaffinen Managern wieder, die ihn im besten Fall als netten »Old-Business-Opa« sahen, der von ihrem Geschäft keine Ahnung hatte. Conley fühlte sich mehr als Praktikant denn als Mentor, daher hörte er einmal zu, versuchte, zu lernen und eine für ihn fremde Welt zu verstehen. Irgendwann begann sich herumzusprechen, dass es doch hilfreich sein konnte, sich mit ihm auszutauschen, weil er Lebenserfahrungen einbrachte, die sonst schon aufgrund des Alters niemand hatte. In Meetings begann man ihm nicht mehr nur aus Höflichkeit zuzuhören, sondern weil er als Einziger Fragen stellte, über die sonst noch niemand nachgedacht hatte. Ohne es so zu nennen, machte er einen für alle Beteiligten guten Deal: Ihr Jungen helft mir dabei, mich in der digitalen Welt besser zurechtzufinden, und ich zeige euch, wie ihr mit Menschen in der realen Welt besser umgehen könnt, indem ihr eure sozialen Kompetenzen weiterentwickelt. Aus Conleys Sicht ist es schon aufgrund der längeren Lebenserwartung eine zentrale Aufgabe unserer Gesellschaft, die Generationen besser miteinander zu verbinden, weil die traditionelle Weitergabe von Weisheit von den Alten an die Jungen sowohl in Unternehmen als auch in der Familie immer schlechter funktioniert. Chip Conley ist ein gutes Beispiel dafür, wie man eine neue, erfüllende berufliche Aufgabe findet, ohne den Jungen mit Besserwisserei auf die Nerven zu gehen.

Werner Funk und Chip Conley sind unterschiedliche Persönlichkeitstypen und gehören verschiedenen Generationen an. Ihre Geschichten zeigen jedoch, dass es sinnvoll ist, sich schon lange vor dem tatsächlichen Pensionsantritt oder dem Wechsel von einer operativen in eine beratende Funktion mit dem Lebenssinn in der zweiten Lebenshälfte auseinanderzusetzen.

Es ist eine angenehmere Vorstellung, wenn wir von der Zeit ab unserem 60. Lebensjahr als »der zweiten Hälfte des Lebens« reden statt von der letzten Lebensphase, auch wenn das statistisch (noch) nicht ganz korrekt ist. Vor hundert Jahren war man mit 60 seit 13 Jahren tot, im Jahr 2000 hatte man noch 17 Jahre vor sich. Und wer im Jahr 2018 seinen Sechzigsten feiert, der hat mit etwas Glück und gesunder Lebensweise vielleicht sogar noch 30 Jahre vor sich. Spätestens bei diesem Gedanken werden viele Menschen zu rechnen beginnen und sich fragen: Wie lange werde ich mir meinen Lebensstandard mit meiner staatlichen Pension leisten können? Worauf muss ich vielleicht verzichten?

Blicken wir aus einer optimistischen Perspektive auf unsere »zweite Lebenshälfte«, so bietet diese die einmalige Chance, nicht einfach nur älter zu werden, sondern uns zu vervollkommnen. Untersuchungen zeigen, dass viele Menschen gerade mit 60 so zufrieden mit ihrem Leben sind wie in keiner Phase davor. Sie machen sich weniger Druck, zwanghaft Ziele in der Zukunft zu erreichen, statt Möglichkeiten in der Gegenwart dankbar zu nutzen. Idealerweise haben wir nach einem fordernden, manchmal mühsamen Aufstieg ein Hochplateau erreicht, und unsere weitere Reise erhält den Charakter einer Ausdehnung, Öffnung und Weitung.

Vier alte Fragen, auf die wir neue Antworten finden sollten

Wer seine Wertschätzung primär über seine Leistung in einer bestimmten Rolle mit 50 bis 60 Wochenstunden bezogen hat, der sieht sich vor die Aufgabe gestellt, eine neue Identität für sich zu finden. Viele müssen sich erst neue Quellen schaffen, um ihr Selbstwertgefühl zu speisen, andere können bereits vorhandene Quellen, die bisher aber vernachlässigt wurden, besser nutzen. Die sechzehnte Stunde bietet die Chance, die erste Hälfte unseres Lebens nicht einfach zu wiederholen, sondern unsere Geschichte in der zweiten Hälfte neu zu schreiben. Richard J. Leider ist seit 30 Jahren erfolgreicher Lebensberater für ältere Menschen. In seinem Bestseller *In der Mitte des Lebens* empfiehlt er ein hilfreiches Konzept, um an vier immer wiederkehrenden Fragen zu arbeiten: Wer bin ich? Wo gehöre ich hin? Was ist mir wichtig? Was ist mein Lebensziel?

Die Frage »*Wer bin ich?*« hilft uns, unsere Identität zu finden, indem wir unsere bisherige Geschichte reflektieren, sie auseinandernehmen, um sie anschließend neu zusammenzusetzen. So wird es uns möglich, die Zeit, welche wir für die falschen Dinge verloren haben, für die richtigen zurückzugewinnen. In der archetypischen Heldenreise von Joseph Campbell kehrt der Held nach vielen Abenteuern an den Ausgangspunkt seiner Reise zurück. Die Mitte des Lebens ist ein idealer Zeitpunkt, das zu tun, nicht um sich dort ängstlich einzuschließen, sondern um zu begreifen, wie sehr sich unsere Hoffnungen und Ängste seit dem frühen Erwachsenenalter verändert haben. Wenn wir unsere Identität erneuert haben, dann brechen wir wieder auf zur zweiten Hälfte unserer Geschichte, die genauso lebendig und spannend sein kann wie die erste. Die Dichterin Emily Dickinson hat das poetisch formuliert: »Wir werden nicht älter mit den Jahren, wir werden neuer jeden Tag.«

Die Frage »*Wo gehöre ich hin?*« verlangt von uns, unseren Platz in der Gemeinschaft neu zu finden. Die Beispiele von Werner Funk und Chip Conley haben gezeigt, wie groß diese Herausforderung für Menschen ist, die sich sehr stark über ihren Beruf definiert haben, weil sie von dort Wertschätzung und Anerkennung bezogen haben. Viele klammern sich daher an ihre Position, selbst wenn sie jene nicht mehr erfüllt. Verlieren sie diese dann trotzdem, fühlen sie sich nicht mehr gebraucht und kämpfen mit Verbitterung. Alle ihre in sechs Jahrzehnten erworbenen Fähigkeiten und Erfahrungen interessieren niemanden mehr. Nach ihnen drängt eine Generation, die oft schon in jungen Jahren Verantwortung übernommen hat, weil sie smart, bestens ausgebildet, risikofreudig und energiegeladen ist. Das Einzige, das diesen jungen »Überfliegern« manchmal fehlt, ist die soziale Kompetenz, um überhaupt zu erkennen, dass ihnen soziale Kompetenz fehlt. In der sechzehnten Stunde nützt es wenig, sich wehmütig an die guten alten Zeiten zu erinnern und den Werteverlust der Gegenwart zu beklagen, sondern es geht darum, seine Weisheit den Jüngeren so nahe zu bringen, dass sie Nutzen daraus ziehen können. Ist man schon bereit zu erkennen, dass wahre Macht aus der Fähigkeit kommt, sie mit anderen zu teilen und jene, die nachkommen, zu unterstützen, statt sie zu verhindern? Wer sich schon lange davor in seiner Rolle als Mentor für Jüngere wohlgefühlt hat, wird sich wesentlich leichter tun. Er konnte bereits erfahren, wie viel man zurückbekommt.

Die Frage »*Was ist mir wichtig?*« fordert von uns, mit unseren Gaben und Fähigkeiten auch in der zweiten Lebenshälfte etwas Sinnvolles anzufangen. Stärke zeigt sich nicht mehr daran, woran man festhält, sondern daran, was man loslassen kann. Das fängt damit an, all den Ballast an Dingen und Verpflichtungen, die man im Laufe seines Lebens angehäuft hat, kritisch zu prüfen und sich vom nicht Notwendigen zu trennen. Mit weniger Gepäck kann man sich schneller weiterbewegen. Ist man bereits in Pension, steht man auf einmal vor der Situation, dass der Tag nicht wie bisher durch Arbeit und eine Vielzahl von Verpflichtungen strukturiert ist, sondern man diesen theoretisch völlig

60. bis 63. Lebensjahr

nach seinen Wünschen gestalten könnte. Am Anfang wird das vielleicht als die Freiheit erlebt, alles nachzuholen, was man versäumt hat, Reisen, Lesen, Sport und andere Hobbys. Doch wir Menschen sind soziale Wesen, wir wollen gebraucht, gesehen und gehört werden. Man benötigt einen guten Grund, jeden Tag mit Freude aufzustehen, und der sollte mehr sein, als fernzusehen oder Zeitung zu lesen. Eine häufige Hürde auf dem Weg, sich in der sechzehnten Stunde neue, ambitionierte Ziele zu setzen und diese mit Leidenschaft zu verfolgen, ist die Vorstellung, es sei »zu spät« dafür. Nun, wo nie das Feuer der Leidenschaft gebrannt hat, wird es nur schwer möglich, dieses neu zu entfachen. Wer dagegen immer eine Berufung gespürt hat, der kann sie erneuern und auf die zweite Hälfte ausrichten. Im Wort Berufung steckt das Wort »Ruf«, deshalb nennt man es im Englischen »Calling«. Sind wir bereit, diesem Ruf zu folgen, kommen wir dem höheren Sinn unseres Lebens näher.

Die Frage »*Was ist mein Lebensziel?*« soll uns ermutigen, darüber nachzudenken, was wir weitergeben und hinterlassen wollen. In der zweiten Lebenshälfte sind wir viel freier, uns neue Ziele zu setzen, die uns wirklich erfüllen und begeistern. Vielleicht hilft es, die Frage konkreter zu stellen: Wofür lebe ich in der zweiten Lebenshälfte?

Ein Mensch sollte einen Lebensmittelpunkt haben, etwas, worin er gut ist und was andere Menschen brauchen, wie die Arbeit eines Lehrers, Schusters, Bäckers genauso wie die Aufgabe als Eltern oder ehrenamtlicher Nachwuchstrainer. Das ist sicherlich etwas Gewöhnliches, aber gleichzeitig etwas Heiliges.[3] Sobald unser Leben nicht mehr primär von diesen Rollen bestimmt wird, müssen wir unseren Lebenszweck neu bestimmen. Je besser wir unser Wesen, unsere Werte, unsere spirituellen Überzeugungen und unsere Gaben kennen, desto leichter werden wir uns damit tun. Versuchen Sie einmal nachzudenken, in

60. bis 63. Lebensjahr

welchen der folgenden Fähigkeiten Sie sich unabhängig von Ihrer beruflichen Funktion am besten wiedererkennen: inspirieren, entdecken, erwecken, entzünden, organisieren, umsetzen, kreieren, unterstützen, planen, beraten, ermächtigen, entwickeln, helfen, zuhören, vernetzen, entwerfen, verstärken, provozieren, lernen, heilen. In all diesen Wörtern steckt das aktive Tun, und in ihm findet sich die Antwort nach dem Lebenssinn.

Zu tun gibt es genug auf dieser Welt. Nach Viktor E. Frankl finden wir den Sinn des Lebens nicht, indem wir diesen in uns selbst suchen, sondern in der Arbeit und Liebe. Das Sich-Einlassen auf die Sinnfrage bedeutet den Beginn eines spannenden Abenteuers, das einen nie wieder ganz loslassen wird, ja das mit zunehmendem Lebensalter sogar noch an Bedeutung gewinnt.

Die sieben Prinzipien von Viktor E. Frankl über den Sinn des Lebens

Eine persönliche Anmerkung: Viktor E. Frankl spielt in meinen Büchern eine wichtige Rolle, weil er mir so wie Millionen anderen Menschen geholfen hat, Antworten auf brennende Fragen des Lebens zu finden. Ich habe verstanden, dass ich meinen Sinn nicht in mir finden kann, weil das nur zu einer Verstrickung mit meinem Innenleben führt. Erfüllung habe ich daher immer dann gefunden, wenn ich etwas riskiert und umgesetzt habe – und vor allem wenn ich geliebt habe. Hier eine kurze Zusammenfassung der wesentlichen Prinzipien von Frankl:[4]

1. Wir können unsere Einstellung gegenüber allem frei wählen, was uns widerfährt.
2. Wir können unseren Willen zum Sinn erfüllen, wenn wir uns bewusst und authentisch für sinnvolle Werte und Ziele engagieren.

3. Wir können in jedem Augenblick unseres Lebens Sinn entdecken.
4. Wir können lernen, nicht gegen uns selbst zu arbeiten und unseren eigenen Intentionen nicht zuwiderzuhandeln.
5. Wir können uns von uns selbst distanzieren, um Einsichten und neue Perspektiven zu entwickeln, und über uns lachen.
6. Wir können unsere Aufmerksamkeit so lenken, dass wir auch sehr schwierige Situationen bewältigen.
7. Wir können über uns hinauswachsen und die Welt verändern, und sei es nur ein ganz kleines bisschen.

Wenn Sie mit Viktor E. Frankl noch nicht so vertraut sind, sei Ihnen vor allem sein Weltbestseller *Trotzdem Ja zum Leben sagen* empfohlen, der einen fesselnden Einstieg in sein Leben und seine Lehre bietet. Er schildert darin, wie er als Psychiater am dunkelsten Ort, den man sich vorstellen kann, den Konzentrationslagern der Nazis, den wichtigsten Baustein seiner Lehre entdeckt hat: »Man kann den Menschen im Konzentrationslager alles nehmen ..., nur nicht: die letzte menschliche Freiheit, sich zu den gegebenen Verhältnissen so oder so einzustellen.« Die Fähigkeit, jeder Lage – auch der schlimmsten – Sinn abzuringen, erwies sich als die wirksamste Überlebensstrategie im KZ. Frankl stellte fest, dass manchmal die zarteren Naturen, die sich aber besser in eine geistige Welt flüchten konnten, das Lagerleben besser überlebten als die körperlich stärkeren. Diese Erkenntnis ist deshalb so wichtig, weil sie gerade in der sechzehnten Stunde das nötige Rüstzeug bietet, um die Ängste nach der Pensionierung zu bewältigen: Wie lange werde ich noch ohne größere körperliche Beschwerden mein Leben genießen können? Wie gehe ich mit der Prognose einer schweren Krankheit um? Kann ich eine sinnvolle Aufgabe finden? Wird mein Partner mich verlassen?

Reflexionen über die sechzehnte Stunde

Ruhestand ist ein furchtbares Wort. Es klingt nach Stillstand und Stagnation. Dabei ist der einzige unwiederbringliche Verlust der, nicht in der Gegenwart zu leben. Menschen, die ein hartes, anstrengendes Berufsleben hatten, könnten die Pension nicht als wohlverdiente Freiheit von der Plackerei, sondern als Freiheit zu einer erfüllteren zweiten Lebenshälfte sehen. Frankl zeigt uns, dass wir eine Wahlmöglichkeit haben. Jene für sich zu erkennen ist aber nicht jedem gegeben. Wer alle seine wichtigen Ziele auf die Pension verschoben hat, dem fehlt dann leider oft die Energie, diese zu verwirklichen. In der sechzehnten Stunde gibt eine wunderbare Frage, die es wert ist, länger über sie nachzudenken:

- Welche Ziele würden Sie sich für die zweite Hälfte Ihres Lebens setzen, wenn Sie doppelt so viel Mut hätten wie in der ersten?

1 Interview mit Werner Funk, in brand eins, August 2017, S. 118 ff.
2 Vortrag »The Modern Elder« von Chip Conley auf der Wisdom 2.0 2017 in San Francisco.
3 John Gardner: The Art of Living and Other Stories. London 1983.
4 Alex Pattakos: Gefangene unserer Gedanken: Viktor Frankls 7 Prinzipien, die Leben und Arbeit Sinn geben. Wien 2011.

DIE SIEBZEHNTE STUNDE
überrascht uns mit einem wunderbaren Geschenk,
das wir oft vergessen, rechtzeitig auszupacken.

64. bis 66. Lebensjahr

Lebenskalender: Jedes Kästchen auf den folgenden Seiten steht für eine Woche des Lebens eines Menschen. Schätzen Sie, wie alt dieser Mensch wird?

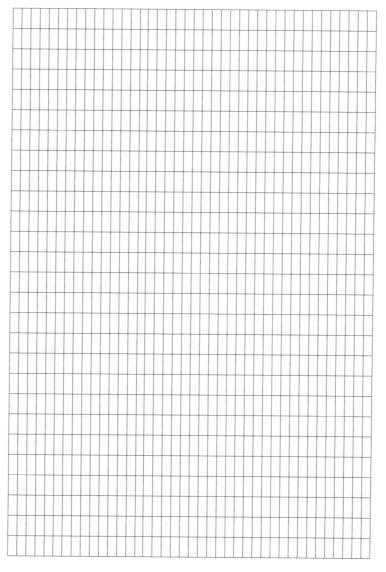

64. bis 66. Lebensjahr

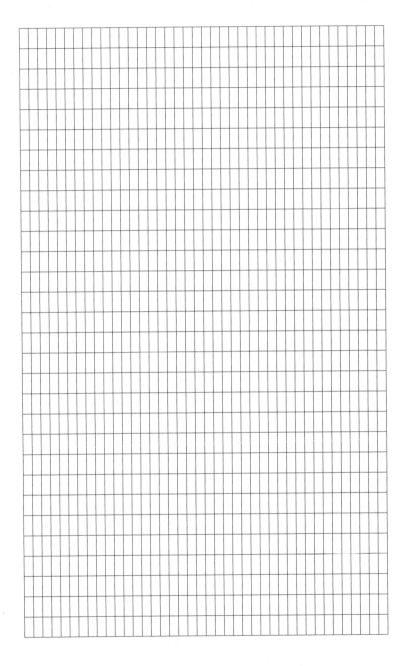

64. bis 66. Lebensjahr

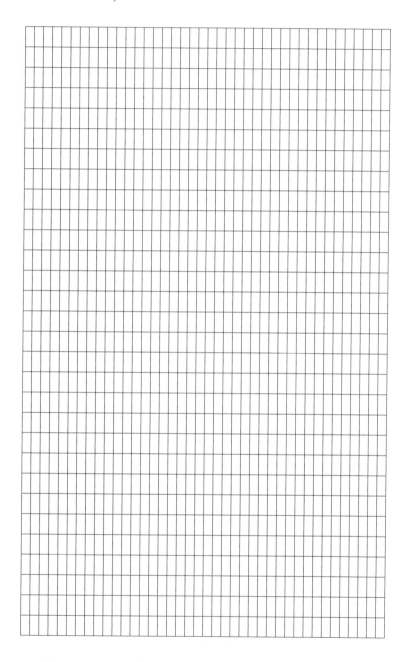

64. bis 66. Lebensjahr

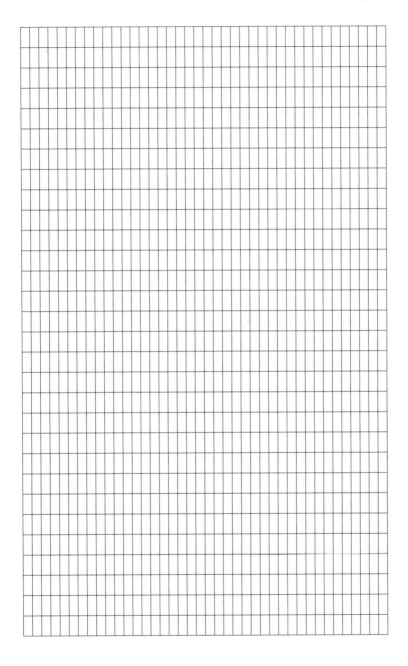

64. bis 66. Lebensjahr

*»Stets findet Überraschung statt.
Da, wo man's nicht erwartet hat.«*
Wilhelm Busch

Die Kästchen am Beginn bilden die 4680 Wochen eines 90-jährigen Menschen ab. Selbst bei einem so langen Leben sind das gar nicht so viele Kästchen. Vor allem wenn man bedenkt, wie viele schon abgehakt sind.

Im Jahr 2004 veröffentlichte Ralph Waldo McBurney sein erstes Buch mit dem Titel *My First 100 Years!*. Er war damals 104 Jahre alt und arbeitete als Barkeeper in der Stadt Quinter in Kansas. Im Oktober 2006 wurde er als ältester Arbeiter Amerikas ausgezeichnet. Waldo galt mit seinen 104 Jahren als nationales Symbol für Langlebigkeit und Arbeitsmoral. Als leidenschaftlicher Läufer brach Waldo noch immer internationale Rekorde und bestritt auch nach seinem 101. Lebensjahr Wettbewerbe. Über seine Siege sagte er: »Es ist einfach, Goldmedaillen zu gewinnen, wenn man in seiner Altersgruppe keinen Konkurrenten mehr hat.« Im Juli 2009 starb Ralph Waldo McBurney mit beinahe 107 Jahren.

Johannes wuchs in einer Arbeitersiedlung am Rande einer Stadt in den Sechzigerjahren auf. Sein Vater war der Einzige, der als Buchhalter jeden Tag mit einem Anzug ins Betriebsbüro aufbrach, alle anderen gingen im blauen Arbeitsgewand in die Werkshallen. Johannes erinnert sich an seine Kindheit: »Wenn in unserer Siedlung einer mit 61 in Pension ging, dann war uns Kindern völlig klar: ›Der stirbt jetzt bald.‹ Die Menschen waren durch das harte Arbeitsleben meist ohnehin schon sehr angeschlagen, in der Pension verfielen sie sowohl körperlich, da ihr Immunsystem schwächer wurde, als auch geistig, weil sie sich nicht mehr gebraucht fühlten, ganz schnell. Die Pensionierung war eine letzte, kurze Zeitspanne

64. bis 66. Lebensjahr

von einem, höchstens zwei Jahren, bevor sie starben. Über ein Drittel der Arbeiter erlebte ihre Pension gar nicht. Das war eben so.«

Im Jahr 1900 in Deutschland oder Österreich Geborene hatten eine durchschnittliche Lebenserwartung von 63 Jahren und starben daher 1963. Ich bin am 18. Dezember 1960 geboren. Von damals bis heute ins Jahr 2018 stieg unsere durchschnittliche Lebenserwartung um 16 Jahre. Diese 16 Jahre sind ein wunderbares Geschenk, wenn wir es rechtzeitig auspacken und wertschätzen. Selbst Leser, die vor 1960 geboren wurden, können sich über viele zusätzliche Jahre freuen, die später Geborenen sogar über noch mehr als jene 16 Jahre. Wenn Sie mit diesen Zahlenspielen nichts anfangen können, haben Sie natürlich in einem recht: Es geht nicht darum, dem Leben mehr Jahre abzuringen, sondern jeden Tag mit mehr Leben zu erfüllen. Wer kein Zen-Mönch ist, schafft diesen Anspruch nur selten. Dabei könnte jeder Tag viele Leben haben. Diese besonderen Tage gilt es zu leben und zu sammeln. Das Geschenk der gewonnenen Jahre wird umso größer, je mehr wir dafür tun, indem wir gesund leben und unserem Leben immer wieder Sinn geben. Die beiden Einstiegsgeschichten in dieses Kapitel von Waldo und Johannes sollen anregen, darüber nachzudenken, warum die Auseinandersetzung mit der eigenen Lebenserwartung mehr als ein Zahlenspiel sein könnte. Jeder, der bereit ist, sich in der siebzehnten Stunde auf diesen Gedanken einzulassen, steht vor einer Frage: Was mache ich mit meinem Geschenk?

Aufschieberitis – die Schwierigkeiten des Anfangs

Die 16 zusätzlichen Jahre für die in den Sechzigerjahren Geborenen sind ein großes Geschenk. Sie bedeuten sehr viel Zeit,

64. bis 66. Lebensjahr

wenn wir daran denken, wie viel wir von unserer Geburt bis zu unserem 16. Lebensjahr erlebt haben. Das ist der große Reiz der siebzehnten Stunde. In den 16 gewonnenen Jahren könnten wir unglaublich viele Dinge erleben, lernen und weitergeben. Vor allem wird es Zeit, jene Ziele anzugehen, die wir bisher aufgeschoben haben, mit »guten« Gründen, wie »das mache ich morgen, nächste Woche, so etwas braucht ja eine gute Vorbereitung, nächstes Jahr ganz sicher ...«.

Wir schieben vor allem jene Dinge auf, die mit Anstrengung verbunden sind, wie das Lernen für eine Prüfung in der Schule oder die Vorbereitung auf eine schwierige berufliche Herausforderung. Allein der Gedanke daran lässt uns unzählige andere Beschäftigungen einfallen, die erledigt werden sollten, ehe wir uns mit voller Energie ans Werk machen können. Interessanterweise lässt die Tatkraft plötzlich nach, sobald wir endlich wirklich starten wollen. Eine unglaubliche Müdigkeit erfasst uns. Im Englischen klingt das Wort »Prokrastination« freundlicher als im Deutschen das furchtbare Wort »Aufschieberitis«. Gemeint ist damit nicht das gelegentliche Trödeln oder Unterbrechen von Arbeiten, sondern wenn dieses Verhalten krankhaft wird und mit starkem Leidensdruck verbunden ist. Im Entscheidungszentrum des Gehirns eines Aufschiebers kämpft ständig der Affe, der Spaß im Augenblick haben und sich nicht anstrengen will, mit der Stimme der Vernunft, die plant und an die Zukunft denkt.[1] Dazu kommt noch der Panikmacher, der erst auftaucht, sobald die Abgabefrist ganz nahe ist. Dieses System der »Bis-zur-letzten-Sekunde-Drücker« funktioniert nicht optimal, aber die Hardcore-Aufschieber kommen trotz viel Stress damit zurecht. Das Problem ist, dass es viele Herausforderungen ohne Endtermin gibt, wie zum Beispiel Sport zu betreiben, zur Vorsorgeuntersuchung zu gehen, eine Start-up-Idee zu verwirklichen, sich von einem Partner zu trennen oder die alte Wohnung zu kündigen, um eine bessere zu finden. Die ständigen Aufschieber sind irgendwann von sich und dem Leben enttäuscht, nicht weil sie nichts erreichen, sondern weil sie gar nie anfangen. Sie werden zu Zuschauern in ihrem eigenen Leben.

Es gibt einen spannenden Zusammenhang zwischen Aufschieben und Kreativität. Der Hardcore-Aufschieber findet meist deshalb zu keiner großartigen Lösung, weil er am Schluss von der Panik, überhaupt nicht fertig zu werden, aufgefressen wird. Doch auch die Schnellstarter gehören selten zu den Kreativsten, weil sie sich mit den ersten, naheliegenden Lösungen zufriedengeben und sich daraufhin in die nächste Aufgabe stürzen. Dagegen zeigt sich, dass die sanften Aufschieber häufig am kreativsten sind. Sie starten zwar schnell, lassen das Thema dann aber lange in sich arbeiten, um schließlich oft eine kreative, spannende Lösung zu finden. Ihr Arbeitsprozess entspricht einem U, viel Energie am Beginn und am Ende, dazwischen ist eine lange Phase der scheinbaren Inaktivität. Haben Sie sich in einem der Typen wiedererkannt?

Bemerkenswerterweise schieben wir auch Dinge auf, die wir eigentlich besonders gerne machen würden, wie eine neue Sprache zu lernen, einen Tanzkurs zu besuchen oder endlich in ein bestimmtes Land zu reisen. Im Archiv in unserem Gehirn gibt es einen Raum, auf dem »Unerfüllte Wünsche« steht. Im Laufe unseres Lebens füllt sich dieser Raum, wir betreten ihn manchmal in unseren Tagträumen. Die siebzehnte Stunde ist eine hervorragende Gelegenheit, unser Archiv der unerfüllten Wünsche bei vollem Bewusstsein zu betreten und dort aufzuräumen. Dabei werden wir feststellen, dass viele der nicht realisierten Ideen aus heutiger Sicht keine guten waren. Andere Lebensträume rufen sich dagegen lautstark in Erinnerung. Unser Unbewusstsein hat die Zeit genutzt, um jene Träume reifen zu lassen, und die Freude, sie jetzt zu verwirklichen, wird größer sein. Vielleicht kennen wir jetzt auch Unterstützer, die uns dabei helfen könnten. Die einzige Herausforderung auf dem Weg vom sanften Aufschieben zum freudvollen Anfangen ist das scheinbare Fehlen einer letzten Anmeldefrist für die Verwirklichung unserer Lebensträume. Dabei verbirgt sich diese im Wort Deadline. Auf die Frage »Was soll ich mit meinen geschenkten Jahren anfangen?« gibt es eine einfache Antwort: Genieße sie und nütze sie für dich und andere.

»Der größte Verlust für das Leben ist die Verzögerung: Sie entzieht uns immer gleich den ersten Tag, sie raubt uns die Gegenwart, während sie Fernliegendes in Aussicht stellt.«
Seneca

Wie alt können wir werden? Und wollen wir das wirklich wissen?

War der Tod traditionell ein Fall für Priester, Theologen oder Friedhofswärter, so übernehmen nun die Softwareingenieure die Deutungshoheit. Für die wissenschaftsgläubigen Visionäre ist der Tod ein technisches Problem, das wir lösen können und lösen sollten. Transhumanismus ist die ehrgeizigste, manche meinen die gefährlichste Idee, an der ganz offen im Silicon Valley und höchstwahrscheinlich versteckt in vielen Geheimlabors auf der Welt mit Hochdruck gearbeitet wird. Die Lebenserwartung des Menschen soll dabei durch Verschmelzung mit Computerintelligenz so weit ausgedehnt werden, dass irgendwann das Sterben obsolet wird.

Der Homo deus, der gottgleiche Mensch, würde sich dann über den Homo sapiens erheben, wie das der israelische Histo-

64. bis 66. Lebensjahr

riker Yuval Noah Harari in seinem gleichnamigen Bestseller prognostiziert. Um zuerst das Altern und letztlich den Tod zu überwinden, müssten die Menschen zunächst Kontrolle über ihren eigenen biologischen Unterbau erlangen. Alles nur Spinnereien? Mit Bill Maris hat Google im Jahr 2015 einen Unsterblichkeitsgläubigen zum CEO des Investmentfonds Google Ventures gemacht: »Wenn Sie mich heute fragen, ob es möglich ist, 500 Jahre alt zu werden, so lautet die Antwort Ja!« Maris untermauert seine These mit dem Faktum, dass Google Ventures 36 Prozent seiner zwei Milliarden Dollar in Start-up-Unternehmen aus dem Bereich Biowissenschaften / Life Sciences investiert, darunter einige Projekte zur Lebensverlängerung. Den Kampf gegen den Tod sieht Maris sportlich: »Wir versuchen nicht, ein paar Meter gutzumachen. Wir versuchen, das Spiel zu gewinnen. Weil leben besser ist als sterben.«

Unbestreitbar hängt die Lebenserwartung eines Individuums eng mit dessen Genetik zusammen. So kann eine Schildkröte sogar 300, ein Hund dagegen höchstens 18 Jahre alt werden. Eine ambitionierte Eintagsfliege, die gesundheitsbewusst nur hochwertigen Bio-Joghurt frisst, erlebt trotzdem ihre 48. Stunde nicht. Bei allen Lebewesen läuft ein vorgegebenes genetisches Programm ab, das den maximalen Rahmen absteckt. Dem Menschen gelingt es offenbar heute, durch bessere Ernährung, Gesundheitsvorsorge und medizinischen Fortschritt den theoretischen Rahmen von 120 Jahren weit besser auszuschöpfen als im 19. Jahrhundert oder gar im Mittelalter, wo er kaum das 30. Lebensjahr erreichte. Es gilt, zwei Schlüsselfragen zu stellen, eine technische und eine ethische: 1. Können wir den für uns vorgesehenen Rahmen noch wesentlich weiter dehnen, auf 150 bis 200 Jahre, oder als ehrgeizigste Vision das Sterben überhaupt abschaffen? 2. Wollen wir das? Der Genetiker Markus Hengstschläger kann sich durchaus vorstellen, durch wissenschaftlichen Fortschritt wie die Stammzellentherapie, Gentechnologie, Nanotechnologie den Rahmen auf 150 Jahre auszudehnen, allerdings nur für eine kleine privilegierte Minderheit. An die Unsterblichkeit glaubt Hengstschläger dagegen nicht, weil der Organismus dafür zu komplex ist und sich irgendwann so viele Fehler einschleichen, dass jede Technologie damit überfordert sein würde, immer im richtigen Augenblick alles zu korrigieren. Für ihn steht fest: Wie alle Lebewesen stirbt und zerfällt der Mensch irgendwann. Ob und in welcher Form seine Energie danach weiterexistieren könnte, wird auch in Zukunft viel Raum für Glauben, Hoffen und Spekulation geben. Wissen werden wir es wohl nie.

Reflexionen über die siebzehnte Stunde

Hätte jemand vor 500 Jahren die Idee gehabt, das ganze Leben in 24 Stunden zu fassen, so wären die Lebensphasen ganz anderen Gesetzmäßigkeiten unterworfen gewesen. Damals lag die durchschnittliche Lebenserwartung bei 35 Jahren. Das heißt, in jenem Alter, wo in diesem Buch die zehnte Stunde beginnt, schlug den meisten Menschen schon die vierundzwanzigste Stunde. Diese Entwicklung wird weiter fortschreiten. Das *Time Magazine* zeigte im Februar 2015 auf der Titelseite ein neu geborenes Baby mit der Überschrift »Dieses Baby kann 142 Jahre alt werden«.

Machen wir einem Kind ein Geschenk und es sagt höflich »Danke«, spielt aber mit etwas anderem weiter, so fühlen wir uns wahrscheinlich ein bisschen enttäuscht. Sollte das Kind uns dagegen das Geschenk aus der Hand reißen, ohne überhaupt »Danke« zu sagen, und den ganzen Nachmittag damit spielen, sind wir hocherfreut, weil es offenbar wirklich dankbar dafür ist. Echte Dankbarkeit drückt sich manchmal nicht

64. bis 66. Lebensjahr

durch ein formelles »Dankeschön« aus, sondern dadurch, was man mit einem Geschenk macht. Das sollten wir nicht vergessen, wenn wir an die 10 bis 20 Jahre längere Lebenserwartung im Vergleich zu unseren Großeltern denken. Wir empfinden sie deshalb nicht als großes Geschenk, weil wir das für uns als so selbstverständlich nehmen, ähnlich wie das Wissen, nicht an Masern, Pocken oder Grippe sterben zu müssen. Daher brauchen wir in der siebzehnten Stunde nicht formell »Danke« zu sagen. Das Geschenk aber sollten wir jedenfalls zumindest einmal auspacken und es vor allem richtig nutzen. Denn für unsere zukünftigen Lebensprojekte hat das Geschenk die Bedeutung, die wir ihm geben.

Erleiden wir einen Unfall und liegen tage- oder wochenlang im Spital, wenden wir Stunden dafür auf, die wir eigentlich gar nicht haben – ohne dass die Welt untergeht. In den Tagen nach 9/11 saßen Millionen von Menschen in Städten fest, ohne ihren Plänen nachgehen zu können, die vielen verlorenen Stunden konnten sie nie wieder aufholen. Es macht einen großen Unterschied, ob wir sagen, ich konnte die Reise nicht machen, das Buch nicht schreiben oder Italienisch nicht lernen, weil ich keine Zeit hatte, oder sich einzugestehen, dass wir all diese Dinge deshalb nicht getan haben, weil sie uns offenbar nicht so wichtig waren wie andere, die wir stattdessen gemacht haben. Der Satz »Ich habe keine Zeit« bedeutet ehrlich betrachtet oft eher: »Es war mir nicht wichtig genug.«

Alle, die schon über 70 sind, wenn Sie jetzt dieses Kapitel lesen, können mit größter Wahrscheinlichkeit davon ausgehen, dass ihnen sogar noch mehr Jahre geschenkt werden, als die Statistik vorgibt. Doch nur länger zu leben muss nicht unbedingt ein Geschenk sein, zumindest keines, das man nicht umtauschen möchte. Die Skandinavier haben die gleiche Lebenserwartung wie wir Mitteleuropäer, doch eine um zehn

64. bis 66. Lebensjahr

Jahre höhere Gesundheitserwartung. Warum das so ist und was Sie für sich daran ändern können, ist Thema der einundzwanzigsten Stunde.

Welche Erkenntnisse der siebzehnten Stunde könnten Bedeutung für Ihre aktuelle Lebensphase haben?

- Geben Sie Ihr Geburtsjahr bei Google mit der Frage nach Ihrer durchschnittlichen Lebenserwartung ein. Wenn Sie diese Jahreszahl mit Ihrem aktuellen Lebensalter vergleichen, kommen Sie entweder auf die Zahl der noch vor Ihnen liegenden Jahre oder Sie liegen schon über Ihrer statistischen Lebenserwartung. Diese nackte Zahl sagt natürlich nichts aus, wenn Sie ihr keine Bedeutung beimessen. Haben Sie schon einmal darüber nachgedacht, wie alt Sie werden wollen?
- Stellen Sie sich vor, man hätte Ihnen, als Sie 40 Jahre alt waren, das Angebot gemacht, die nächsten 20 Jahre Ferien machen zu dürfen. Ferien, in denen Sie tun und lassen können, was Sie wollen. Welchen Plan hätten Sie entworfen?
- Am Ende Ihres Lebens bereuen viele Menschen, dass sie nicht mehr riskiert haben. Wenn Sie sich in der siebzehnten Stunde gesund und fit fühlen, ist jetzt ein guter Zeitpunkt, Neues zu wagen. Mit einer gewissen Gelassenheit können Sie sich der Verwirklichung eines Zieles widmen, das Sie bisher aufgeschoben haben. Welchen großen Lebenstraum möchten Sie verwirklichen? Was hätten Sie zu verlieren, wenn Sie scheitern? Was hätten Sie zu gewinnen, wenn Sie es schaffen?

1 Tim Urban: »Inside the mind of a master procrastinator«, TED Talk 2016.

DIE ACHTZEHNTE STUNDE
mahnt uns, großzügig an andere Menschen zurückzugeben, was wir uns im Leben angeeignet haben.

67. bis 69. Lebensjahr

»Die Zukunft gehört denen, die der nachfolgenden Generation Grund zur Hoffnung geben.« Pierre Teilhard de Chardin

»Wann immer ich einem Menschen großzügig geholfen habe, dann habe ich immer weit mehr zurückbekommen, als ich mir das je denken konnte. Überraschend ist vor allem, dass gerade jene, von denen ich mir fast sicher war, dass das nie etwas bringen wird, mir am meisten Freude gemacht haben. So hat sich einmal ein Absolvent meiner ehemaligen Schule bei mir gemeldet und mich gebeten, ihm zu helfen, einen Job in Singapur zu bekommen. Ich kannte ihn überhaupt nicht, war beruflich gerade extrem unter Druck und wusste, dass ich Singapur nicht mit einigen schnellen Telefonaten erledigen konnte. Letztlich habe ich mich durchgerungen zu helfen, obwohl mir bewusst war, wie viel Aufwand das bedeuten würde. Es gelang mir, den einzigen losen Kontakt, den ich in Singapur hatte, wiederzubeleben, und am Ende bekam der junge Mann tatsächlich dort einen Job. Zwei Jahre später rief er mich an und erzählte mir, dass er den sehr selektiven Aufnahmeprozess für eine spannende Position im europäischen Hauptquartier von Google in Dublin geschafft habe. Womit er sich gegen seine Mitbewerber durchsetzen konnte, war eindeutig seine Asienerfahrung, wofür er sich überschwänglich bei mir bedankte. Das sind Augenblicke, die man nie vergisst und die zeigen, dass es oft wert ist, zu geben und zu unterstützen, ohne lange nachzudenken«, erinnerst sich Thomas Plötzeneder, Managing-Partner bei Gehrer Plötzeneder DDWS Corporate Advisors.

Die eigennützigen Nehmer oder die selbstlosen Geber – wer hat mehr Erfolg im Leben?

Thomas Plötzeneder hat ein Executive Program an der berühmten Wharton Business School absolviert, an der auch Adam

67. bis 69. Lebensjahr

Grant, Professor für Organisationspsychologie, lehrt. Grant ist davon überzeugt, dass sich gerade in der konkurrenzorientierten Wirtschaftswelt Großzügigkeit langfristig als erfolgversprechender erweist als selbstbezogenes Handeln.[1] Als ein Beispiel zitiert er LinkedIn-Mitbegründer Reid Hoffman: »Es mag widersinnig klingen, aber je altruistischer Ihre Einstellung ist, desto mehr werden Sie von der Beziehung profitieren. Wenn Sie darangehen, anderen zu helfen, wird sich Ihr Ruf rasch festigen, und Ihr Universum von Möglichkeiten wird sich erweitern.« Grant unterscheidet drei Typen von Akteuren im Berufsleben: den Nehmer, den Geber und den Tauscher. *Nehmer* helfen anderen wenn überhaupt nur aus taktischen Gründen, sofern sie einen Nutzen daraus ziehen können, der jedenfalls größer als ihr Einsatz ist. Sie kalkulieren daher immer sehr genau, wie sie in einer Situation reagieren. *Helfer* sind dagegen von der Haltung geprägt, andere gerne zu unterstützen. Sie helfen aus Prinzip, ohne dafür eine Gegenleistung zu erwarten. Nur wenige Menschen verhalten sich im beruflichen Bereich ausschließlich als Nehmer oder Geber, sondern ihre Beziehungen beruhen auf einem ausgeglichenen Austausch von Gefälligkeiten. Sie streben nach einem Gleichgewicht von Geben und Nehmen. Grant nennt diesen Typus *Tauscher*. Diese geben in der Erwartung, irgendwann etwas zurückzubekommen, und leben nach dem Motto: »Wie ich dir, so du mir«. Nehmen, Geben und Tauschen sind keine festgemauerten Haltungen, sondern drei mögliche Formen des sozialen Verhaltens, die jedem offenstehen, sie in der jeweiligen Situation anzuwenden. Wahrscheinlich werden viele sich in Gehaltsverhandlungen als Nehmer, gegenüber Hilfsbedürftigen als Geber und mit Berufskollegen, wenn es um Zugang zu Wissen geht, als Tauscher verhalten.

Im Berufsleben haben es Geber scheinbar am schwersten, sie kümmern sich zu viel um andere, vernachlässigen ihre eigenen Aufgaben und geraten daher häufig in Terminschwierigkeiten. Sie konzentrieren sich darauf, dass es den anderen gut geht, und vergessen dabei, auf sich selbst zu achten. Sie übersehen, dass der Satz »Setzen Sie sich zuerst Ihre eigene Sauerstoffmaske auf, bevor Sie anderen helfen« nicht nur bei einem Druckverlust im Flugzeug gilt, sondern auch im Leben. Adam Grant zitiert eine Untersuchung, nach der Geber im Vergleich zu Nehmern um durchschnittlich 14 Prozent weniger verdienen und am unteren Ende der Karriereleiter überproportional stark vertreten sind. Wer steht dann aber ganz oben auf der Erfolgsleiter – die Nehmer oder die Tauscher?

Weder noch. Jetzt wird es interessant. Es sind nämlich wieder die Geber, die auch ganz oben dominieren. Als Grant die Daten seiner Untersuchung genau überprüfte, entdeckte er ein faszinierendes Muster, das auf unterschiedliche Berufe wie Berater, Anwälte, Ärzte, Ingenieure, Verkäufer, Schriftsteller, Lehrer oder Sporttrainer zutraf: Geber haben sowohl die schlechteste als auch die beste Leistungsbilanz, Nehmer oder Tauscher landen eher im Mittelfeld. Um nicht ausgebeutet ganz unten zu landen, müssen Geber allerdings neben Talent bestimmte Eigenschaften besitzen. Grant fand heraus, dass die erfolgreichen Geber genauso ehrgeizig wie die Nehmer waren, allerdings ihre Ziele auf andere Art erreichten. Dazu kam, dass sie, sobald sie einmal auf der Erfolgsspur waren, viel Unterstützung von Menschen erhielten, denen sie geholfen hatten, statt von Neidern bekämpft zu werden, wie das Nehmern oft passierte. Risikoanleger Randy Komisar bringt das auf den Punkt: »Es ist leichter zu gewinnen, wenn jeder will, dass du gewinnst. Wenn du dir keine Feinde schaffst, hast du eher Erfolg.« Es dauert meist eine Weile, bis Geber Wohlwollen und Vertrauen errungen haben, aber der Ruf, den sie sich schließlich erarbeiten, und die Beziehungen, die sie aufbauen, multiplizieren ihren Erfolgsfaktor. Die wachsende Bedeutung von Teamwork statt Einzelkämpfertum in Wirtschaft, Wissenschaft und Kunst sowie die immer intensivere Vernetzung der Kommunikation durch soziale Medien eröffnen gerade Gebern bessere Erfolgschancen. So herrscht besonders im wettbewerbsintensiven Silicon Valley eine Kultur, in der es durchaus üblich ist, dass ein Softwareentwickler von Google einen Bekannten bei Facebook um Unterstützung bei einem Problem bittet und sie auch bekommt.

Müssen Menschen nicht wie früher Andrew Carnegie und David Rockefeller oder heute Bill Gates und Warren Bufett zuerst konsequent mit voller Härte ihre Erfolge erkämpfen, um dann großzügig zurückgeben zu können? Die aktuellen Beispiele erfolgreicher Geber von Adam Grant widerlegten diese bisher gängige These. Doch warum ändern auch Menschen, die große Vermögenswerte angehäuft und sich lange Zeit als beinharte Nehmer verhalten haben, im letzten Lebensdrittel ihr Verhalten auf einmal radikal und wandeln sich zu großzügigen Gebern?

Generativität – das menschliche Überlebensprojekt

»Ich will niemanden belehren. Ich habe Erfahrungen gemacht, die andere nicht gemacht haben. Diese Erfahrungen multipliziere ich, indem ich sie mit vielen Menschen teile. Ich habe Vorträge gehalten. Ich habe Bücher geschrieben. Mit meinem Bergmuseum habe ich eine weitere Form des Erzählens gefunden. Über Relikte, über Kunst, über Geschichten erzähle ich, was uns passiert, wenn wir uns den Bergen ausliefern. Es geht nicht darum, in Erinnerung zu bleiben. Das ist mein Erbe, das ich einbringe. Ich gebe mein Wissen weiter. Denn wenn Wissen verloren geht, reißt der Faden zwischen dem Gestern und dem Morgen. Dieses Museum ist eine Struktur, die ich erfunden habe. Aber sie gehört mir nicht. Und wenn sie fertig ist, verabschiede ich mich. Dann werden es andere sein, die sich damit identifizieren können, sie am Leben halten und sie weiter entfalten. Hoffentlich über Generationen hinweg. Aber es ist in keiner Weise notwendig, dass man in 30, 40, 100 Jahren sagt: Das ist die Erfindung dieses Irren, der einmal ein paar Steine zusammengetragen hat und auf ein paar Hügel gestiegen ist«[2], schrieb der damals 69-jährige Extrembergsteiger Reinhold Messner für die Initiative »Das Prinzip Apfelbaum. 11 Persönlichkeiten zur Frage: Was bleibt?«.

Ab der Lebensmitte stellen sich bedeutende Fragen: Wie geht es mit mir weiter? In dieser Frage ist noch eine größere enthalten: Wie geht es mit der Welt weiter? Der deutsch-amerikanische Psychoanalytiker Erik H. Erikson prägte dafür den sperrigen Begriff »Generativität«. Damit meinte er eine tief in der Menschheit verwurzelte Motivation: die aktive Sorge um die nachwachsenden Generationen. Wenn wir generativ denken, begreifen wir uns als ein Glied in der großen Kette des Seins, als das Bindeglied zwischen den Generationen. Für Erikson, dessen spannende Lebensgeschichte in diesem Kapitel später erzählt wird, sind wir Menschen von der Geburt bis zum Tode in eine Entwicklungsdynamik verstrickt. Und die Aufgabe des mittleren Alters heißt Generativität.[3] Wir entwickeln ein Verständnis für das große Ganze, das über unser Streben nach individuellem Lebensglück hinausgeht: die Weitergabe von Traditionen und Wissen, das Erhalten des Erhaltenswerten in der Kultur. Generativität ist unser Zukunftssinn. Mit diesem Zukunftssinn können wir dem Kernproblem des mittleren Erwachsenenlebens begegnen, der Stagnation durch Selbstbezogenheit. Wobei jeder, der generativ tätig wird, dabei durchaus auch etwas für sich selbst tut, denn indem er beginnt, Spuren zu hinterlassen, die über sein eigenes Leben hinausreichen, findet er seinen Lebenssinn gerade im Bewusstsein der eigenen Vergänglichkeit. Das ist sozusagen der Trick der Evolution, der uns durch egozentrische Antriebe wie Eitelkeit und Hoffen auf Ruhm in der Nachwelt motiviert, altruistisch für die kommende Generation zu handeln.

Wir hinterlassen Spuren, indem wir Kinder in die Welt setzen, Häuser bauen, Gärten anlegen, Stiftungen gründen, die Nachfolge in unseren Unternehmen regeln oder Bücher schreiben. Die Bibliothek, die Antiquitäten, die Sammlung von Reiseandenken, die Fotoalben oder Privatarchive gewinnen für uns an Bedeutung, weil sie unsere Erlebnisse und Erfahrungen für die Nachwelt erhalten. Durch das ehrenamtliche Engagement in Institutionen und Vereinen werden wir Teil von Ideen, die über unser Leben hinausreichen: Unbewusst gehen wir davon aus, dass all diese Projekte im Grunde nie abgeschlossen sind. Keine Sammlung ist jemals vollständig, kein Verein erlischt mit dem Tod eines Gründungsmitglieds, kein Garten verdorrt mit dem Hinscheiden des Gärtners. Spenden und Stiftungen halten unseren Namen lebendig.[4]

Bestimmte Projekte, an denen wir mitwirken, überschreiten unsere Lebenszeit, und es besteht die Hoffnung, dass sie von anderen fortgesetzt werden könnten. An dieser Sehnsucht hat sich seit dem Bau der großen Kathedralen nichts geändert. Deren Stifter, Baumeister und einfache Arbeiter wussten bei Baubeginn, dass sie die Vollendung der Kathedrale nicht erleben würden, trotzdem machte die Arbeit daran Sinn für sie, weil sie davon überzeugt waren, damit der Ehre Gottes zu dienen. Die Generativität, die sich um Kultur und Sorge für die nächste Generation bemüht, ist das menschliche Überlebensprojekt schlechthin. Sie kann die Gedanken an einen Menschen über dessen Tod hinaus lebendig erhalten. Besonders für Menschen, die keine Kinder haben und auch nicht an die Auferstehung, ewige Seligkeit oder Reinkarnation glauben, ist die kulturelle Generativität eine starke Motivation, sich dadurch eine symbolische Verlängerung der eigenen Existenz zu schaffen.

Der Wunsch »Meine Enkelkinder sollen es einmal besser haben« ist kulturübergreifend tief im Menschen verankert. Was könnte Generativität für jeden von uns ganz persönlich bedeuten? Gerade wenn wir reich an Lebenserfahrung und Wissen sind, liegt in der Generativität die große Chance zur Selbstentfaltung und zum Lebenssinn. Die Geigerin Anne-Sophie Mutter, die mit ihrer Stiftung weltweit junge Musiktalente fördert, formuliert das anschaulich: »Die schönsten Momente – abgesehen von den Momenten mit meinen Kindern – habe ich immer dann erlebt, wenn es mir gelungen ist, jemanden für eine Sache zu begeistern. Ob das für Waisenkinder, Aidskranke, für Tsunamiopfer oder Menschen mit Behinderungen war. Die Liste der Hilfsorganisationen, die ich sehr bewundere, ist lang. Ich möchte etwas hinterlassen. Kein Haus. Ich möchte auch nicht nur Musik verströmen. Ich glaube, der Sinn des Lebens liegt darin, seine Seele zu verströmen, bevor der letzte Atemzug verhaucht ist. Das kann man auf vielerlei Weise, und es ist keine Frage einer großen Hebelwirkung. Man muss dazu auch nicht sichtbar Großes leisten, vielmehr geht es um die innere Einstellung. Man muss offen sein für andere.«[5]

»Ich wollte anders sein« – die faszinierende Lebensgeschichte des Erik H. Erikson

Der Schöpfer des Begriffs Generativität zählt zu den einflussreichsten Psychologen des 20. Jahrhunderts. Vor allem sein Acht-Stufen-Modell der psychosozialen Entwicklung von der Bindungsfähigkeit des Kleinkindes bis zur Weisheit im reifen

67. bis 69. Lebensjahr

Alter hat bis heute Gültigkeit. Eriksons lebenslange Beschäftigung mit der Entwicklung der Ich-Identität wurzelt wohl in seiner eigenen spannungsreichen Lebensgeschichte.[6] Er wurde im Jahr 1902 als Erik Salomonsen in Frankfurt am Main als uneheliches Kind seiner dänischen Mutter Karla Abrahamsen geboren. Als Jugendlicher fand Erik heraus, dass der Ehemann seiner Mutter, Theodor Homburger, nicht sein leiblicher Vater war, er fühlte sich getäuscht und betrogen. Die Identität von Eriks leiblichem Vater blieb bis heute ungeklärt. Da die beiden Eheleute auch drei Töchter zeugten, wurde Erik zum einzigen Stiefkind der Familie Homburger, was seine Identitätsprobleme weiter verschärfte.

Als Zeichen des Aufbegehrens gegen den Stiefvater begann er nach dem Abitur ein Kunststudium, statt dem familiären Drängen nachzugeben und Medizin zu studieren: »So wie andere Jugendliche mit künstlerischen oder literarischen Ambitionen wurde ich während dieser Zeit in hohem Maße von allem entfremdet, wofür meine bürgerliche Familie stand. Ich wollte anders sein«, erinnerte sich Erikson Jahrzehnte später. Es folgten Wanderjahre als freier Künstler in Italien, die aufgenommenen Kunststudien brach er immer wieder ab, um sich mühsam als Maler von Kinderporträts durchzuschlagen. Dann folgte er 1927 einem Ruf nach Wien. Sein Jugendfreund Peter Blos war Direktor der neuen Waldorfschule im Wiener Bezirk Hietzing und engagierte Erikson als Tutor für die künstlerische Erziehung der Kinder. Bald wurde er von den Wiener Freudianern eingeladen, sich am Wiener Institut für Psychoanalyse zum Kinderanalytiker ausbilden zu lassen. Zur gleichen Zeit machte er eine Ausbildung zum Montessori-Vorschullehrer, das war damals noch mehr als heute für einen Mann ein ungewöhnlicher Schritt. Gleichzeitig wurde er von keiner Geringeren als Anna Freud zum Psychoanalytiker ausgebildet.

67. bis 69. Lebensjahr

Besorgt durch den Aufstieg des Nationalsozialismus wanderten Erikson und seine Frau Joan gemeinsam mit ihren kleinen Kindern in die USA aus. Obwohl Erikson keinen Universitätsabschluss vorweisen konnte, folgte eine beeindruckende akademische Karriere, die ihm Lehraufträge und sogar Lehrstühle an den Universitäten Yale, Berkeley und Harvard einbrachte. Die sozialen Umbrüche der Sechzigerjahre trugen wesentlich zur Popularisierung seiner These bei, dass jeder Mensch eine Reihe von Entwicklungsphasen durchläuft und in diesen besondere Herausforderungen und potenzielle Krisen bewältigen muss. Vor allem der Begriff »Identitätskrise« erlebte eine erste Hochkonjunktur. In einem Interview 1981 erinnerte sich Erikson scherzhaft: »Der Fokus lag allein auf Identität – so sehr, dass ich eine Antwort parat haben musste für die netten jungen Leute, die mich auf dem Harvard Campus etwa so ansprachen: ›Ich denke, ich habe eine Identitätskrise.‹ Eine meiner Antworten lautete: ›Beklagen Sie es oder prahlen Sie damit?‹«

Eriksons im Jahr 1969 veröffentlichtes Buch *Gandhis Wahrheit. Über die Ursprünge der militanten Gewaltlosigkeit* traf den Nerv vieler Amerikaner, die sich vom Vorbild Gandhis in ihrem gewaltlosen Widerstand gegen den Vietnamkrieg bestärkt fühlten. Für dieses Buch gewann Erikson den Pulitzerpreis und den National Book Award. Nach seiner offiziellen Pensionierung im Jahr 1970 wurde Erik H. Erikson zum besten Beispiel für seine Theorie der Generativität im reifen Lebensalter. Er blieb geistig hochaktiv und konkretisierte in seinen letzten Büchern *Der vollständige Lebenszyklus* und *Vital Involvement in Old Age* seine Vision des emotionalen Wohlbefindens anhand gelebter Erfahrung und Reife im Alter. Im Jahr 1986 schrieb Erikson prophetisch: »Ein genauer Blick auf die Bedingungen des hohen Alters in unserer derzeitigen Gesellschaft macht deutlich, dass wir uns alle mit der Aussicht konfrontiert sehen, immer länger zu leben. Das Alter muss geplant werden, was heißt, dass sich Erwachsene mittleren Alters die lange Lebenszeit, die noch vor ihnen liegt, klarmachen müssen.«

Was wir aus 2000 Nachrufen lernen können

Die Titelseiten von Zeitungen sind meist von schlechten Nachrichten über Naturkatastrophen, Kriege oder dem Versagen in Politik und Wirtschaft dominiert. Weit hinten stehen dann die Nachrufe auf berühmte und völlig unbekannte Menschen, in denen ihre Leistungen gewürdigt werden. Lux Narayan hat 2000 Nachrufe in der *New York Times* analysiert, um herauszufinden, was man von diesen lernen kann.[7] Zuerst sah er nur auf die Überschriften der Nachrufe von berühmten Persönlichkeiten:
»Ein Künstler, der sein Genre definierte« (Prince)
»Der Titan des Boxens und des 20. Jahrhunderts« (Muhammad Ali)
»Bahnbrechende Architektin« (Zaha Hadid)
Dann teilte das Team von Lux Narayan alle 2000 Nachrufe in zwei Gruppen: Hier die Berühmten und dort die Unbekannten, die aber ebenfalls so große Leistungen erbracht hatten, dass sie die *New York Times* für so wichtig empfand, um ihre Nachrufe kostenlos abzudrucken. Das Computerprogramm analysierte nur den jeweils ersten Absatz der Nachrufe und entfernte alle überflüssigen Elemente wie Füllwörter. Es war eine faszinierende Aufgabe herauszufinden, welche Eigenschaften und welche Dinge vom Leben dieser 2000 Menschen in Erinnerung geblieben waren. Zur großen Überraschung gab es ein Wort, das sowohl bei den berühmten als auch bei den unbekannten Menschen am häufigsten vorkam: Es war das Wort – helfen.

67. bis 69. Lebensjahr

Die Journalistin und TV-Moderatorin Barbara Stöckl hat viel Erfahrung mit dem Thema Hilfe. Sie ist auch Ombudsfrau der *Kronen Zeitung*. Oft wird sie mit unüberwindbaren bürokratischen Hürden konfrontiert, wenn es zum Beispiel darum geht, Menschen in ihrer letzten Lebensphase zu helfen. »Die stirbt ohnehin«, hört Barbara Stöckl dann manchmal. »Wir sterben auch alle. Wäre ich Politikerin, wäre es mein Programm zu sagen: ›Reden Sie mit Sterbenden, alles andere ergibt sich daraus‹«, denkt sie sich dann. Jedes Jahr sitzt sie am 24. Dezember am Spendentelefon der Aktion »Licht ins Dunkel« des ORF. Besonders berührt hat sie eine junge Schwerstbehinderte, die unbedingt selbst Geld spenden wollte. Barbara Stöckl versuchte ihr zu erklären, dass das gesammelte Geld Projekten diene, um gerade Menschen wie ihr zu helfen, und sie daher nichts von ihrem Taschengeld spenden müsse. »Ich möchte aber dabei sein«, entgegnete die junge Frau.

Reflexionen über die achtzehnte Stunde

Im aktiven Berufsleben agieren Menschen als großzügige Geber, als auf ihren Vorteil bedachte Nehmer oder als kalkulierende Tauscher. Gelebte Großzügigkeit kann, wie die Studien von Adam Grant zeigen, viel Freude und langfristigen Erfolg bedeuten, doch besteht auch die Gefahr, ausgenützt in der Verliererfalle zu landen. Unabhängig von der individuellen Ausprägung der Großzügigkeit beginnt ab dem mittleren Erwachsenenalter eine kollektive Kraft wirksam zu werden, die sogar egoistische Menschen zu großzügigen Gebern wandelt: die Generativität. Wer sich dieser verweigert, dessen Entwicklung droht die Stagnation, die dazu führt, von anderen abgelehnt und isoliert zu werden. Einsam in seiner Wohnung zu sitzen und täglich sein Geld zu zählen ist keine schöne Pers-

67. bis 69. Lebensjahr

pektive für das Alter. Dagegen bleibt immer ein Hauch des Duftes an der Hand zurück, die jemandem Rosen schenkt. Das gilt nicht nur für Rosen.

Die meisten Menschen haben mit dem Pensionsantritt noch ein Viertel oder sogar ein Drittel ihres Lebens vor sich. Man kann daher durchaus vom »dritten Lebensalter« sprechen. Noch nie war eine Generation älterer Menschen geistig und körperlich so gut in Form wie die jungen Alten von heute. Trotzdem gibt es kaum gesellschaftliche Erwartungen an sie. Sie müssen diese Lebensphase selbst sinnvoll füllen, damit sie nicht zum Niemandsland zwischen dem Berufsleben und dem hohen Alter wird. Ganz pragmatisch gesehen geht es darum, dem Alltag neue Strukturen zu geben, verschüttete Interessen wiederzuentdecken und so zum Lebensunternehmer zu werden, der seinen eigenen Lebensstil findet. Dabei kann Arbeit, die man auf sich nimmt, ob bezahlt oder freiwillig, das mittlere Lebensalter deutlich verlängern. Erik H. Erikson sieht in dieser Lebensphase eine spannende Entwicklungsaufgabe, deren Schlüsselmerkmal die Erlangung von Weisheit ist: Selbstannahme statt Verzicht, Freude an eigenen Leistungen, anstatt das Vergangene zu beklagen.

Ab einem bestimmten Punkt sollte sich unser Schaffen zur Groß-Generativität transformieren, groß wie in Großeltern, groß aber auch, weil sie an den großen Plan der Dinge insgesamt geknüpft ist. Die Fähigkeit, über uns hinauszuwachsen, ist nach Viktor E. Frankl eine ausschließlich menschliche Eigenschaft. Menschlich sein heißt, sich auf etwas anderes als sich selbst zu beziehen. Es gibt eine schöne Parallele zwischen dem Begriff »Generativität« und dem, was Frankl als den »letzten Sinn« bezeichnet. Man kann es Verbindung zum höheren Ich, zu Gott, zu unserem eigenen Geist, zum universalen Bewusstsein, zur Liebe oder zum Gemeinwohl nennen. Selbstlosigkeit

67. bis 69. Lebensjahr

fühlt sich jedenfalls gut an. Generativität befriedigt etwas in uns, das über uns hinaus will und sich nach Transzendenz sehnt, etwas, das unser Bedürfnis nach Lebenssinn stillt, indem wir die Bedürfnisse anderer erfüllen. Das gilt unabhängig davon, wie viel wir zu geben haben. So gibt es keinen schöneren Vertrauensbeweis als die Großzügigkeit der wirklich Armen.

Welche Erkenntnisse der achtzehnten Stunde könnten Bedeutung für Ihre aktuelle Lebensphase haben?

- Wenn Sie Ihr soziales Umfeld einschätzen, wer sind dann die typischen Nehmer, Geber und Tauscher? Wie sehen Sie sich selbst?
- Bei welchen Anlässen haben Sie schon den Wunsch verspürt, etwas für die kommende Generation zu tun, das über die Sorge für Ihre eigenen Kinder und Enkelkinder hinausgeht?
- Im Kapitel über die fünfzehnte Stunde wurde vorgeschlagen, darüber nachzudenken, was einmal in Ihrem Nachruf stehen könnte. Lassen Sie sich von den Überschriften der Nachrufe auf Prince, Muhammad Ali und Zaha Hadid inspirieren und schreiben Sie die Überschrift eines Nachrufs, der Ihnen entsprechen könnte. Das ist eine spannende Aufgabe, wenn Sie sich darauf einlassen.

67. bis 69. Lebensjahr

1 Adam Grant: Geben und Nehmen: Erfolgreich sein zum Vorteil aller. München 2013.
2 Reinhold Messner/Christiane Nüsslein-Volhard/Anne-Sophie Mutter/ Egon Bahr: »Was soll von mir bleiben?«. In: Psychologie Heute 41, 12/2014, S. 38–43.
3 Bei Erikson beginnt das mittlere Erwachsenenalter mit 40 Jahren und geht mit 60 Jahren in das reife Erwachsenenalter über. Da sich die Lebenserwartung gegenüber seiner Zeit wesentlich verlängert hat, geht der Autor dieses Buches davon aus, dass das Thema Generativität bis ins 70. Lebensjahr Bedeutung hat und erst danach das reife Erwachsenenalter beginnt.
4 Heiko Ernst: »Generativität. Die Aufgabe der zweiten Lebenshälfte«. In: Psychologie Heute 20, 4/2008, S. 65–68.
5 Reinhold Messner/Christiane Nüsslein-Volhard/Anne-Sophie Mutter/ Egon Bahr: »Was soll von mir bleiben?«. In: Psychologie Heute 41, 12/2014, S. 38–43.
6 Edward Hoffman: »›Ich wollte anders sein.‹ Erik Erikson und die Entwicklung der Identität«. In: Psychologie Heute 10/2012.
7 Lux Narayan: »What I learned from 2,000 obituaries«, TED-Konferenz New York, 2017.

DIE NEUNZEHNTE STUNDE
verlangt von uns, das Alleinleben zu beherrschen und uns selbst ein guter Freund zu sein.

70. bis 72. Lebensjahr

»*Hallo hallo Einsamkeit*
Diesen Abend heut verbringen wir zu Zweit
Nur wir beide ganz allein zu Zweit
Wir nehm' uns heut ein bisschen Zeit
Oh hallo Einsamkeit
Diesen Abend heut verbringen wir zu Zweit.«
Roger Cicero

Was wir von Eremiten und Künstlern über das Alleinsein lernen können

Der Einsiedler, der seine Berufung richtig versteht, zieht sich nicht vom Kontakt generell zurück, sondern vom äußeren Kontakt. Das ermöglicht ihm, die innere Verbundenheit zu erneuern, ohne die jede äußere Beziehung meist oberflächlich bleibt. Diese Botschaft steckt in der Fabel vom Einsiedler. Er wird von anderen Menschen gefragt: »Was findest du denn in deiner Höhle, wenn du dich immer weiter zurückziehst?« Er antwortet: »Alle Tränen der Welt.« Damit sind aber nicht, wie man vielleicht glauben könnte, die Tränen der Trauer, sondern die Tränen der Ergriffenheit und Freude gemeint, darum sagt er »alle Tränen«. Sie stehen für die Verbundenheit mit allen Menschen. Die Geschichte räumt mit manch romantischer Vorstellung vom Eremitendasein auf. Dieses verlangt die ehrliche Konfrontation mit sich selbst und mit »allen Tränen der Welt«.

Die Sehnsucht nach Weite oder Tiefe ist sehr unterschiedlich bei uns Menschen ausgeprägt. Wir brauchen jedenfalls beides, den Rückzug in die eigene Tiefe und den Mut, immer wieder in die äußere Welt aufzubrechen und offen für neue Beziehungen zu sein. Viele Künstler benötigen den totalen Rückzug, um ihre Einsamkeit in einem kreativen Akt transformieren zu können. So begründete Virginia Woolf in ihrem Es-

70. bis 72. Lebensjahr

say »Ein Zimmer für sich allein« im Jahr 1929 die Tatsache, warum es bis dahin so wenige bedeutende weibliche Schriftsteller gab, mit der Schwierigkeit von Frauen, sich einen eigenen Raum zu erkämpfen, um dort ungestört schreiben zu können. Frauen würde es weder an Talent, Intelligenz noch an Fantasie fehlen, sondern schlicht an der Möglichkeit, längere Zeit allein ihre Kreativität zu entwickeln. Diese These erscheint durchaus plausibel, wenn man zum Beispiel in den Biografien über Thomas Mann liest, wie dieser seine ganze Familie dazu zwang, sich nur flüsternd zu unterhalten, wenn er in seinem Zimmer schrieb. Künstlerische und kreative Talententfaltung erfordert oft Phasen des Alleinseins.[1]

Nicht nur Künstler, sondern auch spirituelle Führer zogen sich vor großen Entscheidungen zurück. So beginnen die drei abrahamitischen Weltreligionen[2] mit einem Rückzug. Moses zog sich auf den Berg Sinai zurück, um dort die Zehn Gebote zu erhalten. Jesus blieb 40 Tage lang allein in der Wüste, wo er der Versuchung des Satans widerstand. Mohammed flüchtete von Mekka nach Medina. Eine zeitgemäße Form des Rückzugs ist heute die der Klausur. Darin steckt das lateinische Wort »claudere«, das abschließen bedeutet. Wenn wir Zeit für uns allein brauchen, müssen wir uns nicht gleich 40 Tage in die Wüste zurückziehen, sondern können auch »mit uns selbst in Klausur« in ein Kloster oder eine Berghütte gehen. Aus innerer Leere wird dann im Idealfall die innere Ruhe. Der Zwang des Sich-mit-sich-selbst-beschäftigen-Müssens wandelt sich in ein Sich-selbst-beschenken-Können.

Es gibt ein gutes Alleinsein, das negative ist die Einsamkeit. Im ersten Fall sind wir zwar allein, aber mit anderen trotzdem verbunden, in der Einsamkeit sind wir von anderen abgetrennt. Um das Verbundensein kommt auch der Alleinlebende nicht herum. Selbst wenn das ein Tier, eine Blume, die Natur, die

70. bis 72. Lebensjahr

Musik ist, es muss irgendetwas geben, dem man sich verbunden fühlt. Sogar mit einem Verstorbenen kann man in Erinnerung treten und trotz des Schmerzes über den Verlust ein Gefühl der Verbundenheit mit ihm pflegen. Das lässt sich dann entwickeln und ausweiten. Wer keine Verbundenheit schafft, dem droht die Geißel der Einsamkeit – die Verbitterung.

Ab 70 Jahren wird das Leben lebensgefährlich

Während der Selbstmord eines zehnjährigen Schülers Fassungslosigkeit hervorruft, löst der Suizid eines 70-Jährigen zwar Schuldgefühle, unterschwellig aber auch Verständnis aus. Selbstmord ist eine Alterserscheinung. Von den über 10 000 Menschen, die sich jährlich in Deutschland das Leben nehmen, sind 40 Prozent über 60 Jahre alt. Je älter Menschen werden, desto auffälliger ist die erschreckende Effizienz ihrer Suizidversuche: Während bei Jugendlichen und jungen Erwachsenen auf jeden vollendeten Suizid etwa 30 bis 50 Versuche kommen, ist das Verhältnis bei den über 85-Jährigen fast eins zu eins.

Würden alle alten Menschen wegen Krankheit oder Einsamkeit ihrem Leben aus eigenem Antrieb ein Ende setzen, wäre die Selbstmordrate noch höher, als sie ohnehin schon ist. Der entscheidende Unterschied zwischen denen, die zwar immer bekunden, des Lebens überdrüssig und müde zu sein, dessen Ende aber duldend abwarten, und jenen, die es gewaltsam beenden, stehen Erlebnisse, die sie glauben, nicht bewältigen zu können. Einsame alte Menschen stecken mit ihren Suizidgedanken in einer besonderen Falle. Einerseits sind sie hoch gefährdet, andererseits gehen sie so gut wie nie zum Therapeuten – denn dahin gehören nach den Vorstellungen ihrer Generation nur »Verrückte«. Nehmen die Beschwerden überhand, wird allenfalls der Hausarzt konsultiert. Und der versteht oft nicht, dass Symptome wie Kopf-, Magen- oder Gliederschmerzen, Schwindelgefühle und Sehstörungen manchmal nicht nur Verschleißerscheinungen sind, sondern seelische Ursachen haben können. Der Hausarzt verschreibt dann häufig ein zusätzliches Medikament. Dabei ist es die Einsamkeit, die den Patienten auffrisst.

Das, wonach sich die meisten Menschen im Herbst ihres Lebens sehnen, sind emotionale Bindungen. Es herrscht eine große Angst vor dem Alleinsein, dem Vergessenwerden. Das gipfelt in der Furcht vor dem einsamen Sterben, ohne dass sich jemand unser annimmt. Was leider gar nicht so unbegründet ist. Viele Bewohner in einem Pflegeheim erhalten überhaupt nie Besuch, weil sie niemanden mehr haben, die Kinder im Ausland leben oder die Angehörigen sich ganz einfach nicht kümmern. Dieses Problem wird durch die Vereinzelung der Menschen in Kombination mit der steigenden Lebenserwartung gewaltig wachsen. Einen unerfreulichen Blick in die Zukunft zeigte die Ausstellung »Hello, Robot. Design zwischen Mensch und Maschine« im Österreichischen Museum für angewandte Kunst (MAK) in Wien. Wenn uns die Menschen zur Begleitung der Sterbenden fehlen, dann könnten wir sie doch im digitalen Zeitalter durch Roboter ersetzen. Auf einer Station der Ausstellung erlebten die Besucher diese digitale Vision der letzten Stunde erschreckend realitätsnah. Eine Roboterhand aus weichem Stoff streichelte sie, und eine beruhigende Computerstimme sprach dazu sinngemäß folgenden Text: »Es wird jetzt Zeit für dich, loszulassen. Alle deine Freunde sind leider im Augenblick nicht in der Lage, bei dir zu sein, aber sie lassen dir ausrichten, dass sie dich sehr lieb haben und in Gedanken bei dir sind. Dafür bin ja ich jetzt bei dir.«

70. bis 72. Lebensjahr

Alleinsein und Einsamkeit sind zwei Gefühle, die leicht verwechselt werden

Ein Mensch ist allein, wenn kein anderer um ihn herum ist. Ein Mensch ist einsam, wenn er die Anwesenheit anderer Menschen schmerzlich vermisst. Viele, die ständig beruflich und in der Familie unter Menschen sind, sehnen sich sogar nach mehr Zeit für sich selbst. Nach Einsamkeit sehnt sich niemand. Im Laufe jedes Lebens gibt es unabhängig vom Lebensalter Augenblicke der tief empfundenen Einsamkeit. Das Abendessen am Einzeltisch des Restaurants im Singleurlaub, die erste Nacht in einer neuen Wohnung nach einer Trennung, der endlos lange Sonntag, an dem niemand Zeit für ein Treffen hat, ein Krankenhausaufenthalt ohne Besuche, ein einsames Hotelzimmer irgendwo. Es geht um einen subjektiv empfundenen Mangel an sozialen Kontakten oder die Sehnsucht nach einem bestimmten abwesenden Menschen. Allein zu leben kann eine bewusste Entscheidung sein, Einsamkeit ist eine Urangst des Menschen.

Von der Geburt bis zu unserem dritten Lebensjahr sind wir völlig abhängig von anderen, meist von unserer Mutter. In unserer letzten Stunde sind wir dagegen allein. Jeder stirbt für sich allein. Das ist das einzige Geheimnis des mythenumwobenen Tibetischen Totenbuchs. Denn selbst wenn wir, was sich viele wünschen, im Kreise unserer Liebsten sterben, die letzte Wegstrecke ist stets ein Alleingang. Doch was ist in den vielen Jahren zwischen unserer ersten und unserer letzten Stunde?

Menschliche Beziehungen sind schwierig. Die schwierigste Beziehung ist die zu uns selbst. Sie ist die einzige lebenslange Beziehung, die wir haben werden. Wir können uns von uns selbst weder trennen, noch können wir uns gegen einen anderen Menschen austauschen in der Hoffnung, dass es dann besser funktionieren wird. Es ist sinnvoll, früh zu lernen, mit sich selbst auszukommen. Dazu gibt es eine Vielzahl an hilfreichen Büchern, die die Fähigkeit zur Selbstliebe thematisieren, wie zum Beispiel *Mit mir sein: Selbstliebe als Basis für Begegnung und Beziehung* des Psychiaters Michael Lehofer oder der Longseller *Liebe dich selbst und es ist egal, wen du heiratest* von Eva-Maria Zurhorst. Darin wird die Selbstliebe vor allem als Voraussetzung für gelungene Beziehungen zu anderen Menschen gesehen. Da ich in meinem eigenen Buch *Ich bin für Dich da: Die Kunst der Freundschaft* dieses Thema aus der Perspektive »Du sollst Dir selbst ein guter Freund sein« behandelt habe, möchte ich an dieser Stelle nur darauf hinweisen, dass Selbstliebe und Selbstakzeptanz sicher wichtige Voraussetzungen für ein gelungenes Leben sind. In diesem Kapitel geht es aber um das Alleinsein als eine Schlüsselqualifikation des modernen Menschen.

Die Wahrscheinlichkeit, dass wir mehrmals eine längere Strecke unseres Lebensweges allein gehen müssen, ist hoch. 35 Prozent unseres Lebens verbringen wir bereits allein, sagt der Zukunftsforscher Matthias Horx. Rund ein Sechstel der Bewohner Österreichs lebt allein. Drei Viertel der Singles unter 40 wollen heiraten. Aber 31 Prozent der Frauen möchten weiterhin Single bleiben. Die Zahlen in Deutschland sind ähnlich.[3]

Die deutlich gestiegene Lebenserwartung führt nach dem Tod eines Partners zu einer langen Zeit des Weiterlebens des anderen, meist der Frau. Die zunehmende wirtschaftliche Unabhängigkeit der Frauen ermöglicht es ihnen, unbefriedigende Ehen lange »bevor der Tod sie scheidet« zu beenden. Die Annahme, dass sich junge Erwachsene aus individualistischen oder gar egoistischen Motiven immer häufiger für ein Singleleben entscheiden und so zum Zuwachs dieser Gruppe beitragen, ist dagegen falsch. Der Anteil der 15- bis 29-Jährigen an

70. bis 72. Lebensjahr

den Bewohnern von Einpersonenhaushalten ist sogar leicht gesunken. Es sind definitiv die über 45-Jährigen, die sich trennen und dann die Erwartungen an einen zukünftigen Wunschpartner so hochschrauben, dass die Wahrscheinlichkeit, einen solchen zu finden, naturgemäß geringer wird. Der Kabarettist Bernhard Ludwig hat das in seinem Programm »Anleitung zur sexuellen Unzufriedenheit« so zugespitzt: 90 Prozent aller Männer wollen eine von den Top-10-Prozent der Frauen, während 90 Prozent der Frauen einen der Top-10-Prozent der Männer suchen. Das könne sich nicht ausgehen.

Dazu kommt, dass das Bild der alten Jungfer, die keinen Mann abbekommen hat und daher den Rest ihres Lebens in Schwarz gekleidet still vor sich hin leidet, genauso aus dem öffentlichen Bewusstsein verschwunden ist wie das des ewigen Junggesellen, der sich mit Löchern in den Socken einsam von aufgewärmtem Dosenfutter ernährt. Im Gegenteil, Singles, die anscheinend selbstbestimmt ihr Leben meistern, sind durchaus gesellschaftsfähig geworden. Im Geheimen werden sie oft sogar von in Familien lebenden Menschen bewundert, wenn Letztere zumindest gelegentlich davon träumen, aus der Enge ihrer Verpflichtungen auszubrechen. Folgt man diesen Lebensmustern, so gibt es eine gewisse Wahrscheinlichkeit, dass auch wir nicht erst in der neunzehnten Stunde das erste Mal mit dem Alleinleben konfrontiert werden, sondern schon viel früher. Es sei für Menschen immer gesund gewesen, das gute Alleinsein zu beherrschen, sagt der Psychotherapeut Dietrich Munz.[4] Ein Erwachsener sollte es eine Weile nur mit sich selbst aushalten können, ohne sich zu ängstigen oder zu langweilen. Auch die Melancholie, die uns in einsamen Stunden manchmal überfällt, hat eine helle Seite, die es uns ermöglicht, besonders tief in uns selbst hineinzufühlen, oder eine dunkle – das ist dann der Seelenschmerz, in dem wir uns verlieren.

70. bis 72. Lebensjahr

Mit sich selbst zurechtzukommen, auch in schwierigen Lagen, sei ein Zeichen von psychischer Reife. Abraham Maslow stufte das Streben nach dem Alleinsein in seiner Bedürfnispyramide als Teil der Selbstverwirklichung ein. Für ihn gehörte es daher zu den höchsten Bedürfnissen an die Spitze der Pyramide. Menschen, deren Grundbedürfnisse abgedeckt sind, die über ausreichende soziale Kontakte verfügen und dabei Anerkennung erfahren haben, sind entwickelt genug, um zeitweise das Alleinsein genießen zu können. Wer grundsätzlich anerkannt und verbunden ist, der fühlt sich nicht einsam, wenn er allein ist. Zwangsläufig alleingelassen werden manchmal auch Menschen, die Entwicklungen als Erste sehen, aber von niemandem in ihrem Umfeld ernst genommen, sondern als Spinner abgetan werden.

Wer die Kunst, allein zu reisen, beherrscht, kommt besser mit sich selbst aus

Albert erinnert sich heute noch an die einsamsten Weihnachten seines Lebens, die er in einem kleinen Strandhaus in Neuseeland verbrachte. Es war die Nacht vor dem Tsunami, der 230 000 Menschen das Leben kosten sollte. Das konnte Albert natürlich nicht wissen, sondern erfuhr es erst am nächsten Tag, als ihm besorgte Freunde von dem Ereignis schrieben. Das Wetter spielte im Jahr 2004 überall auf der Welt verrückt, nicht nur in Thailand, sondern auch in Neuseeland, wenngleich mit weniger schrecklichen Folgen. Albert hatte seine Reise für sich allein geplant. Das erste sorgfältig ausgewählte Quartier lag im Norden Neuseelands direkt am Sandstrand, und es hätte normalerweise um diese Zeit traumhaftes Sommerwetter herrschen sollen. Hätte, hätte, hätte ... Es war der kälteste Sommer in Neuseeland seit 30 Jahren.»Die Landkarte ist nicht das Gebiet und die Jahreszeiten können ein Hund sein«, ärgerte er sich damals. Die Vermieterin stellte Albert einen kleinen Elektroofen ins Zimmer, die nasse Kälte ließ sich trotzdem nur mit Pullover aushalten. In seiner Fantasie hatte Albert sich mit den bekannt gastfreundlichen Neuseeländern am Strand Weihnachten feiern sehen, in der Realität saß er allein mit einer Flasche Supermarktwein und einer Packung kaltem Schinken und Käse in seinem Zimmer, klischeehaft wie in einem schlechten Film. Er fühlte sich nicht allein, sondern einsam, wusste nicht, ob er weinen oder lachen sollte. Dabei war Albert gut trainiert in der Kunst, allein zu leben und zu reisen. Aber zum ersten Mal seit langer Zeit kam in ihm der Gedanke auf, dass das kein Leben war, welches er für sich wünschte. Dieser Gedanke ließ ihn nie mehr ganz los.

Allein zu reisen ist nicht die beste Art zu reisen, wie die Geschichte von Albert zeigt. Unangefochten an der Spitze liegt zweifellos das Glück, frisch verliebt mit seinem Partner zu verreisen. Dann kommt das Reisen mit dem vertrauten Lebenspartner. Auch die Reise mit dem besten Freund oder der besten Freundin muss keineswegs eine Verlegenheitslösung sein. Doch wer verreist schon gerne allein? Allein zu reisen ist wohl nur für ganz wenige Menschen die erste Wahl, aber es ist gut zu wissen, dass es weit schlechtere Alternativen gibt. So zum Beispiel das jährliche Pflichterfüllungsprogramm mit einem Partner, den man schon lange nicht mehr liebt. Was nützen der Traumstrand und das schönste Hotel, wenn man zwei Wochen an gegenseitiger Sprachlosigkeit leidet, die nur durch regelmäßige heftige Streitereien um Nebensächlichkeiten unterbrochen wird? An letzter Stelle steht die Entscheidung, überhaupt zu Hause zu bleiben, weil man es nicht über sich bringt, allein eine Reise zu wagen. Die Frustration steigt, und nach dem schnellen, ereignislosen Verstreichen der freien Tage bereut man die vergebenen Möglichkeiten.

70. bis 72. Lebensjahr

Eines der größten Hindernisse, welches es zu überwinden gilt, ist die Furcht vor dem Urteil anderer. Menschen, die sich bei sozialen Anlässen allein zeigen, vermuten, als wenig beliebt und seltsam bewertet zu werden.[5] Dabei überschätzen sie die Aufmerksamkeit Fremder, die viel zu sehr mit sich selbst beschäftigt sind, um jemanden wahrzunehmen, der allein im Restaurant oder im Kino sitzt. Für viele scheinen Situationen, in denen sie sich allein inmitten von glücklich miteinander verbundenen Menschen befinden, nur schwer aushaltbar. Dabei wäre es für Alleinstehende viel besser, etwas allein zu unternehmen, als zu Hause herumzusitzen. Die Kunst, allein zu reisen, ist erlernbar und beginnt mit der Entscheidung, sich darauf einzulassen. Die wahren Abenteuer beim Reisen sind ohnehin nicht planbar.

Reisen ist die zweitbeste Art, sein Geld auszugeben. Reisen Sie nicht über Ihren Verhältnissen, aber auch nicht darunter. Die finanziellen Möglichkeiten werden sich im Laufe Ihres Lebens hoffentlich erweitern. Wer als junger Mensch nie die fast zweitägige Zugfahrt als Rucksacktourist nach Griechenland oder Portugal »überlebt« hat, wer nie im Schlafsack am Strand unter freiem Himmel geschlafen hat, der ist nicht wirklich gereist. Wer sich noch nie in einem asiatischen Luxushotel hat verwöhnen lassen, dem geht wahrscheinlich ebenfalls etwas ab. Der Alleinreisende ist meist nicht an die Hochsaison gebunden und kann daher mit Verhandlungsgeschick einen guten Deal in einem Traumhotel machen. 30 bis 40 Prozent Rabatt sind erzielbar. Airbnb bietet gerade Alleinreisenden bisher unbekannte Möglichkeiten. Wem nicht nur danach ist, seinen Köper in einem Spa verwöhnen, sondern auch seine Seele streicheln zu lassen, dem sei das Esalen Institute in Big Sur in Kalifornien als Geheimtipp empfohlen. Keine Sorge, Esalen liegt so abgelegen und versteckt, dass es nur jene finden, die

70. bis 72. Lebensjahr

es wirklich suchen – unabhängig davon, ob sie erst 25 oder schon 75 Jahre alt sind.

Gruppenreisen sind oft besser als ihr Ruf, aber nicht jedermanns Sache. Der Alleinreisende kann sich ohne Pflichtprogramm lustvoll den Dingen hingeben, die er gerne tut. Irgendwann wird er es dann sogar schaffen, die größte Hürde mit Würde zu bewältigen: das Abendessen. Wer bei der Restaurantwahl dem Rat des Concierge seines Hotels folgt und ihn selbstbewusst bittet, für eine Person zu reservieren, wird höchstwahrscheinlich nie an einem Katzentisch neben der Toilette sitzen. Gibt man zum Abschluss ein großzügiges Trinkgeld, so wird man beim nächsten Besuch wie ein Stammgast empfangen werden.

Hat man sich erst einmal daran gewöhnt, das Abendessen mit sich selbst souverän zu bewältigen, schafft man auch die zweite Hürde des Alleinreisenden. Diese baut sich nur im Kopf auf. Wer mit dem Partner gemeinsam reist, sieht ständig Singles, die ihm verheißungsvolle Blicke zuwerfen, wer allein reist, blickt nur auf schmusende Liebespaare. »Wahrnehmungsverzerrung« heißt dieser Effekt in der Psychologie. Dabei bieten Reisen unzählige Möglichkeiten, auf Flughäfen, Busstationen, im Hotel, im Café oder beim Einkaufen nette Menschen kennenzulernen. Nur wer schon mit der fixen Vorstellung nach Bali fliegt, dort den Mann seines Lebens kennenzulernen, wird wohl eher eine Menge verzweifelt Suchender finden. »Eat, Pray, Love« funktioniert lediglich im Film …

Jede Reise ist ein Spiegel unserer Persönlichkeit. Es gibt den Typ, der nur den Flug in ein Land bucht und sich dann am Flughafen überraschen lässt, wie es weitergeht, und im Gegensatz dazu jenen, der alles akribisch bis ins Detail plant und Sehenswürdigkeiten abarbeitet. Jedenfalls sollten Reisen Skizzen in unserer Vorstellungskraft sein, die viel Raum für überraschende Erlebnisse lassen. Dem erfahrenen Alleinreisenden gelingt es, sich frei von Erwartungen an eine Reise zu machen. In der Rückschau sind es oft die Pannen, Umwege oder Verirrungen, die zu den schönsten Abenteuern geführt haben – wie auf Reisen, so im Leben.

Die Art, wie Sie eine unbekannte Landschaft oder eine fremde Stadt entdecken, gleicht oft dem Muster, wie Sie sich durch Ihr Leben bewegen. Die Kunst, allein reisen zu lernen, ist ein gutes Training für die Phasen des Lebens, die Sie vielleicht einmal allein bestreiten müssen. Nirgends lernt man einen Partner besser kennen als auf Reisen. Nirgends lernt man sich selbst besser kennen als auf Reisen. Der Unterschied ist, dass Sie sich von Ihrem Partner trennen können, sich selbst werden Sie den Rest Ihres Lebens aushalten müssen. Zumindest hört man das eigene Schnarchen nicht, und die eigenen Haare im Bad stören auch nicht.

Reflexionen über die neunzehnte Stunde

Für ein Leben in Freiheit und Unabhängigkeit braucht es vor allem Mut. Denn mehr Freiheit bedeutet auch mehr Einsamkeit. Allein, unbeschwert von alten Lasten und Verpflichtungen zu leben, nie etwas festzuhalten, endet meist damit, nichts mehr in Händen zu halten. Das bewältigen nur wenige.

Der alles begrenzende Faktor ist immer die Beziehung zu uns selbst. Dort, wo wir es nicht schaffen, sie herzustellen, sondern die Hoffnung auf andere projizieren, dass sie für uns den Garten Eden wiederherstellen, lauert die Opferfalle, in der wir uns selbst bedauern, sollten wir längere Zeit allein leben müssen. Wer seine Freunde dazu missbraucht, ständig sein Leid zu beklagen, der wird irgendwann den letzten Freund verlieren, weil dieser sich als Notnagel und seelischer

Abfalleimer empfindet. Oder wie Oscar Wilde meinte: »Wenn du Einsamkeit nicht ertragen kannst, dann langweilst du vielleicht auch andere.«

Allein zu leben kann einen großen Reichtum bringen, nicht als egozentrischer Egotrip, sondern im Sinne der Selbstentdeckung, mit all ihren Schattenseiten, Traurigkeiten, Leidenschaften, Ängsten, Freuden und hoffnungsvollen Tagträumen. Eine Wegstrecke in unserem Leben, auf der wir eine Zeit lang nur auf uns schauen, kann bereichernd sein. An unserem tiefsten Punkt, wenn wir uns ganz auf uns zurückgeworfen fühlen, erkennen wir vielleicht: Mit mir selbst bin ich weniger allein.

Welche Erkenntnisse der neunzehnten Stunde könnten Bedeutung für Ihre aktuelle Lebensphase haben?

- Was war die bisher längste Zeitspanne in Ihrem Leben, in der Sie allein ohne Partner und Familie gelebt haben?
- Würden Sie im Zweifel weiter mit einem Partner leben, der Ihre wichtigsten Bedürfnisse schon lange nicht mehr erfüllt, oder lieber das Risiko eingehen, vielleicht sehr lange allein leben zu müssen?
- Wann haben Sie das Alleinsein in Ihrem Leben besonders genossen?

Einsamkeit und Alleinsein sind zweierlei. Die Einsamkeit verleitet leicht zu dem Glauben, auf dem richtigen Weg zu sein. Das gute Alleinsein ermöglicht uns dagegen, mit uns selbst auszukommen, ohne uns zu fürchten oder zu langweilen. Aber das Beste ist immer, einen anderen Menschen zu finden. Jenen Menschen, der zu unserem Spiegel wird.[6]

70. bis 72. Lebensjahr

1 Mihaly Csikszentmihalyi: Talented Teenagers. The Roots of Success and Failure. Cambridge 1993.
2 Die abrahamitischen Religionen Judentum, Christentum und Islam beziehen sich auf Abraham, den Stammvater der Israeliten, beziehungsweise auf Ibrahim im Koran.
3 Laut Statistischem Bundesamt machen Singlehaushalte 41 Prozent aller Haushalte in Deutschland aus. Vor 20 Jahren waren es noch 34 Prozent.
4 Wiebke Hollersen: »Warum wir lernen müssen, gern allein zu sein«. In: Welt am Sonntag vom 17. Juni 2015.
5 Eva-Maria Träger: »Ich bin nicht allein, ich habe ja mich«. In: Psychologie Heute, 12/2015, S. 24 ff.
6 Elif Shafak: Die vierzig Geheimnisse der Liebe. Zürich 2013.

DIE ZWANZIGSTE STUNDE
trennt unerbittlich in die Glücklichen, die ihr Leben lang Lernende waren, und die Nichtlerner, deren Feuer der Neugier schon lange erloschen ist.

73. bis 75. Lebensjahr

»Musiker gehen nicht in Pension, sie hören auf, wenn sie keine Musik mehr in sich spüren.«
Robert De Niro

Alle, die bisher glaubten, dass Wien die Stadt der Melancholie und Todessehnsucht ist, können eines Besseren belehrt werden. Wer in Wien eines Tages aufwacht und sich nicht mehr ganz sicher ist, ob er noch lebt, kann sich von seinem Magistratischen Bezirksamt eine »Lebensbestätigung« ausstellen lassen. »Mit der Lebensbestätigung wird bescheinigt, dass eine Person zum Zeitpunkt der Ausfertigung der Bestätigung am Leben ist«, heißt es im Amtsdeutsch auf der Website der Stadt Wien. Voraussetzung ist allerdings das persönliche Erscheinen. Gegen Vorlage eines amtlichen Lichtbildausweises und der Bezahlung von 3,27 Euro Verwaltungsabgabe bekommt man bestätigt, dass man noch lebt. So preiswert ist das bei keinem Psychotherapeuten. Die Ausfertigung der »Lebensbestätigung« im Amt erfolgt sofort, man weiß ja nie, was morgen ist. Ob man noch wirklich lebendig ist, noch denkt und lernt, sich noch spürt oder nur mehr existiert, bleibt allerdings offen.

Bekenntnisse eines Lernenden

Sie können sich als Leser zu Recht fragen, warum die Trennung in die Lernenden und die Nichtlerner erst in der zwanzigsten Stunde behandelt wird. Die Weichenstellungen für die drei Themen Lernen, körperliche Gesundheit und seelische Zufriedenheit werden früh gestellt und beeinflussen unser ganzes Leben. In diesem Buch befassen wir uns in der zwanzigsten, einundzwanzigsten und zweiundzwanzigsten Stunde damit. Denn spätestens jetzt zeigen sich die positiven und negativen Folgen unserer Entscheidungen, die wir zuvor im Leben getroffen haben.

73. bis 75. Lebensjahr

Beginnen wir in diesem Kapitel mit den faszinierenden Möglichkeiten, in jedem Alter zum lernenden Menschen zu werden. Erlauben Sie mir, Sie zuerst zu einer sehr persönlichen Gedankenreise zurück in meine eigene Vergangenheit als Lernender einzuladen und anschließend einen Blick in die Zukunft des Lernens zu wagen.

Vom Geografieunterricht sind mir nur zwei interessante Dinge in Erinnerung geblieben: Dass in Boston die berühmteste Universität der Welt steht, nämlich Harvard. Und dass durch Südamerika der längste Fluss der Welt fließt, der Amazonas. Über beides könnte man lange streiten, wie ich heute weiß. Harvard und der Amazonas lösten in meiner Fantasie jedenfalls großartige Bilder aus, und ich beschloss schon auf der Schulbank, beide einmal Wirklichkeit werden zu lassen. Lernen von den Besten und Reisen in ferne Länder, zwei meiner großen Leidenschaften, wurden früh geweckt.

Mit 28 Jahren war es dann endlich so weit. Als Jungabgeordneter verfügte ich über die nötigen Kontakte, um mir Empfehlungsschreiben von hochrangigen Persönlichkeiten zu besorgen, und über genügend Chuzpe, um in ein Executive Program an der Harvard-Universität aufgenommen zu werden, das an sich für Leute mit mindestens zehn Jahren Regierungserfahrung gedacht war. Vor Beginn des Programms drückte man mir drei dicke Ordner mit Fallstudien in die Hand. »Das ist ziemlich viel für drei Wochen«, sagte ich launig. »Das ist für die erste Woche«, antwortete man ebenfalls launig. Dann landete ich in einer Gruppe mit 80 anderen Teilnehmern, Zwei-Sterne-Generälen, FBI-Abteilungsleitern, Stabsmitarbeitern von Senatoren und hohen Regierungsbeamten. Die Tage waren ungemein anstrengend, die Nächte dienten dem Studium der Fallstudien für den nächsten Tag und erlaubten wenig Schlaf. Aber im Gegensatz zu den Tausenden leblosen Seiten,

73. bis 75. Lebensjahr

die ich als Vorbereitung auf die vielen Prüfungen an der Wirtschaftsuniversität in mich hineinzustopfen hatte, fühlte ich mich ungemein glücklich.

Das lag an der typisch amerikanischen Unterstützung meiner Kurskameraden und den großartigen Professoren. Es war ein Unterschied, ob man das Scheitern der Energiepolitik von Jimmy Carter mit seinem damals verantwortlichen Chefberater Stuart E. Eizenstat gnadenlos sezierte oder, wie ich es bis dahin gewohnt war, Marketing von einem Professor zu lernen, der nie in seinem Leben in einem Unternehmen gearbeitet, geschweige denn eines gegründet hatte. Als Nichtlateiner lernte ich die tiefere Bedeutung des Wappenspruchs von Harvard »Veritas« (Wahrheit) zu verstehen. Es gebe selten die eine einzig richtige Wahrheit, sondern nur wenn unterschiedliche Argumente und Fakten aufeinanderprallten, könnte man sich der Wahrheit annähern, sie aber nie besitzen. Nie werde ich vergessen, wie ich ein zweites Mal sehr ähnliche Argumente in eine Diskussion einbrachte, um, wie ich das aus der Welt der Politik gewohnt war, meinem, wie ich meinte, richtigen Standpunkt Nachdruck zu verleihen. Von dem Professor wurde ich dafür mit der knappen Bemerkung »Andreas, das hast du uns schon gesagt, hast du neue Argumente oder eine Frage?« abgestraft. Meine nächste Wortmeldung überlegte ich mir sehr genau. Das viele Geld, das ich damals für das Harvard-Programm ausgab, war eine der besten Investitionen meines Lebens. Die Kollegen und die Professoren waren beeindruckend, der Campus wunderschön, die Lehrmethode der Fallstudien ungemein spannend und der ironische Titel »IHG« – in Harvard gewesen – schmückte jeden Lebenslauf. Doch das Entscheidende war etwas anderes. Ich wurde dort endgültig zum begeisterten Lernenden bekehrt. Ich begriff, dass Freude am Lernen nur über Anstrengung führt: Je mehr man sich anstrengt, desto größer die Freude.

73. bis 75. Lebensjahr

Bis heute investiere ich viel in meine Weiterbildung, und zwar antizyklisch. Wenn ich ein finanziell schlechtes Jahr hatte, was als Selbstständiger immer wieder vorkommt, dann wende ich umso mehr Geld für Bildung auf. In den letzten Jahren fühlte ich mich besonders von Zukunftsfragen angezogen, besuchte regelmäßig die TED-Konferenzen und unternahm Research-Reisen ins Silicon Valley, weil ich wissen wollte, ob und wie dort unsere Welt neu geschaffen wird.[1] Als nicht besonders technikaffiner Mensch habe ich zwar in Vorträgen für das digitale Lernen geworben, mich dem aber lange selbst entzogen. Letztes Jahr rang ich mich endlich dazu durch, einen Onlinekurs über Design Thinking bei IDEO[2] zu machen. Fast alles, was ich in meinen Vorträgen Positives erzählt hatte, wurde glücklicherweise bestätigt. Lernen ist für mich zugleich Schutzschild für mein riskantes Leben als Selbstständiger und Therapie für mein seelisches Gleichgewicht, um nicht in meiner Komfortzone hängen zu bleiben.

Lerne ich alles mit Freude?

Leider nein, so hat das Lernen einer Fremdsprache zum Beispiel nie Freude in mir ausgelöst. Ich kann einigermaßen gut Englisch, allerdings für jemanden, der sich immer wieder längere Zeit in den USA aufhält, ist mein Niveau nicht dort, wo es sein könnte. Als ich das Angebot erhielt, Seminare für eine internationale Werbeagentur auf Englisch zu halten, absolvierte ich davor einen zweiwöchigen intensiven Sprachkurs in San Francisco, der durchaus hilfreich war. Wirklich Freude bereitete mir aber nur die Stadt San Francisco. Sehr theoretisch ist meine zweite Fremdsprache Spanisch, das immerhin vier Jahre in der Schule auf meinem Stundenplan stand, mit dem dürftigen Ergebnis, dass ich bei meinem ersten Aufenthalt in

73. bis 75. Lebensjahr

Spanien mit Mühe nach dem Weg fragen konnte und sonst fast nichts verstand. Angetrieben von diesem Missgeschick, zwang ich mich während meines Studiums in einen vierwöchigen Sprachkurs in Salamanca. Freude bereitete mir nur Salamanca. Daher stelle ich mir immer wieder eine Frage: Bin ich einfach ein Anti-Talent in Fremdsprachen?

So hat das zumindest mein Englischlehrer in der zweiten Klasse im Realgymnasium gesehen: »Ihr Sohn ist ein guter Schüler, aber mit Fremdsprachen wird er sich immer schwertun«, hat er meiner Mutter erzählt. Dazu kam, dass er ein extrem strenger und oft ungerechter Lehrer war, vor dem alle Schüler zitterten, sobald er die Klasse betrat. Ständig sah ich auf die Uhr, deren Zeiger wie festgeklebt schienen, nur in der Hoffnung, nicht an die Tafel gerufen zu werden, um mein Versagen bestätigt zu bekommen. So habe ich am eigenen Leib die Richtigkeit einer These erfahren, die leider vielen Menschen die Freude am Lernen bereits in frühen Jahren austreibt: Angst, verbunden mit vorschnellen Urteilen, produziert negative Lernerfahrungen. Diese Negativspirale lässt einen nur mehr schwer wieder los.

Wem habe ich es zu verdanken, dass ich trotz dieser frühen negativen Erfahrung zum lernenden Menschen werden konnte? Die Weichen dafür wurden viel früher gelegt. Erstens hat mich meine Mutter immer wieder zum Lesen ermuntert und förderte mich dort, wo ich Interesse zeigte, wie in Geschichte. Dazu kam Glück im Unglück in der Grundschule. Da meine Eltern wieder einmal übersiedelt waren, musste ich bereits nach dem ersten Schuljahr die Schule wechseln und bekam eine wunderbare junge Lehrerin, auf die ich mich jeden Tag freute, wenn ich in die Schule ging. Mein Pech war nur, dass irgendwer irgendwo in diesem System nach zwei Wochen entschied, dass die Schüleranzahl nicht passte, und ich wurde daher nochmals in eine andere Klasse versetzt. Meine dritte Grundschullehrerin innerhalb eines Jahres war eine etwas ältere, strenge Frau, die größten Wert auf eine schöne Handschrift legte. Die meine war schon damals furchtbar. Ich fühlte mich als Versager, weil ich nie ein Sternchen auf meine Hausübungen bekam. Meine Mutter erreichte dann durch Vorsprache bei der Lehrerin, dass ich einmal ein ganz kleines Sternchen »fürs Bemühen« erhielt. In der dritten Klasse schrieben wir unseren ersten Aufsatz. Mir schwante Schlimmes, als mich die Frau Lehrerin mit meinem Aufsatz in das Zimmer des Direktors führte. Dort sagte sie vor mir zum Direktor: »Den müssen Sie lesen, das ist der beste erste Aufsatz, an den ich mich erinnern kann.« Von dem Tag an war ich den Rest meiner Schulkarriere immer einer der Klassenbesten. Es gibt auch positive sich selbst erfüllende Prophezeiungen. Danke an Frau Fuchs, eine hervorragende Pädagogin, die sehr genau unterscheiden konnte, wie ich schrieb und was ich schrieb. Meine Geschichte hätte auch anders ausgehen können ...

Wie aus Fehlurteilen sich selbst erfüllende Prophezeiungen werden

Nicht alle hatten mein Glück bei den frühen Weichenstellungen, die darüber entscheiden, ob unsere angeborene Neugier in Freude am Lernen mündet oder an einer Mauer aus Gleichgültigkeit und Fehlurteilen abprallt. Wenn man uns in der Schule immer wieder eingetrichtert hat, dass wir nicht singen, tanzen, malen können, nicht kreativ sind oder, noch schlimmer, dass wir einfach dumm sind, dann verfolgt uns das oft unser ganzes Leben lang. Sobald es darum geht, etwas Neues zu lernen, kommt die Angst hoch, wieder schlecht beurteilt zu werden. Wie in dem bekannten Experiment mit den Fischen, die man erst gegen für sie unsichtbare Glaswände in ihrem

Aquarium prallen lässt, so lange, bis sie es nicht mehr wagen, obwohl man die Hindernisse entfernt hat, versuchen Menschen mit negativen Lernerfahrungen auf einem bestimmten Gebiet, nur mehr Misserfolge zu vermeiden, und können selbst unter guten Bedingungen ihre Talente nicht nutzen. Trotz früher Enttäuschungen beim Lernen bieten sich im Laufe des Lebens immer wieder Möglichkeiten, als »Späteinsteiger« zum lernenden Menschen zu werden. Einige Beispiele:

Alain de Botton, Philosoph und Verfasser des lesenswerten Bestsellers *Wie Proust Ihr Leben verändern kann*, hat in London eine »School of Life« gegründet. Er ist überzeugt, dass Literatur und Philosophie helfen können, ein besseres Leben zu leben – wenn sie nur richtig vermittelt werden: »Was wir tun, ist eine Provokation gegenüber dem akademischen Betrieb«, sagt er. »Die Grundannahme der Akademie ist: Es gibt sehr viel Wissen, aber es sollte nicht im Leben angewandt werden. Dies gilt als vulgär, jedenfalls in den Geisteswissenschaften ... Ich habe nie verstanden, was so gefährlich daran sein soll, nach dem Nutzen von etwas zu fragen. Oder was so schlimm daran ist, wenn etwas Spaß macht.«[3] Die »School of Life« deckt offenbar eine Lücke gut ab, die Kurse sind gut besucht bis ausgebucht. Sie bietet etwas an, das es in dieser Kombination nirgendwo sonst gibt: Literatur + Philosophie + Humor + Design + Gemeinschaftserlebnis + Lebenshilfe. Die Kurse reichen von »Wie man das Leben genießt« über »Wie man gelassen wird« bis zu »Wie man scheitert«. Alain de Botton garantiert mit seinem Ruf dafür, dass es überraschende und intellektuell fordernde Antworten auf diese Fragen gibt. Die »School of Life« hat seit 2016 auch einen Standort in Berlin.

Wenn ein Roboter auf der Bühne tanzt, dafür stehende Ovationen erhält, wenn Papst Franziskus als Überraschungssprecher aus Rom zugeschaltet wird, wenn Serena Williams

73. bis 75. Lebensjahr

Einblicke gewährt, wie sie trotz Schwangerschaft die Australian Open gewann, und wenn Tesla-Gründer Elon Musk erste Bilder von seinem Plan zeigt, ganz Los Angeles zu untertunneln, dann ist »TED-Time«. TED steht für Technology, Entertainment, Design. Jedes Jahr versammeln sich knapp tausend Menschen auf der TED-Konferenz, die davon überzeugt sind, dass alle großen und kleinen Probleme der Menschheit durch die Kraft von Ideen lösbar sind. Unter den Teilnehmern befinden sich Bill Gates, die Google-Gründer Larry Page und Sergey Brin, Amazon-Boss Jeff Bezos ebenso wie Filmstars wie Cameron Diaz oder Bollywood-Superstar Shah Rukh Khan. Da die Teilnahme 10.000 Dollar kostet, wäre TED wohl eine exklusive Party für ein paar Silicon-Valley-Millionäre geblieben, wenn nicht, und das ist die gute Nachricht, alle Vorträge kostenlos auf der Website www.ted.com anzusehen wären. Die TED Talks wurden bereits mehr als drei Milliarden Mal abgerufen. Der bisher meist gesehene TED Talk stammt von Sir Ken Robinson und trägt den Titel »Töten Schulen Kreativität?«. Die kostenlosen TED-Vorträge sind jedenfalls eine exzellente Möglichkeit für Neu-, Wieder- und Späteinsteiger ins lebenslange Lernen. Kein Talk dauert länger als 18 Minuten, man kann aber auch in vier Minuten einiges über »Quasare und das unglaubliche Universum« oder in drei Minuten »Wie man seine eigene Medizin druckt« lernen. Wer noch nie auf der TED-Website war und nicht weiß, mit welchem der über 2 600 verfügbaren Talks er beginnen soll, dem seien die »25 populärsten Talks« als Einstiegshilfe empfohlen, zum Beispiel: »Die Macht der Verletzlichkeit«, »Wie erfolgreiche Leader inspirieren«, »Wie man einen Lügner erkennt«. Dass man Neues lernen und dabei herzhaft lachen kann, beweisen die beiden Talks »Zehn Fakten über Orgasmen, die Sie nicht wissen« oder »Was passierte, als ich auf ein Spammail antwortete«. Die meisten Talks sind mit sehr guten deutschen Untertiteln versehen. Eine Ausrede weniger, nicht in die Welt der Lernenden einzusteigen.

YouTube bietet mehr als populäre Musik- und lustige Katzenvideos. Suchen Sie sich Ihren Wissenschaftler, Künstler, Philosophen, Religionsführer oder Lebensberater als Ihren persönlichen Privatlehrer aus. Sie werden überrascht sein, wie viele davon auf YouTube ihr Wissen in Vorträgen in allen Längen anbieten. Wenn Sie zum Beispiel wissen wollen, was der Sinn des Lebens ist, werden Sie Antworten von Pater Anselm Grün bis zu den Monty Pythons finden. Auch einige der berühmten Vorlesungen von Viktor E. Frankl kann man besuchen. Immerhin 1 264 088 Menschen haben sich »Dieser Mann starb, traf Gott und fragte ihn, was der Sinn des Lebens ist« angesehen, da könnte sogar der gute Pater Grün neugierig werden.

Wikipedia hat zwar Sterbehilfe für den guten alten Brockhaus geleistet, der jahrzehntelang in Bibliotheken verstaubte, aber damit mehr zur Demokratisierung des Wissens auf der Welt beigetragen als viele milliardenteure Regierungsinitiativen zur Bildung. Wikipedia liefert auf fast alle Fragen Antworten, und zwar nie einseitig, sondern immer mehrere Perspektiven berücksichtigend und auf die Originalquellen verweisend. Wenn Sie beispielsweise beim Thema »Blockchain« mitreden wollen, dann lesen Sie den entsprechenden Eintrag auf Wikipedia und klicken auf »Bitcoin«, um in zehn Minuten um einiges klüger geworden zu sein. Wahrscheinlich werden Sie dann vorerst die Finger davon lassen.

Woher kommt der nächste Einstein? Vielleicht lebt sie in einem kleinen Dorf in Afrika!

Sogar an den Eliteuniversitäten wie Harvard, dem MIT oder in Stanford findet ein Umdenken bei der Öffnung für die neu-

73. bis 75. Lebensjahr

en Lernenden statt, die überall auf der Welt in allen Alterskategorien nach Wissen dürsten. Im Jahr 2011 boten die beiden Stanford-Professoren Sebastian Thrun, ehemaliger Leiter von »Google X«, und Peter Norvig einfach aus Neugier ihren Kurs »Einführung in die künstliche Intelligenz« kostenlos per Videoaufzeichnung und mit Übungsaufgaben im Internet an. Die Plattform musste zu ihrer Überraschung nach wenigen Tagen geschlossen werden, weil sich 160 000 Menschen aus 190 Ländern eingeschrieben hatten. Ein Computerprogramm übernahm die Korrektur, Fragen konnten in Onlineforen diskutiert werden. 23 000 dieser Studenten bestanden die Abschlussprüfung und erhielten ein Stanford-Zeugnis für diesen Kurs. Das sind mehr, als Sebastian Thrun in seinem ganzen Leben als Universitätsprofessor in Hörsälen je hätte erreichen können. Doch die Geschichte hat einen besonderen Clou: Unter den 412 Studenten, welche die Bestnote bei der Prüfung schafften, war kein einziger aus Stanford dabei. Der beste reguläre Stanford-Student belegte in diesem Ranking den 413. Platz. Das bedeutet, dass 412 Menschen aus der ganzen Welt, die es nie in den Kurs geschafft hätten, besser waren als die vermeintliche Elite. Für Sebastian Thrun war diese Erfahrung lebensverändernd. Er schwor dem System der Eliteuniversitäten, die sich nur an einen kleinen Kreis Privilegierter in den Industriestaaten richten, ab und gründete die Internet-Universität Udacity mit dem Ziel, weiterführende Bildung bereitzustellen, die zugänglich, erschwinglich, ansprechend und hochaktuell ist. Udacity ist der Meinung, dass weiterführende Bildung ein menschliches Grundrecht ist, und möchte seine Kursteilnehmer ermutigen, ihre Ausbildung und Karriere ein Leben lang voranzubringen. Daphne Koller, die Gründerin der ebenfalls bedeutenden Online-Universität Coursera, denkt schon an die Konsequenzen der globalen Bildungsrevo-

73. bis 75. Lebensjahr

lution: »Wir wissen nicht, woher der nächste Einstein kommt. Vielleicht lebt sie in einem kleinen Dorf in Afrika.«

Eine weitere Möglichkeit, über vielfältige Themen aus aller Welt kostenlos und unkompliziert zu lernen, sind Podcasts. Ein Podcast ist wie Radiohören – nur individueller. Podcasts sind in den USA bereits sehr populär, zum Beispiel die von Tim Ferriss oder von Malcolm Gladwell. Auch in Deutschland und Österreich gewinnen Podcasts an Bedeutung. An dieser Stelle sei dem Autor eine kurze Werbeeinschaltung in eigener Sache gestattet. Ich mache einen Podcast, der »Lebensbildung für neugierige und lernende Menschen« heißt. Auf meinem Podcast können Sie sich zum Beispiel durch Gespräche mit dem Genetiker Markus Hengstschläger, dem Benediktinermönch David Steindl-Rast oder dem Kriminalpsychologen Thomas Müller inspirieren lassen. Diese drei spannenden Menschen kommen auch in diesem Buch vor, und in den Podcasts gehen wir noch mehr in die Tiefe. Prinzipiell gibt es drei Möglichkeiten, den Podcast zu hören und zu abonnieren: Erstens, mit Ihrem Smartphone: Auf vielen ist die App »Podcast« bereits vorinstalliert, sonst können Sie eine Podcast-App kostenlos downloaden. Wenn Sie »Podcasts« anklicken, brauchen Sie nur meinen Namen in die Suchfunktion einzugeben, und Sie können sofort starten. Die zweite Möglichkeit ist über meine Website www.andreassalcher.com/podcast/. Drittens können Sie meinen Podcast über die Plattform iTunes abonnieren. Ich hoffe, Sie ein bisschen neugierig gemacht zu haben.

Die »School of Life«, TED, YouTube, Wikipedia und Podcasts sind Möglichkeiten, sich weiterzubilden und sich geistig inspirieren zu lassen. Sie stellen nur einen ganz kleinen Ausschnitt dar. Lernen umfasst natürlich unendlich mehr: eine neue Sportart, Fremdsprachen, Malen, Tanzen, Singen, Theaterspielen, Fotografieren, Kochen und alles, was Sie schon immer einmal lernen wollten.

73. bis 75. Lebensjahr

Was Hänschen nicht lernt, lernt Hans nimmermehr ...

... ist ein gefährlich falscher Kalenderspruch. Zum Lernen ist man nie zu alt. Die Befriedigung, die wir aus dem Lerntrieb erzielen können, nimmt im Laufe des Lebens nicht ab, sondern zu. Im Vergleich zur Schule oder zum Beruf brauchen wir uns beim selbstbestimmten Lernen im Alter nicht ständig mit anderen zu vergleichen. Die einzige Vergleichsperson sind wir selbst. Die Freude am Lernen kommt nicht vom Vergleich, sondern vom Fortschritt. Sind wir heute auf einem bestimmten Gebiet besser als vor einem Jahr?

Auf die Auswahl unserer Eltern hatten wir keinen, auf die unserer Lehrer in der Schule wenig Einfluss. Doch heute können wir uns wie beschrieben auf TED oder YouTube die besten Lehrer der Welt aussuchen. Sie sind jederzeit für uns verfügbar und stellen uns kostenlos den gesamten Schatz ihres Wissens und ihrer Erfahrung zur Verfügung. Anthony Robbins, David Steindl-Rast, Jane Goodall, Richard David Precht, Steve Jobs, Elon Musk, J. K. Rowling, um nur einige zu nennen, werden uns nie schlecht behandeln oder gar an die Tafel rufen, um uns zu prüfen. Wer sich für Geschichte interessiert, sollte sich die brillanten Vorlesungen des israelischen Historikers Yuval Noah Harari über *Eine kurze Geschichte der Menschheit* anschauen. Dort können wir Nobelpreisträger und die bedeutendsten Wissenschaftler sehen und hören – verstehen wir etwas nicht, so spulen wir zurück und hören es uns nochmals genau an. Sollte uns jemand langweilen, suchen wir uns einfach interessantere Vortragende. Gründen Sie Ihre private Akademie mit genau jenen Wissensgebieten, die Sie schon immer interessiert haben. Der Begriff Akademie leitet sich vom Ort der Philosophenschule Platons ab, die sich beim Hain des griechischen Helden Akademos in Athen befand. Nie war es einfacher, sich seine eigene Akademie zu schaffen, mit den besten Gelehrten, Denkern, Ratgebern, Philosophen und Schriftstellern.

Reflexionen über die zwanzigste Stunde

Wir dürfen uns keinesfalls von frühen falschen Beurteilungen unserer Eltern, Lehrer oder Vorgesetzten den Lebensweg eines Nichtlerners aufzwingen lassen. Solange wir neugierig Fragen stellen, bleiben wir jung. Es sind dann nur die Antworten, die altern. Klammern wir uns an den bekannten Antworten fest, altern wir mit ihnen.

Die Welt wird sich in Zukunft noch viel stärker in die Lerner und in die Nichtlerner teilen. Ob wir das Glück einer lebendigen Schule hatten, ob wir nur in einer mittelmäßigen gelandet sind oder ob wir uns gar durch eine lähmende Schule durchkämpfen mussten, können wir im Nachhinein nicht mehr ändern. Die Verantwortung, ob wir zu den Lernern oder den Nichtlernern gehören, nimmt uns dagegen bis ins Alter niemand ab. Bei Alzheimer etwa spielt die genetische Veranlagung sicher eine Rolle. Ebenso unbestritten ist die Tatsache, dass Menschen, die ihr Leben lang Lernende waren, gute Chancen haben, viel länger von der Krankheit verschont zu bleiben.[4]

In der Rolle als Großeltern können wir viel Gutes für unsere Enkelkinder bewirken, wenn wir ihnen mit unserer Erfahrung helfen, Freude am Lernen zu entwickeln. Im Alter hat Bildung eine andere, vielleicht sogar schönere Bedeutung als in jungen Jahren. In der Schule und später im Beruf geht es darum, seine Lebenschancen zu verbessern, eine Position zu erreichen, die mehr Status und Geld verspricht. Im reifen Alter kann Bildung mehr dem humanistischen Ideal dienen, unseren individuellen Horizont zu erweitern, tiefer in Wissensgebiete einzudringen, die uns schon immer brennend interessiert haben. So belegen

73. bis 75. Lebensjahr

Seniorenstudenten an Universitäten oder Volkshochschulen primär geisteswissenschaftliche Fächer wie Philosophie, Theologie, Kunstgeschichte oder Sprachen. Für die meisten Seniorenstudenten steht das persönliche Interesse im Vordergrund und nicht der Studienabschluss. Der Begriff der Universität kommt so seiner ursprünglichen Bedeutung einer »Gemeinschaft der Lehrenden und Lernenden« wieder näher.

Sie, lieber Leser, gehören unabhängig von Ihrem Alter zu den Lernenden. Nichtlerner lesen selten Bücher wie dieses.

Welche Erkenntnisse der zwanzigsten Stunde könnten Bedeutung für Ihre aktuelle Lebensphase haben?

- Wann haben Sie das letzte Mal eine Fähigkeit auf einem für Sie neuen Gebiet erlernt?
- Gibt es Menschen in Ihrem Freundeskreis, die Ihnen immer wieder Empfehlungen für Bücher, Theaterstücke, Filme, Vorträge oder Ausstellungen schicken? Tun Sie das selbst für Ihre Freunde?
- Wenn Ihnen jemand 50.000 Euro schenken würde, die Sie nur für das Lernen verwenden dürften, was würden Sie damit machen?

1 Niki Ernst ist bestens vernetzt im Silicon Valley. Er organisiert Touren für Einzelpersonen und Unternehmen: www.siliconvalleyinspirationtours.com
2 IDEO ist ein internationales Design- und Innovationsberatungsunternehmen, das zum Beispiel für Apple die erste Computermaus realisiert hat. Gemeinsam mit der D-School in Stanford entwickelte IDEO wesentlich das Konzept des Design Thinking.
3 Jürgen von Rutenberg: »Wie ich in 36 Stunden lernte, gut zu leben«. In: Zeit online, 15. Oktober 2009.
4 Roy Eccleston: »Think or sink«. In: The Weekend Australian Magazine, 2. Dezember 2006.

DIE EINUNDZWANZIGSTE STUNDE

erinnert uns daran, dass Gesundheit das wertvollste Gut ist und wir es wertschätzen sollten, solange wir es besitzen.

76. bis 77. Lebensjahr

»Besonders überwiegt die Gesundheit alle äußeren Güter so sehr, dass wahrlich ein gesunder Bettler glücklicher ist als ein kranker König.«
Arthur Schopenhauer

Im Alter von 22 Monaten wurde bei Sam Berns Progerie[1] diagnostiziert, eine extrem seltene Genmutationskrankheit, von der weltweit nur 350 Kinder betroffen sind. Sie altern fünf- bis zehnmal schneller als gesunde Menschen und vergreisen äußerlich. Sieht man Sam Berns das erste Mal auf seinem TEDxMidAtlantic Talk, fühlt man sich an den Anfang des Films *Der seltsame Fall des Benjamin Button* erinnert. In diesem Talk, der bis jetzt von fast 30 Millionen Menschen gesehen wurde, spricht Berns wenig über seine Krankheit und sehr viel über die Erfolge, die er trotz dieser erzielen konnte. So wollte er unbedingt die große Trommel bei der Marschkapelle seiner Schule schlagen. Das scheinbar unlösbare Problem bestand darin, dass die leichteste Trommel 18 Kilo wog, er selbst aber aufgrund seiner Erkrankung nur 23 Kilo. Dafür durfte er in der Halbzeitpause der Spiele die fest installierten Percussions spielen, was ihm durchaus Spaß machte, es fehlte aber der Reiz des Mitmarschierens. Er ließ sich nicht von seinem Wunsch abbringen, mit der Band zu marschieren und dabei die Trommel zu schlagen. Seine Familie fand einen Designer, der eine spezielle Trommel baute, die nur 2,7 Kilo schwer war und ihm die Erfüllung seines Traums ermöglichte. In einem Radiointerview wurde Sam Berns gefragt: »Was ist das Wichtigste, das die Menschen über Sie wissen sollten?« Ohne zu zögern antwortete er: »Ganz einfach, ich habe ein sehr glückliches Leben.« – »Wie ist das möglich?«, werden sich viele fragen.

Als Antwort stellte Sam seine Philosophie für ein glückliches Leben auf dem TEDxMidAtlantic Talk vor:

76. bis 77. Lebensjahr

1. Akzeptiere einfach, wenn du etwas wirklich nicht tun kannst, denn es gibt sehr viel, was du tun kannst. Auch wenn ich die vielen Einschränkungen durch meine Krankheit nicht ignorieren kann, weiß ich sehr wohl, was ich vermisse, konzentriere mich aber auf jene Dinge, die ich leidenschaftlich gerne tue, wie zum Beispiel Musik machen, Comic-Bücher lesen oder meinen Sportmannschaften die Daumen zu halten.
2. Umgib dich mit Menschen, mit denen du gerne zusammen bist. Ich habe das große Glück einer wunderbaren Familie und vieler lieber Freunde. Wir unterstützen einander und akzeptieren uns so, wie wir sind. Ich bin auch in einer Band. Die Musik macht mir ungemein viel Freude und verdrängt den Gedanken an Progerie. Auch wenn mir die Interviews und Auftritte Spaß machen, am wohlsten fühle ich mich, wenn ich mit meinen Freunden zusammen bin. Sie beeinflussen mein Leben ungemein positiv, und ich hoffe, dass ich ihnen viel zurückgeben kann.
3. Gehe immer weiter. Gib nicht auf. Schaue immer, worauf du dich in Zukunft freuen kannst. Das muss gar nichts Großes sein, es kann das nächste Comic-Buch sein oder ein Ausflug mit meiner Familie. Diese Ziele helfen mir, positiv nach vorne zu blicken, vor allem in schwierigen Zeiten. Ich tue alles, um so wenig Energie wie möglich darauf zu verschwenden, mich schlecht zu fühlen. Natürlich kann ich meine vielen Handicaps nicht ignorieren, es ist manchmal schwer, und ich muss tapfer sein. Ich akzeptiere meine Einschränkungen und bemühe mich dann, darüber hinwegzukommen. Als ich jünger war, wollte ich Erfinder werden, nun interessiere ich mich mehr für Biologie und Genetik. Ich bin davon überzeugt, dass ich die Welt verändern kann, und der Gedanke daran hilft mir, mich glücklich zu fühlen.

Vielleicht berührt Sie die Geschichte von Sam Berns, einem Mann, der nur mit einem kleinen Rest an Gesundheit geboren

76. bis 77. Lebensjahr

wurde und im Laufe seines kurzen Lebens viel daraus gemacht hat.[2] Falls Sie sich jetzt entscheiden, den TEDxMidAtlantic Talk von Sam Berns auf YouTube oder der TED-Website anzuschauen, so wird der Satz »Gesundheit ist das Wichtigste im Leben« eine tiefere Bedeutung bekommen, unabhängig davon, wie alt und gesund Sie sind. Eine Warnung: Die Geschichte von Sam Berns geht nahe. Sie werden danach dieses Kapitel über die einundzwanzigste Stunde mit anderen Augen lesen.

Drei Dinge, die wir richtig machen sollten, um gesund zu bleiben und alt zu werden

Wesentlich ist, die Lebenserwartung von der Gesundheitserwartung zu unterscheiden, also jene Jahre, die wir gesund ohne wesentliche Einschränkungen leben können. Denn was nützt uns ein langes Leben, wenn es langes Leiden in Krankenhäusern oder Pflegeheimen bedeutet? Daher ist die Gesundheitserwartung ganz entscheidend für die Zufriedenheit im Alter. Leider liegt die durchschnittliche Gesundheitserwartung in Deutschland und Österreich fast zehn Jahre hinter der in den skandinavischen Ländern, obwohl die Lebenserwartung ähnlich ist. Dabei könnten Menschen die Zahl ihrer gesunden Jahre um bis zu 17 Jahre verlängern, wenn sie sich die Erkenntnisse der Präventionsmedizin im wahrsten Sinne des Wortes zu Herzen nehmen würden:

Erstens, mit Abstand am wichtigsten ist es, nicht zu rauchen, zweitens, mehr Bewegung zu machen, und drittens, auf ausgewogene Ernährung zu achten. Es ist heute wissenschaftlich unumstritten, dass regelmäßige Bewegung, gesunde Ernährung und Nichtrauchen nicht nur unser Leben im Durchschnitt um 7 bis 17 Jahre verlängern, sondern vor allem die Lebensqualität im letzten Lebensabschnitt nachhaltig verbes-

76. bis 77. Lebensjahr

sern. Die Bedeutung der Gene wurde lange Zeit überschätzt, sie entscheiden nur zu 20 Prozent, wie es uns gesundheitlich im Alter geht, 30 Prozent werden durch unser Umfeld bestimmt, und 50 Prozent haben wir selbst in der Hand.[3]

Der Verzicht auf Zigaretten hat den mit Abstand größten Effekt auf unsere Gesundheit.[4] Sollten Sie ein starker männlicher Raucher sein, gehen Sie bitte nochmals an den Anfang der siebzehnten Stunde und streichen Sie die 489 letzten Kästchen weg. Das entspricht 9,4 Jahren, multipliziert mit 52 Wochen. Sie werden 489 Wochen kürzer leben. Sind Sie eine starke weibliche Raucherin, dann sind es 380 Wochen, die Sie aus Ihrem zukünftigen Leben streichen müssen. Die Übung geht auch in die positive Richtung. Wenn Sie erst 30 sind und mit dem Rauchen aufhören, dann brauchen Sie überhaupt kein Kästchen zu streichen, und selbst wenn Sie erst im Alter von 50 mit dem Rauchen aufhören, können Sie noch 312 Kästchen retten und sechs Jahre länger gesund leben. »Das ist alles Theorie und Statistik. Es ist meine freie Entscheidung, wie ich leben will«, könnten Sie jetzt verärgert einwenden.

Es gibt zwei sehr wirksame Mittel, die es Menschen ermöglichen, trotz eindeutiger Befunde an einem Verhalten festzuhalten, das sich letztlich katastrophal für sie auswirken wird. Rauchen dient hier nur als Beispiel, um den Mechanismus zu beschreiben, der in uns allen angelegt ist. Er hat die Wirkung von Drogen, indem er unser Bewusstsein manipuliert. Die erste Droge, die es uns ermöglicht, unseren Verstand auszuschalten und vorsätzlich zu unserem Nachteil zu handeln, ist das Wunschdenken. Es verzerrt unsere Urteilskraft über die Wahrscheinlichkeit des Eintreffens der Katastrophe. Der Raucher hofft, dass der Lungenkrebs ausgerechnet ihn verschonen wird, genauso wie der betrunkene Autofahrer davon ausgeht, dass er bei der Heimfahrt vom Restaurant keinen Unfall verursachen wird. Das Wunschdenken beruhigt den Raucher mit den Beispielen von einzelnen Rauchern, die ein hohes Alter erreicht haben, und Nichtrauchern, die an Lungenkrebs erkrankt sind. Das Wunschdenken ändert allerdings nichts an den wissenschaftlich Hunderte Male bewiesenen Tatsachen, wie viele Lebensjahre das Einatmen von giftigem Zigarettenqualm kostet. So basiert die Übung mit dem Kästchenstreichen auf den exakten Zahlen einer Studie an 25 000 Bürgern im Alter von 35 bis 65 Jahren des Deutschen Krebsforschungszentrums in Heidelberg. Da Raucher derartige Zahlen natürlich kennen, benötigen sie eine zweite Droge, um diese Tatsachen ein Leben lang verdrängen zu können.

Die Macht der Torheit

Es gibt die hartnäckigen Verdränger, die den Arzt selbst bei höchster Dringlichkeit bitten, die erste Chemotherapie um eine Woche zu verschieben, weil sie davor noch eine wichtige Aufsichtsratssitzung hätten. Torheit ist die Weigerung, aus dem Offenkundigen Schlüsse zu ziehen, und das starre Festhalten an einem Vorgehen, das den eigenen Interessen zuwiderläuft. Oft wird Torheit mit Dummheit verwechselt. Der Dumme weiß nichts und handelt daher falsch. Der Tor handelt wider besseres Wissen. Ärzte erzählen, dass ihre Patienten nicht von ihrer Sucht loskommen, selbst wenn man ihnen mit Befunden vor Augen hält, dass sie nur mehr ein bis zwei Jahre zu leben hätten, sollten sie weitermachen wie bisher. Der Patient fragt: »Wenn ich jetzt nach dem ersten Herzinfarkt ganz mit dem Rauchen aufhöre, können Sie mir dann garantieren, dass ich keinen weiteren erleide?« Darauf kann jeder seriöse Arzt nur antworten: »Ihre Gefäße sind so geschädigt, dass ich Ihnen das nicht garantieren kann.« – »Dann hat es

76. bis 77. Lebensjahr

ohnehin keinen Sinn aufzuhören«, antwortet daraufhin der Patient. In Wien mietete eine bekannte reiche Erbin die gesamte Etage einer Promi-Geburtsklinik, um in den Tagen unmittelbar nach der Geburt rauchen zu können. Auch die Macht der Dummheit darf man nicht unterschätzen.

Rauchen ist der mit großem Abstand gefährlichste Faktor, mit dem man seine Gesundheit schädigen kann. Die beiden anderen sind Mangel an Bewegung und Übermaß an Essen. Beides mündet in Übergewicht, das Menschen über drei Jahre ihres Lebens kostet. Bereits 150 Millionen Kinder (!) auf der Welt sind schwer übergewichtig. Wir essen fetter, salziger und mehr denn je zuvor. Die österreichische Bevölkerung hat in den letzten zehn Jahren im Durchschnitt fünf Kilo zugenommen. Nach Angaben des Berliner Robert Koch-Instituts haben zwei Drittel der deutschen Männer und die Hälfte der Frauen Übergewicht, jeder vierte Deutsche gilt als krankhaft übergewichtig. Übergewicht, nicht Hunger ist die größte weltweite Gesundheitsbedrohung. Es sterben jährlich bereits mehr Menschen an den Folgen des Übergewichts als an Hunger. Die Wahrscheinlichkeit für den Durchschnittsweltbürger, an den Folgen von viel zu viel Fast Food, Fertiggerichten und Softdrinks zu sterben, ist wesentlich größer, als durch Dürren, Ebola oder einen Terroranschlag getötet zu werden. Warum? Der Mensch nimmt gerne den Weg des geringsten Widerstandes. Die gemessenen Meter, die wir uns täglich bewegen, nehmen alle zehn Jahre dramatisch ab. Wir müssen uns mehr bewegen, dafür wurden wir von der Evolution geschaffen. Bewegung wirkt wie ein Wundermittel auf unsere Gesundheit. Sobald wir uns mehr bewegen, kommt es in unseren Organen zu physiologischen Veränderungen, die mit den Wirkungen von Medikamenten vergleichbar sind. Auf die Muskulatur wirkt körperliche Aktivität wie ein Jungbrunnen,

76. bis 77. Lebensjahr

aktive Muskelzellen altern langsamer und beugen der Zuckerkrankheit vor. Da wir ungefähr seit dem 30. Lebensjahr ständig Muskelmasse abbauen, könnten bis zu unserem 80. Lebensjahr 30 bis 50 Prozent der Muskelmasse verloren gehen und wir uns dann nur mehr mit dem Rollator bewegen. Leichtes, dafür regelmäßiges Muskeltraining wirkt dem entgegen. Je früher wir damit beginnen, desto besser, es ist aber in jedem Alter sinnvoll. Die deutsche Langzeitstudie »Gesundheit zum Mitmachen« zeigt: Der 50-jährige Aktive ist so fit wie der 40-jährige Inaktive. Selbst fünf Minuten kurzes, leichtes Traben täglich führt zu messbaren Verbesserungen. Wem selbst das zu viel erscheint, der sollte wissen, dass ein Büromensch nur alle 20 Minuten einmal aufstehen muss, um sich zwei Minuten zu bewegen, damit er seinen Blutzuckerspiegel günstig beeinflusst. Fazit: Wer Sport treibt, ist motorisch gesehen im Schnitt zehn Jahre jünger als ein Bewegungsmuffel.

Essen hat mittlerweile fast religiösen Charakter. Menschen halten sich an Diäten wegen Unverträglichkeiten, die sie eindeutig nicht haben, andere stopfen sich hemmungslos mit Fertigprodukten und Fast Food voll. Trotz der Vielzahl an widersprüchlichen Empfehlungen zum Thema Ernährung ist es gar nicht so schwierig, sich einigermaßen vernünftig zu verhalten. Drei einfache Grundsätze sind durch Langzeitstudien renommierter Universitäten bestätigt: 1. Ganz gleich, ob übergewichtige Menschen viel oder wenig Fett, viel oder weniger Kohlenhydrate zu sich nahmen, keine dieser Diäten machte das Abnehmen leichter oder schwerer. Entscheidend war ausschließlich die Menge der Kalorien. Das ist das Ergebnis einer Studie der Harvard School of Public Health, die eine alte Diätregel bestätigt: FdH oder »Friss die Hälfte«. 2. Motivationstricks helfen beim Durchhalten einer neuen Ernährungsweise. Menschen, die Diättagebücher, Apps oder andere Hilfsmittel

76. bis 77. Lebensjahr

verwendeten, taten sich leichter mit dem Abnehmen, unabhängig davon, welche Diät sie praktizierten. Die Mittelmeerkost mit viel Getreide, Gemüse, Olivenöl, Obst und Fisch erwies sich am wirksamsten. 3. Der Zeitpunkt, wann man isst, hat großen Einfluss. Bisher galt die Regel, möglichst nicht nach 18 Uhr zu essen, was für berufstätige Menschen schwierig ist. Dabei geht es nicht nur um die Uhrzeit, sondern auch um die Intervalle zwischen den Mahlzeiten. Wer es schafft, nach einer üppigen Mahlzeit 14 oder mehr Stunden nichts zu essen, unterstützt jedenfalls seinen Stoffwechsel. Der Hormonexperte Johannes Huber sieht das so: »Die Grundlage, um alt zu werden, ist, wenig zu essen. Der Hunger ist ein Tyrann, dem wir allerdings widerstehen müssen. Denn wenn wir hungern, spürt der Körper Gefahr, und es setzt ein Recyclingprozess ein, die alten Zellbestandteile werden eingeschmolzen und durch neue ersetzt. Dieses ›Recycling‹ bremst wesentlich den Alterungsprozess.«

Die drei todbringenden Faktoren Rauchen, Bewegungsmangel und falsche Ernährung summieren sich nicht nur in ihrer Wirkung, sie haben auch noch einen in der Öffentlichkeit unterschätzten Multiplikator: Armut und Bildungsmangel. Der Internist und Vorsorgemediziner Siegfried Meryn kämpft mit seiner Initiative »Nein zu Krank und Arm« dagegen:[5] »Es gibt mehrere Studien, die zeigen, dass Menschen mit niedrigem Bildungsstand eine sieben bis acht Jahre kürzere Gesundheitserwartung haben. Vor 70 Jahren haben britische Wissenschaftler begonnen, eine umfassende Studie zu erarbeiten, an der bis heute in Summe 70.000 Kinder teilnahmen. Das Ergebnis könnte man zynisch zusammenfassen: Suche dir deine Eltern gut aus und vermeide es, in arme Verhältnisse geboren zu werden, weil sonst mit hoher Wahrscheinlichkeit ein beschwerlicher Lebensweg vor dir liegt. Auf dich warten schlechte Noten in der Schule und gering bezahlte Jobs. Wirklich überraschend an den Studienergebnissen ist der eindeutige Zusammenhang zwischen gesundheitlichen Beeinträchtigungen wie Übergewicht, Bluthochdruck und im Alter früh nachlassende Gedächtnisleistung. Erste bildungsbedingte Unterschiede ließen sich erschreckenderweise sehr früh erkennen. Kinder im Alter von drei Jahren, die in Armut aufwuchsen, lagen in Bildungstests bereits um fast ein Jahr hinter solchen aus wohlhabenden Familien.[6] Deutliche gesundheitliche Unterschiede sind bei jungen Menschen mit 20 erkennbar, und ab dann öffnet sich die Kluft immer weiter. Dabei ließen sich 80 Prozent der chronischen Zivilisationskrankheiten durch einfache Veränderung des Lebensstils verhindern.«

Als ich von den schlimmen Folgen des Trinkens las, gab ich sofort das Lesen auf

Fragt man Menschen, was sie sich für ihre Zukunft wünschen, kommt spätestens ab dem 40. Lebensjahr zusätzlich zu Liebe und Glück fast immer Gesundheit. Warum tun sich viele Menschen gar so schwer damit, ihr Verhalten zumindest ein bisschen zum Positiven zu verändern und damit ihre Gesundheitserwartung um viele Jahre zu verbessern?

Offenbar scheitern wir so oft mit unseren guten Ansätzen, weil unser Glaube, dass wir uns verändern wollen, unseren Willen dazu um ein Vielfaches übersteigt. Wie ein Gummiband werden wir von unseren guten Vorsätzen weg- und zur Selbstsabotage hingezogen. Einfach formuliert leben wir gerne nach dem Motto: »Als ich von den schlimmen Folgen des Trinkens las, gab ich sofort das Lesen auf.« Den Philosophen, der diesen Leitspruch auf seine Fahnen geheftet hat, kennen wir alle im Gegensatz zu Hegel, Schopenhauer, Nietzsche oder Wittgenstein persönlich sehr gut. Es ist unser innerer Schweinehund. Mark Twain kannte seinen offenbar sehr gut, wenn er schrieb: »Es ist ganz leicht, mit dem Rauchen aufzuhören. Ich habe es schon hundert Mal geschafft.«

Wem das Bild vom inneren Schweinehund zu platt ist, der kann ihn sich einfach als stets präsenten Gesprächspartner bei unseren inneren Dialogen vorstellen. Ein vereinfachtes Bild unseres Motivationssystems geht davon aus, dass wir im Prinzip zwischen unseren Lust- und Unlustgefühlen hin- und hergerissen werden. Der innere Schweinehund übernimmt dabei gerne die Rolle des lautstarken Vertreters unserer augenblicklichen Lustgefühle. Er plädiert ungeniert für die fettige Pizza und noch ein Bier, dafür, vor dem Fernseher hocken zu bleiben, statt sich umzuziehen und laufen zu gehen. Wir kennen ihn seit unserer Schulzeit, als er unseren Finger wie von magischer Hand geleitet zum Wecker führte, um ihn auszuschalten, feierte sogar Triumphe, wenn wir krank spielten, statt in die Schule zu gehen. Es gibt heute noch Menschen, die am Morgen zehnmal die Schlummertaste drücken, bevor sie es schaffen, aufzustehen. Innere Schweinehunde suchen sich Verbündete, wenn sie in die Defensive geraten, wenn wir uns meist zu Jahresbeginn, oder weil uns unser Arzt dringend dazu geraten hat, entschließen, jetzt aber wirklich etwas für unsere Gesundheit zu tun, zum Beispiel laufen zu gehen. Dann pflanzt er uns den versöhnlichen Gedanken ein, dass wir uns nach einer Joggingrunde als kleine Belohnung Schokolade gönnen dürfen. Wenn wir das mehrmals hintereinander machen und uns vor dem Laufen schon auf die Schokolade danach freuen, dann zieht bald ein zusätzlicher, wissenschaftlich durchaus anerkannter Bewohner in unser Bewusstsein ein: der pawlowsche Hund. Wir konditionieren uns selbst – am Ende sind wir der Hund!

76. bis 77. Lebensjahr

Können wir den inneren Schweinehund oder den pawlowschen Hund bezwingen? Wie schaffen wir es, kurzfristig Unlustgefühle auf uns zu nehmen, um langfristig dafür mit einem längeren Leben in Gesundheit belohnt zu werden? Hier die Erkenntnisse von zwei sehr unterschiedlichen Menschen, die ein für ihre jeweilige Zeit beachtliches Alter erreichten.

Wie wir mit Hermann Hesse und Aristoteles unseren inneren Schweinehund überwinden

Hermann Hesse entschlüsselt in seinem Gedicht »Stufen«, warum wir uns trotz unseres Beharrungsvermögens im Laufe des Lebens weit stärker verändern, als uns das selbst bewusst ist. »Der Weltgeist will nicht fesseln uns und engen, er will uns Stuf' um Stufe heben, weiten.« Da wir uns aber freiwillig kaum aus unserer Komfortzone herausbewegen, hilft der Weltgeist durch Krankheit, Jobverlust, Scheidung oder andere unerwartete äußere Einflüsse ein bisschen nach, um uns auf die nächste Stufe zu schubsen. Und siehe da, auf einmal müssen wir lieb gewonnene Gewohnheiten aufgeben, Risiken eingehen, Neues lernen. Interessanterweise schrieb Hesse »Stufen« in seinem 63. Lebensjahr nach langer Krankheit und nannte es ursprünglich »Transzendieren«. Einen Teil unserer Siege über den inneren Schweinehund verdanken wir nüchtern betrachtet nicht unserer Willenskraft, sondern äußeren Umständen des Lebens. Wer über ein Mindestmaß an Vernunft verfügt, ändert seinen Lebensstil nach dem ersten, wer nicht komplett verrückt ist, spätestens nach dem zweiten Herzinfarkt. Wir verändern uns daher oft nicht, weil wir uns das vornehmen, sondern weil wir dazu gezwungen werden. Wer sich nicht den Launen des Schicksals ausliefern will, der sollte sich an die Lehre von Aristoteles halten. Sie ist die wirksamste Waffe gegen unseren inneren Schweinehund, weil sie diesem kleine Erfolge gönnt, uns aber den Weg zum guten und gesunden Leben weist.

Aristoteles war kein weltfremder Philosoph, sondern gestand dem Menschen durchaus das genussvolle Ausleben seiner Begierden zu, aber immer mit Maß und ohne sich davon abhängig zu machen. Übersetzt in unsere heutige Zeit, könnte man sagen, einmal im Monat Schnitzel mit Pommes ist kein Problem, ständig Schnitzel schon. Drei Wochen jeden Tag zwei Stunden laufen zu gehen und dafür den Rest des Jahres gar nicht, ist deutlich schlechter als jede Woche zweimal langsam zu traben. Aristoteles war zutiefst davon überzeugt, dass die Tugend der Selbstbeherrschung keinen Verzicht bedeutet, sondern im Gegenteil die Voraussetzung für ein erfülltes Leben wäre. Aristoteles erhob nie den moralischen Zeigefinger, vielmehr machte er überzeugend klar, dass es für das eigene Glück entscheidend ist, die Antwort auf eine Frage zu finden: Was heißt ein gutes Leben für mich?

Alle Menschen wissen ganz genau, was sie in ihrem Leben tun. Entscheidend ist aber ein anderer Punkt: das Warum. Nur sehr wenige Menschen können eine wirklich überzeugende Antwort auf die Frage nach ihrem Daseinszweck, nach ihrem Anliegen, nach ihren Überzeugungen geben. Wir brauchen eine übergeordnete Vorstellung davon, was ein gutes Leben für uns bedeutet. Je klarer dieses Bild ist, desto leichter wird es für uns, unser Leben immer wieder danach auszurichten. Wenn wir uns für Gesundheit als einen zentralen Bestandteil unseres guten Lebens entscheiden, dann haben wir ein klares Motiv, warum wir uns im Zweifelsfall für das entscheiden, was wir langfristig brauchen, um glücklich zu sein, und nicht für Dinge, die uns kurzfristig Vergnügen bereiten, aber unser Glück in der Zukunft gefährden. Die Freude über ein langes und gesundes Leben schaltet die beiden Drogen »Wunschdenken« und »Torheit« aus. Wir brauchen inspirierende, großartige Ziele, um uns zu verändern. Dann tun wir die richtigen Dinge, nicht weil wir müssen, sondern weil wir es wollen.

Reflexionen über die einundzwanzigste Stunde

Spätestens mit 40 werden die Weichen gestellt, ob wir die Zahl unserer gesunden Jahre um bis zu 17 Jahre verlängern werden, weil wir nicht rauchen, uns mehr bewegen und weniger, dafür gesünder essen. Dafür gibt es natürlich keine Garantie, aber eine hohe Wahrscheinlichkeit. Gesundheit ist eine Wahl, die wir treffen können. Haben wir uns einmal dafür entschieden, dass Gesundheit für uns ein wesentlicher Teil eines guten Lebens ist, können wir mit unserem inneren Schweinehund Frieden schließen. Er darf gelegentlich gewinnen, aber die Balance in unserem Leben nie gefährden. Wer einmal für sich herausgefunden hat, was ein glückliches Leben für ihn bedeutet, der wird immer einen guten Grund finden, rechtzeitig für seine Gesundheit das Richtige zu tun. Das ist gar nicht so schwer, sobald man einmal damit angefangen hat. Wir putzen uns täglich die Zähne, weil sie sonst erst wehtun und dann ausfallen. Wenn wir uns täglich bewegen und ein bisschen Sport treiben, so werden wir uns nach kurzer Zeit besser fühlen und im Alter weniger Schmerzen haben. Unsere eigenen Gründe für ein gutes Leben motivieren uns weit stärker als Appelle, Studien oder Gesundheitsstatistiken.

Welche Erkenntnisse der einundzwanzigsten Stunde könnten Bedeutung für Ihre aktuelle Lebensphase haben?

- War Ihnen so deutlich bewusst, dass Sie die Zahl Ihrer gesunden Jahre um bis zu 17 Jahre verlängern könnten, wenn Sie sich an die Erkenntnisse der Präventionsmedizin halten?

76. bis 77. Lebensjahr

- Wenn Sie Ihr aktuelles Verhalten in den drei relevanten Gesundheitsthemen Rauchen, Bewegung und Ernährung auf einer Skala von eins (bin sehr zufrieden) bis zehn (bin sehr unzufrieden) bewerten, sehen Sie dann die Notwendigkeit, etwas an Ihrem Lebensstil zu verändern?
- Haben Sie sich das TEDx-Video von Sam Berns angesehen? Falls ja, welche Gedanken hat es bei Ihnen ausgelöst?

1   Progerie ist eine Form des Hutchinson-Gilford-Syndroms. Die betroffenen Kinder werden ohne Auffälligkeiten geboren und entwickeln erste Symptome im Alter von sechs bis zwölf Monaten. Symptome sind u. a. Haarausfall, Arterienverkalkung, Kleinwuchs und Knochenschwund.

2   Sam Berns wurde am 23. Oktober 1996 in Providence, Rhode Island, geboren und starb am 10. Januar 2014 in Foxborough, Massachusetts, im Alter von 17 Jahren. Damit übertraf er die durchschnittliche Lebenserwartung von an Progerie Erkrankten um vier Jahre. Sein Tod löste in seiner Heimat und in vielen anderen Ländern Trauer aus. HBO hat eine Doku mit dem Titel »Life According to Sam« produziert.

3   Viele Zahlen, Daten und Zitate in diesem Abschnitt stammen aus der Spiegel-Titelgeschichte »Das Schicksal in unserer Hand« vom 30. Dezember 2017, S. 91–97.

4   Die Kindertherapeutin Ursula Grohs hat eine Therapie zur Verhaltensänderung entwickelt, die offenbar sehr erfolgreich ist. Ursula Grohs: Nebenwirkung rauchfrei. PS: Nachweislich die beste Nichtraucher-Methode der Welt. Salzburg 2010.

5   Die von Siegfried Meryn ins Leben gerufene Initiative »Nein zu Krank und Arm« hat sich zum Ziel gesetzt, unter anderem mit einem Soforthilfefonds armen und kranken Menschen, die unverschuldet in Not geraten sind, schnell und unbürokratisch zu helfen. www.neinzuarmundkrank.at

6   Helen Pearson: »Lessons from the longest study on human development«, auf TED2017.

DIE ZWEIUNDZWANZIGSTE STUNDE

erteilt uns eine Lektion, ob wir ab der fünfzehnten Stunde die entscheidenden Dinge für ein gelungenes Leben richtig gemacht haben.

78. bis 80. Lebensjahr

»Wir sind alle Glieder in einer endlosen Kette, und unsere Aufgabe ist es, Liebe, Wissen und Respekt weiterzugeben. Ein Leben, in dem man nichts weitergäbe, wäre bedeutungslos, weil es nur einen Sinn für einen selbst gehabt hätte. Wer hingegen nackt stirbt, hat alles zurückgegeben. Und ich hoffe, dass ich lange genug lebe, um genau so, nackt, zu sterben.«
Jean-Claude Biver, Präsident der Uhrensparte des Luxuskonzerns LVMH

Wie Sie es schaffen, auf die Liste der reichsten Menschen der Welt zu kommen

Das *Forbes Magazine* veröffentlicht jedes Jahr eine Reihung der Reichsten der Welt. Der Reiz, neugierig seinen eigenen Namen auf der Liste zu suchen, bleibt nur einer sehr kleinen Gruppe von Menschen vorbehalten. Die Gruppe jener, die sich zumindest mit einem Platz in einem Länderranking der reichsten Deutschen, Österreicher oder Schweizer trösten können, ist ebenfalls überschaubar.

Umso bestechender ist die Idee, eine neue Bewertungsmethode menschlichen Reichtums zu entwickeln, die nicht auf dem Besitz von Geld basiert. Das »Really Rich Project«[1] ging dabei von einer Vielzahl an internationalen Studien aus, die den Einfluss von Faktoren wie Krankheit, Arbeitslosigkeit, Kinderanzahl usw. auf das Glück der Menschen untersucht haben. So berechnete Nattavudh Powdthavee von der Universität York in Großbritannien, dass ein häufigerer Kontakt von Menschen mit ihren Nachbarn, Freunden und Verwandten einen Zuwachs an Zufriedenheit im Ausmaß von 95.000 Euro pro Jahr brachte, während die aktuelle Gehaltserhöhung nur sehr wenig zu deren Steigerung beitrug. Steve Henry und sein Team interviewten tausend repräsentative Leute in

78. bis 80. Lebensjahr

England, um eine Relation zwischen einem Lottogewinn von 110.000 Euro[2] und einzelnen anderen Erlebnissen zu ermitteln. Das ist natürlich jetzt nur eine sehr oberflächliche Wiedergabe ihrer ausgefeilten Vorgehensweise, Genaueres können Sie in dem Buch *You Are Really Rich: You Just Don't Know It Yet* von Steve Henry lesen. Viel spannender als die absolute Höhe der Geldbeträge sind die Reihung der 50 einzelnen »Güter« und deren Verhältnis zueinander. Was glauben Sie, macht Menschen in deren eigener Einschätzung am reichsten?

Erraten, Geld spielte eine geringe Rolle, weder der Kauf von Manolo Blahniks noch von Ferraris war auf der Liste zu finden, nicht einmal das neueste iPad kam vor. Den Menschen wurde bewusst, dass es zum großen Teil Dinge waren, die sie gar nicht zu kaufen brauchten beziehungsweise nicht kaufen konnten, um sich damit wirklich glücklich zu fühlen. Hier einige der interessantesten Ergebnisse:

Eine gute Gesundheit steht mit 198.628,04 Euro an der Spitze der Liste.

Ein Kind zu haben ist mit 135.937,60 Euro mehr wert als ein Haustier, immerhin.

Schokolade zu essen ist wichtiger als gut auszusehen, kein Kommentar dazu ...

Sex zu haben (115.719,43 Euro) in einer wunderschönen Landschaft (81.732,83 Euro) an einem ruhigen, sonnigen Tag (98.577,64 Euro), während des Urlaubs (100.924,81 Euro) mit jemandem, der einen liebt (181.394,96 Euro), ist mit einer Summe von 578.349,67 Euro im wahrsten Sinne der Sechsfach-Jackpot – und leider käuflich nicht zu erwerben.

Und wenn Sie sich dann eines Tages daran erinnern, zum Beispiel in Ihrer zweiundzwanzigsten Stunde, bringt Ihnen das Schwelgen in dieser schönen Erinnerung nochmals 88.452,05 Euro.

78. bis 80. Lebensjahr

Was sind die Top 10 auf der Liste der »wirklich Reichen«?

1. Gesund sein 199.545,43 Euro
2. »Ich liebe dich« gesagt zu bekommen 182.232,76 Euro
3. In einer glücklichen Beziehung zu sein 171.103,50 Euro
4. In einem friedlichen und sicheren Land zu leben 143.036,16 Euro
5. Kinder zu haben 136.565,45 Euro
6. Zeit mit seiner Familie zu verbringen 121.598,63 Euro
7. Lachen 119.359,96 Euro
8. Sex zu haben 116.253,89 Euro
9. In Urlaub zu fahren 101.390,94 Euro
10. Frieden und Stille zu genießen 99.257,25 Euro

An 50. und letzter Stelle stehen die Vorteile, in einer Großstadt zu leben, mit 12.359,09 Euro.

Interessant ist auch, wie Männer und Frauen die Top 10 unterschiedlich bewerten:

Männer
1. Gesund sein
2. »Ich liebe dich« gesagt zu bekommen
3. In einer glücklichen Beziehung zu sein
4. Sex zu haben
5. In einem friedlichen und sicheren Land zu leben
6. In schöner Landschaft zu sein
7. Frieden und Stille zu genießen
8. Lachen
9. Wenn das Wetter schön ist, nach draußen zu gehen, um es zu genießen
10. Zeit mit seiner Familie zu verbringen

Frauen
1. Gesund sein
2. »Ich liebe dich« gesagt zu bekommen
3. Kinder zu haben
4. In einer glücklichen Beziehung zu sein
5. In einem friedlichen und sicheren Land zu leben
6. Zeit mit seiner Familie zu verbringen
7. Lachen
8. In Urlaub zu fahren
9. Haustiere zu haben
10. Über schöne Erinnerungen nachzudenken

Die Tatsache, dass Sie gerade dieses Buch lesen, macht Sie übrigens um 59.020,10 Euro reicher. Das ist jener Wert, mit dem die Menschen in der Untersuchung die Freude am Lesen eines Buches bewertet haben. Allein dieser Abschnitt über den wirklichen Reichtum bringt Ihnen 66.181,48 Euro, wenn Sie darin etwas für Sie Neues gelernt haben.

Man könnte jetzt lange über die Relevanz der Ergebnisse und die Aussagekraft der Methode diskutieren. Hilfreicher ist wohl, sich selbst und seinen Partner zu fragen, ob wir nicht tatsächlich die Freuden des täglichen Lebens viel zu sehr unter- und die materiellen Dinge zu sehr überschätzen. Man muss kein Zen-Mönch sein, um zu verstehen, dass wir uns nicht glücklicher fühlen, wenn wir ständig Dinge kaufen. Ein Einkaufszentrum für Zen-Mönche wäre wohl ein finanzielles Desaster, die handeln nämlich auch so, wie sie denken.

Um nicht missverstanden zu werden, Geld kann vieles, es beruhigt und schafft Freiheit und sorgt gerade im Alter für bessere medizinische Versorgung, aber es macht eben nicht glücklich. Nur bei sehr armen Menschen, die unter dem

78. bis 80. Lebensjahr

Existenzminimum leben, gibt es einen Zusammenhang zwischen Geld und Glück. Sobald eine Grundversorgung gewährleistet ist, hat mehr Geld kaum Auswirkungen auf das Glückserleben. Unzählige Studien sind immer wieder zu diesem Ergebnis gekommen. Andrew Oswald von der britischen Warwick University untersuchte Lottogewinner und fand, dass die Mehrzahl der Befragten nach kurzer Euphorie in Trübsinn versanken; drei Jahre nach dem Ereignis überstieg die Zahl der Depressiven unter ihnen den Durchschnitt der Bevölkerung. Selbst der Vergleich von nach einem Unfall plötzlich Querschnittgelähmten und Lottogewinnern belegte, dass das subjektive Glücksgefühl der Lottogewinner zwar kurzfristig anstieg und das der Querschnittgelähmten sank, nach einem halben Jahr hatten aber beide Gruppen wieder ihr Ausgangsniveau erreicht. Ländervergleiche zeigen, dass die Bewohner armer Länder im Durchschnitt ein höheres Glücksniveau erreichen als jene der reichen. Warum ist das so?

Offensichtlich gewöhnen wir uns sehr schnell an einen Zustand, wenn bestimmte existenzielle Bedürfnisse befriedigt sind. Alle haben sicher erlebt, dass die Freude über das neue, schönere Auto schnell wieder vergeht, sogar das erträumte Haus wird schnell zur Selbstverständlichkeit, und wenn es mit hohen Krediten finanziert ist, kann es sogar zur Belastung werden. Und es gibt immer ein noch faszinierenderes Auto und ein noch schöneres Haus. Diese simple Erkenntnis ist bekannt, wir versuchen sie schon unseren Kindern beizubringen. Das tatsächliche Verhalten vieler Eltern ist allerdings ein anderes. Als Belohnung für das Bravsein oder eine Leistung gibt es allzu oft Geld. Beobachten Kinder ihre Eltern, sehen sie oft, wie sich deren gesamtes Sterben in Wirklichkeit am Geld orientiert. Fiebert dann wieder einmal das ganz Land dem Dreifach-Jackpot in der Lotterie entgegen, wissend, dass dieser

78. bis 80. Lebensjahr

den glücklichen Gewinner mit der gleichen Wahrscheinlichkeit trifft wie ein Blitz dreimal hintereinander denselben Menschen, so lässt sich erahnen, wie stark der kollektive Glaube an die Käuflichkeit des Glücks verankert ist. So schaffte »Toi Toi Toi – Glaub ans Glück« der Österreichischen Lotterien locker den ersten Platz der werbestärksten Slogans und ließ eingeführte Marken wie McDonald's und Milka hinter sich. Beim Thema Geld klaffen unser theoretisches Wissen und unser praktisches Handeln so weit auseinander wie beim Thema gesund leben. Nur für Menschen, für die ihre letzte Stunde eine näher rückende Möglichkeit geworden ist, schließt sich diese Lücke ganz schnell. Selbstverständlich denken sie an die Versorgung ihrer Angehörigen. Aber auch das Bewusstsein, sich die besten Ärzte und Krankenhäuser leisten zu können, hilft ihnen bei der Bewertung ihres bisherigen Lebens nicht. Andere Werte werden entscheidend.

George E. Vaillant, der Leiter der Grant-Studie der Harvard-Universität, formuliert sein subjektives Ideal eines erfüllten Lebens mit einem Bild, welches das Ranking der »Wirklich Reichen« gut illustriert: »Im poetischen Sinne ist Glück, in sein Ferienhaus zu kommen und die Wäsche sauber und ordentlich gefaltet vorzufinden. Und dabei von vier liebenden Kindern und sechs liebenden Enkeln umgeben zu sein. Das Haus muss nicht groß sein, sondern nur nah genug am Wasser liegen, damit man seinen Kindern das Segeln beibringen kann. Das Ferienhaus meine ich im übertragenen Sinn. Reich zu sein ist kein Garant für Glück. Geld kann zweifellos Freude bereiten, doch an Reichtum gewöhnt man sich schnell. Dann wird er unbedeutend. Glück hat mehr mit Eleganz als mit Wohlstand zu tun. Eine gewisse Ordnung der Umgebung und der Umstände gehören zum Glück, und dazu Menschen, die man liebt und die einen lieben.«[3]

78. bis 80. Lebensjahr

Die drei Wege zum gelungenen Leben

Martin Seligman, Mitbegründer der Positiven Psychologie[4], untersuchte jahrelang extrem unglückliche und extrem glückliche Menschen, um herauszufinden, wodurch sich diese unterscheiden. Es zeigte sich, dass die Glücklichen nicht religiöser, reicher, erfolgreicher waren, sondern sich vor allem durch eine Eigenschaft gegenüber den Unglücklichen auszeichneten: Sie waren sehr gesellig, hatten befriedigende Liebesbeziehungen und viele Freunde. Diese Erklärung war Seligman aber zu einfach und vor allem zu undifferenziert, um sie auf jeden Menschen übertragen zu können. Er glaubte nicht daran, dass das gesamte menschliche Antriebssystem nur auf ein Motiv zurückzuführen wäre. Außerdem sah er den Begriff »Glück« als zu allgemein, um damit sinnvoll arbeiten zu können. Bei seinen tiefergehenden Untersuchungen fand Seligman heraus, dass es drei unterschiedliche Wege zum als subjektiv glücklich empfundenen Leben gibt:[5]

Der *erste Weg* ist das angenehme Leben, bei dem versucht wird, möglichst viele positive Emotionen zu verspüren. Dieser hat allerdings zwei Nachteile: Zum einen zeigt sich, dass diese Art der Glücksfähigkeit zu 50 Prozent erblich vorgegeben und daher wenig veränderbar ist. Das machte zum Beispiel eine Untersuchung der Lebensläufe von Nonnen deutlich. Diese wurden deswegen ausgesucht, weil deren Lebensführung weitgehend unabhängig von äußeren Einflüssen und darum vergleichbar war. Das überraschende Ergebnis: Aus der beim Eintritt ins Kloster am positivsten gestimmten Gruppe waren im Alter von 85 Jahren noch 90 Prozent am Leben, aus der pessimistischsten hingegen lediglich noch 34 Prozent. Zum anderen gewöhnt man sich sehr schnell an positive Emotionen. Der erste Schluck Bier ist der beste, nach dem dritten Krügel steigt das Glücksgefühl nicht mehr an, sondern nur der Alkoholisierungsgrad. Das Prinzip vom abnehmenden Grenznutzen gilt nicht nur für Genussmittel wie Sachertorte, sondern auch für viele Freizeitvergnügungen. Dauerhaftes Glück ist mehr als Vergnügen.

Das gute Leben ist der *zweite Weg*, der über das Tun, das Aufgehen in der Arbeit, Familie oder im Sport führt. Wenn diese Aktivitäten das richtige Verhältnis zwischen Anstrengung und Zielerreichung finden, dann sind die von Mihály Csíkszentmihályi entdeckten Flow-Erlebnissse möglich, die wiederum Freude auslösen. Das Erzielen von Flow-Erlebnissen ist weitaus schwieriger zu erreichen, als sich ein positives Gefühl durch Vergnügen wie Shopping, Essen oder Drogen zu verschaffen, dafür wirkt der Flow-Effekt länger nach, wie wir sehen werden.

Drittens gibt es das sinnvolle Leben, das bedeutet, seine Berufung zu kennen und sich in den Dienst einer Aufgabe zu stellen, die größer ist als man selbst. Dafür muss man nicht alle seine persönlichen Ziele aufgeben, um sie einem weit entfernten, höheren Gut zu opfern, sondern klare Prioritäten setzen. So ist es eine weit lohnendere Aufgabe, seine Umwelt aktiv zu beeinflussen, als passiv und ohnmächtig alles hinzunehmen.

Ausgehend von diesen Erkenntnissen konzentrierte Seligman sich darauf, herauszufinden, welcher der drei Wege am nachhaltigsten zur Lebenszufriedenheit beiträgt. Die Studienergebnisse waren überraschend. So erhöhte der Versuch, das Vergnügen und die guten Gefühle in seinem Leben zu maximieren, die Lebenszufriedenheit fast gar nicht. Das Streben nach Sinn hatte den positivsten Einfluss, gefolgt vom Streben nach der Erfüllung im Tun. Kurzfristige positive Emotionen, ausgelöst durch Vergnügen, erhöhten nur bei jenen Menschen die Zufriedenheit, die schon Erfüllung in ihrem Lebenssinn und in ihrer Aufgabe gefunden hatten. Leider gab es auch Menschen, die weder ein angenehmes noch ein gutes oder ein sinnvolles Leben schafften, sondern ein leeres Leben führten.

78. bis 80. Lebensjahr

Martin Seligman entwickelte die Theorie der Positiven Psychologie weiter, um sie für das Leben von Menschen konkret umsetzbar zu machen. In seinem Buch *Wie wir aufblühen: Die fünf Säulen des persönlichen Wohlbefindens* beschreibt er dieses PERMA-Konzept sehr anschaulich. Die fünf Buchstaben PERMA stehen für **P**ositive Emotionen, **E**ngagement, **R**elationships (positive Beziehungen), **M**eaning (Sinn) und **A**ccomplishment (Zielerreichung).

Positive Emotionen: Das regelmäßige Erleben positiver Emotionen, wie im angenehmen Leben beschrieben, ist durchaus ein essenzieller Faktor für das Wohlbefinden eines Menschen, aber eben nicht der wichtigste und schon gar nicht der einzige. Die Möglichkeiten für positive Emotionen wie Lust, Behaglichkeit oder Entspannung werden im Augenblick subjektiv genossen, sind allerdings wenig nachhaltig.

Engagement: Menschen können aufblühen, wenn sie ganz in einer für sie erfüllenden Tätigkeit wie zum Beispiel Klettern, Gärtnern, Forschen, Schreiben, Malen aufgehen oder sich für einen höheren Zweck engagieren, wie zum Beispiel eine Schule für Straßenkinder in Indien zu gründen. Im Gegensatz zum Vergnügen ist die Freude aber nicht im Augenblick erlebbar, weil man ganz in der Aufgabe aufgeht, sondern erst im Rückblick, sobald man beispielsweise den Gipfel bezwungen, ein neues Medikament entdeckt hat oder in die glücklichen Augen von Kindern in einer neu gegründeten Schule schaut.

Positive Beziehungen: Wir brauchen erfüllende Familien-, Freundschafts- und Liebesbeziehungen, aus denen wir Kraft und Freude beziehen können. Menschen, die sich mit anderen verbunden fühlen, sind glücklicher, gesünder und leben länger als isolierte Menschen, selbst wenn diese beruflich erfolgreicher, berühmter und wohlhabender sind.[6]

Sinn: Ob etwas Sinn in einem größeren Zusammenhang stiftet, können wir nicht immer im Augenblick beurteilen, sondern

78. bis 80. Lebensjahr

erst aus einer längerfristigen Perspektive, wenn wir zurückschauen. Wurde jemand von seinen Eltern als Kind gezwungen, Geige zu lernen, hat das zu Unlustgefühlen geführt, und der Betroffene hat sofort damit aufgehört, als er selbstbestimmt leben konnte. Sollte er sich aber viele Jahre später in eine Geigerin verlieben, die ihm die Freude am Instrument vermittelt, so kann er mit ihr wunderschöne Stunden beim gemeinsamen Musizieren verbringen. Abraham Lincoln war ein zutiefst melancholischer Mensch, der sehr unter seinen schwierigen Beziehungen zu Frauen litt und eine Vielzahl von politischen Niederlagen erleben musste, bevor er zum Präsidenten gewählt wurde. Unmittelbar danach brach der blutige Bürgerkrieg mit dem Süden aus, der am Anfang durch bittere Niederlagen seiner Truppen gekennzeichnet war. In der Betrachtung der amerikanischen Bevölkerung hat Lincolns Leben durchaus Sinn gemacht, er ist bis heute unangefochten der beliebteste Präsident der US-Geschichte. Im Gegensatz zu Lincoln scheint US-Präsident Donald Trump wenig von Selbstzweifeln gequält und hält sich selbst für ein »stabiles Genie«. Ob sein Wirken von der Bevölkerung einmal als sehr sinnvoll beurteilt werden wird, ist mehr als zweifelhaft.

Zielerreichung: Erfolg, Leistung und Gewinnen sind für bestimmte Menschentypen sehr bedeutsam für das Lebensglück, selbst wenn ihnen diese Werte weder gute Gefühle im Augenblick verschaffen noch einen höheren Sinn erfüllen. Sein Leben zu riskieren, um bei starkem Regen ein Formel-1-Rennen zu gewinnen, dient keinem höheren Zweck, trotzdem kämpfen Hunderte Männer weltweit um einen Platz im Cockpit. Manche Formel-1-Champions schaffen es, wie Niki Lauda nach ihrem Ausstieg ihren Siegeswillen auf andere Gebiete zu richten, andere wie James Hunt zerbrechen danach. In der Wirtschaft sind viele Manager und Unternehmer vom Willen angetrieben, alle Konkurrenten zu überflügeln, zum Gewinnen um des Gewinnes willen, um sich damit als wirksam erleben zu können. Auch bei ihnen gibt es solche, die wie Bill Gates oder Warren Buffet alles erreicht haben und später ihr Vermögen großzügig für philanthropische Projekte spenden, und andere, die sich Grabmäler bauen und hoffen, ihren Besitz mitnehmen zu können. Es wird die Geschichte von der Großmutter erzählt, die mit ihrer Familie gerne Monopoly spielte und dabei immer gewann. Einmal weinte eines der Enkelkinder, weil es verloren hatte und sich am Ende die schönsten Häuser wieder einmal im Besitz der Großmutter befanden. Die Großmutter tröstete ihr Enkelkind: »Mach dir nicht draus, am Ende geht alles zurück in die Box.«

Reflexionen über die zweiundzwanzigste Stunde

In der einundzwanzigsten Stunde ging es vor allem um die körperliche Gesundheit, die auch in der Liste der »Wirklich Reichen« an erster Stelle steht. Jetzt, in der zweiundzwanzigsten Stunde, ziehen wir Bilanz über unsere seelische Zufriedenheit.

Während bei der körperlichen Gesundheit glasklar ist, was wir rechtzeitig tun und unterlassen sollen, ist die Frage, wie man im Leben glücklich wird, viel komplexer. Welchen Weg haben wir gewählt, um Lebenszufriedenheit zu erreichen: das angenehme Leben mit vielen guten Gefühlen im Augenblick, das gute Leben mit Erfüllung im Engagement oder das sinnvolle Leben, in dem wir uns einem höheren Ziel verschrieben haben? Irgendwann landen wir unweigerlich in jenem Leben, das wir selbst verursacht haben. Das kann ein Leben in Freude, Erfüllung und Zufriedenheit sein oder eines in Resignation, Enttäuschung und Verzweiflung.

Wir sind alle abhängig von den Umständen, von Zufällen des Lebens, so vieles kann gegen uns laufen. Daher sollten wir nie die Freiheit vergessen, die wir in vier Bereichen haben: Wir

78. bis 80. Lebensjahr

sind frei in unserem Denken, in unserem Handeln, in unserem Streben und in unserem Vermeiden. In *Von der Kürze des Lebens* schrieb Seneca, wie selten wir diese Freiheit nutzen:
»Das Leben, das uns gegeben ist, ist lange genug und völlig ausreichend zur Vollführung auch der herrlichsten Taten, wenn es nur von Anfang bis zum Ende gut verwendet würde; aber wenn es sich in üppigem Schlendrian verflüchtigt, wenn es keinem edlen Streben geweiht wird, dann merken wir erst unter dem Druck der letzten Not, dass es vorüber ist, ohne dass wir auf sein Vorwärtsrücken achtgegeben haben. So ist es: Nicht das Leben, das wir empfangen, ist zu kurz, nein, wir machen es dazu; wir sind nicht zu kurz gekommen; wir sind viel zu verschwenderisch.«

Seneca war kein abgehobener Philosoph, sondern erfolgreicher Geschäftsmann, mächtiger Minister und Vertrauter des Kaisers. Im Verlauf seiner Karriere erlebte er alle Höhen und Tiefen von Ansehen in Spitzenämtern bis zu Verbannung, Rehabilitation, erneuter Anklage, Reichtum und Armut. Für ihn war die Perspektive des verantwortungsvollen Umgangs mit der endlichen Lebenszeit die entscheidende für ein gelungenes Leben. Es gibt eine erstaunliche Parallele zwischen der Lehre des Philosophen Seneca und jener der Positiven Psychologie, obwohl über 2000 Jahre zwischen ihnen liegen. Beide versuchen nicht, theoretische Probleme zu klären, sondern konkrete Handlungsanleitungen zu formulieren, die das menschliche Leben vernünftiger und damit glücklicher machen. Wer rechtzeitig versucht, diese Erkenntnisse in seinem Leben umzusetzen, der kann sich auf die zweiundzwanzigste Stunde freuen.

»*Unzählige Menschen haben Völker und Städte beherrscht, ganz wenige nur sich selbst.*«
Seneca

78. bis 80. Lebensjahr

Welche Erkenntnisse der zweiundzwanzigsten Stunde könnten Bedeutung für Ihre aktuelle Lebensphase haben?

- Wenn Sie den Alterungsprozess von einem beliebigen Zeitpunkt Ihres Lebens bis zum heutigen Tag anhalten könnten, in welchem Alter würden Sie gerne weiterleben?
- Wenn Sie etwas außer Geld wählen könnten, das Ihnen für den Rest Ihres Lebens garantiert wird, was wäre das?
- Wenn Sie sich aussuchen könnten, heute ein Geschenk zu bekommen, von wem würden Sie es gerne erhalten, und was sollte es sein?

1 www.reallyrichlist.com
2 Die Beträge sind ursprünglich in britischen Pfund gerechnet. Um sie leichter nachvollziehen zu können, wurden sie in Euro umgerechnet. Es geht dabei nicht um die exakte Umrechnung zum Tageskurs, sondern um das Verhältnis der Werte zueinander.
3 Michael Saur interviewte den Psychiater und Harvard-Professor George E. Vaillant, der die Grant-Studie im Jahr 1967 übernahm: »Der weite Weg zum Glück«. In: Magazin der Süddeutschen Zeitung, 13/2013.
4 Die Positive Psychologie ist eine noch junge Disziplin, die versucht, mit wissenschaftlichen Methoden die Voraussetzungen menschlichen Wohlbefindens zu untersuchen, um Methoden zu dessen Förderung zu entwickeln.
5 Vortrag von Martin Seligman: »The new era of positive psychology« bei der TED-Konferenz 2004.
6 In meinem Buch *Ich bin für Dich da. Die Kunst der Freundschaft* gehe ich ausführlich auf die Bedeutung geglückter Beziehungen für das Lebensglück ein, daher wurde dieser bedeutende Aspekt hier nur kurz angesprochen.

DIE DREIUNDZWANZIGSTE STUNDE

stellt uns vor die Aufgabe, auf unser Leben dankbar zurückzuschauen und anzunehmen, was wir getan haben.

81. bis 82. Lebensjahr

»Jeder, der sich die Fähigkeit erhält, Schönes zu erkennen, wird nie alt werden.«
Franz Kafka

Nachdem Johann Wolfgang von Goethe im Jahr 1776 in den Staatsdienst des Herzogtums Sachsen-Weimar-Eisenach getreten war, wurde er von Herzog Karl August beauftragt zu prüfen, ob die verfallenen Bergwerksanlagen der Stadt Ilmenau wieder in Betrieb genommen werden könnten. Goethe gefielen die Stadt und die Gegend so gut, dass er Ilmenau bis zum Ende seines Lebens verbunden blieb und sie insgesamt 28 Mal besuchte. Er nutzte die Aufenthalte fern des Weimarer Hofs, um sich Inspiration für seine literarische Tätigkeit zu holen. Bei einer seiner Wanderungen übernachtete er allein in der kleinen Schutzhütte auf dem Gipfel des Kickelhahns. Fasziniert vom anbrechenden Abend und der absoluten Stille, schrieb er mit einem Stift an die Holzplanken der Hütte eines seiner bekanntesten Gedichte:

»Über allen Gipfeln
Ist Ruh',
In allen Wipfeln
Spürest Du
Kaum einen Hauch;
Die Vögelein schweigen im Walde.
Warte nur, balde
Ruhest Du auch.«

Viele Jahre später, am 27. August 1831, besuchte Goethe wieder Ilmenau. Es war der Vorabend seines 82. Geburtstags. Er äußerte den Wunsch, gemeinsam mit seinem Freund, dem Geologen Johann Christian Mahr, auf den Kickelhahn zu gehen. Oben angekommen, erklomm er, jede Hilfe ablehnend,

81. bis 82. Lebensjahr

die steilen Stufen zum Obergeschoss der Schutzhütte und suchte das Gedicht. Mahr schilderte die Szene wie folgt: »Goethe überlas diese wenigen Verse, und Tränen flossen über seine Wangen. Ganz langsam zog er sein schneeweißes Taschentuch aus seinem dunkelbraunen Tuchrock, trocknete sich die Tränen und sprach in sanftem, wehmütigem Ton: ›Ja, warte nur, balde ruhest du auch!‹, schwieg eine halbe Minute, sah nochmals durch das Fenster in den düstern Fichtenwald und wendete sich darauf zu mir, mit den Worten: ›Nun wollen wir wieder gehen!‹«[1]

Das Paradoxon des Alters: Ältere Menschen sind glücklicher als jüngere

Hohes Alter bringt eine Reihe von Beschwerden und Verzichten mit sich. Hermann Hesse, der selbst 85 Jahre alt wurde, verleugnete diese Tatsachen keineswegs. Doch es gebe auch viele positive und schöne Seiten. Für Hesse war das vor allem der Schatz an Bildern, den man nach einem langen Leben in sich trägt: »Von Wünschen, Träumen, Begierden, Leidenschaften gejagt sind wir, wie die Mehrzahl der Menschen, durch die Jahre und Jahrzehnte unsres Lebens gestürmt, ungeduldig, gespannt, erwartungsvoll, von Erfüllungen oder Enttäuschungen heftig erregt – und heute, im großen Bilderbuch unsres eigenen Lebens behutsam blätternd, wundern wir uns darüber, wie schön und gut es sein kann, jener Jagd und Hetze entronnen und in die vita contemplativa gelangt zu sein. Hier, in diesem Garten der Greise, blühen manche Blumen, an deren Pflege wir früher kaum gedacht haben. Da blüht die Blume der Geduld, ein edles Kraut, wir werden gelassener, nachsichtiger, und je geringer unser Verlangen nach Eingriff und Tat wird, desto größer wird unsere Fähigkeit, dem Leben der

81. bis 82. Lebensjahr

Natur und dem Leben der Mitmenschen zuzuschauen und zuzuhören, es ohne Kritik und mit immer neuem Erstaunen über die Mannigfaltigkeit an uns vorüberziehen zu lassen, manchmal mit Teilnahme und stillem Bedauern, manchmal mit Lachen, mit heller Freude, mit Humor.«[2]

Die poetischen Worte von Hermann Hesse drücken eine Wahrheit aus, die heute durch eine Vielzahl von Studien untermauert ist.[3] Sie zeigen, dass sich ältere Menschen glücklicher fühlen als junge und solche im mittleren Alter. Das Gallupinstitut fragte Menschen unterschiedlichen Alters: »Wie viel Stress, Ärger und Sorgen haben Sie gestern gehabt?« Die Antworten zeigten, dass diese drei negativen Emotionen mit zunehmendem Alter deutlich abnahmen. Warum verändern sich unsere Emotionen, wenn wir älter werden, zum Positiven? Es ist nicht so, dass ältere Menschen nicht genauso mit Gefühlen der Traurigkeit konfrontiert werden, aber sie gehen besser damit um als junge. So reagieren Ältere zum Beispiel auf Ungerechtigkeit eher mit Mitgefühl statt mit Verzweiflung. Zeigt man älteren und jüngeren Menschen eine Abfolge von positiven und negativen Bildern, erinnern sich die älteren mehr an die positiven.

Wie erklärt sich das Paradoxon, dass sich die meisten Menschen im Alter glücklicher fühlen als in jüngeren Jahren, obwohl sie mit vielen objektiven Nachteilen und Einschränkungen leben müssen? Offenkundig verändert die wachsende Erkenntnis der Endlichkeit des Lebens unsere Sicht auf das Leben in positiver Weise. Wenn wir jung sind, verschwenden wir viel von unserer knappen Zeit an Menschen, die uns nicht interessieren, und tun Dinge, die wir nicht mögen, obwohl wir nicht müssen. Mit zunehmendem Alter setzen wir unsere Prioritäten klarer, vertiefen unsere Beziehungen, statt ständig neue zu suchen. Mit über 60 gehen wir selten auf Blind Dates. Wir kosten unser Leben aus mit Dingen, die uns wirklich Freude bereiten. Wir wenden mehr Zeit für die emotional wichtigen Bereiche auf, und unser Leben wird dadurch besser. Im sehr hohen Alter geht allerdings die Zufriedenheit wieder leicht zurück, fällt aber trotzdem nicht unter das Niveau in jungen Jahren. Die These, dass wir im Alter glücklicher sein können als in jüngeren Jahren, gilt allerdings nur dann, wenn wir bis dahin bestimmte Fähigkeiten entwickelt haben. Eine ganz entscheidende ist, dankbar auf unser Leben schauen zu können.

Dankbar leben

Je älter wir werden, desto bewusster werden wir uns darüber, dass jeder Augenblick einzigartig ist. Diese Wahrnehmung stärkt unsere Freude am Leben; und mit Freude meinen wir das Glück, das nicht von äußeren Umständen abhängt. In unserer Jugend leben wir in der festen Überzeugung, dass wir alles haben können, weil es uns zusteht. Die Einsicht, dass wir eben doch nicht alles bekommen können, ist eine entscheidende Voraussetzung, um sich mit fortdauerndem Leben nicht immer stärker als Versager zu fühlen, nur weil man einem selbst aufgestellten Idealbild, das für niemanden erreichbar ist, nicht entspricht. Alle Gleichaltrigen, mit denen wir uns jetzt vergleichen, haben ebenfalls Falten und kämpfen mehr mit den Beschwerlichkeiten des Alltags als um den nächsten Triumph. »Es gibt ein Alter, in dem eine Frau schön sein muss, um geliebt zu werden. Und dann kommt das Alter, in dem sie geliebt werden muss, um schön zu sein«, schrieb Françoise Sagan.

In der dreiundzwanzigsten Stunde haben wir viel Zeit, im Bilderbuch unseres Lebens zu blättern. Unbewusst bearbeiten wir dabei unsere Erinnerungen neu, wie mit einem Bildbearbeitungsprogramm lassen wir die Kontraste besonders scharf hervortreten, oder wir machen sie weicher. Dankbar leben heißt, mit einem sanften Blick auf den Zyklus des Auf und Ab in unserem Leben zurückzuschauen. Lassen wir die Erfüllung und den Schmerz der Liebe und die damit verbundenen Gesichter vor unserem inneren Auge vorbeiziehen, denken wir an die vielen unverhofft geschenkten und die verpassten Möglichkeiten, so werden wir erkennen, dass nicht alles unserer Kontrolle unterlag. Großen Einfluss haben wir dagegen auf die nachträgliche Bewertung der gescheiterten und enttäuschenden Beziehungen. Mit der notwendigen Distanz tun wir uns leichter, die Konflikte aus der Sicht des jeweils anderen zu sehen. Müssen wir unseren Feinden dankbar sein? Sollen wir allen, die uns etwas angetan haben, vergeben? Nein, das schafft nicht jeder, der Weg zum Heiligen ist nur wenigen gegeben. Aber wir können unsere Feinde als Teil unseres Ausbildungsprogramms sehen. Sie haben uns gelehrt, mit bebender Wut, bitterer Enttäuschung und demütigenden Niederlagen umzugehen und nicht aufzugeben. Erst dann hätten sie gewonnen.

Wenn wir unsere großen und kleinen Gipfelsiege nochmals durchleben, jene ganz besonderen Augenblicke, die unser Leben lebenswert gemacht haben, dann erscheinen uns die mühevollen Aufstiege im Nachhinein betrachtet durchaus sinnvoll. Nur wer hochsteigt, sieht weit. Die höchsten Gipfel versprechen die glücklichsten Momente, sind aber auch manchmal mit gefährlichen Situationen verbunden. Wir sollten nicht vergessen, dass es auch immer hätte anders ausgehen können, und dafür dankbar sein.

Kann man Dankbarkeit lernen?

Warum tun sich manche Menschen schwerer als andere, dankbar auf ihr Leben zu blicken? Dankbarkeit ist ein zentrales Element unserer Glücksfähigkeit, und diese ist zu einem bestimmten Prozentsatz genetisch veranlagt. Die Wissenschaft

81. bis 82. Lebensjahr

geht heute davon aus, dass der Anteil der veranlagten Glücksfähigkeit bei 50 Prozent liegt. Das hat zur Folge, dass Menschen mit einer höheren Glücksveranlagung in einer Situation eher die positiven Aspekte sehen als andere. Die zentrale Botschaft der Lehre des Benediktinermönchs David Steindl-Rast lautet: »Nicht das Glücklichsein führt zur Dankbarkeit, sondern das Dankbarsein zum Glücklichsein.« Die Glücksforschung kommt ebenfalls zu dem Ergebnis, dass dauerhaftes Glück nicht von positiven oder negativen Ereignissen abhängt, sondern davon, wie man diese für sich verarbeitet.

Folgt man der These, dass ein glückliches Leben eine Folge von bewusster Dankbarkeit ist, so starten Menschen wie auch in anderen Bereichen von sehr unterschiedlichen Ausgangsniveaus. Trotzdem können wir alle erlernen, dankbar zu leben, weil unser Gehirn auch noch im Alter formbar ist und sich neue Synapsen bilden können. Die Schlüsselfrage lautet: Wie können wir anfangen?

Dankbar sein zu können funktioniert nicht durch Autosuggestion. Versucht man krampfhaft, sich einzureden, dankbar zu sein, wird es an der Oberfläche bleiben, etwa so, als würde man sich Anfang Januar im Fitnessstudio anmelden, dann aber nie hingehen. Dankbar zu leben ist keine Methode, sondern eine Haltung zum Leben, die man sich erarbeiten kann. Eine einfache Möglichkeit ist der erste Gedanke unmittelbar nach dem Aufwachen, wenn die Augen noch geschlossen sind. Diese Methode hat schon Jean-Jacques Rousseau beschrieben: »Alle Morgen muss man es eine Viertelstunde betrachten, so lange, bis man sich von einer gewissen Rührung durchdrungen fühlt. Darauf hält man es an die Augen, an den Mund, an das Herz.« Auch im Alter können wir uns darauf freuen, dass ein neuer Tag beginnt, und dankbar dafür sein, dass wir sehen können, auch wenn wir schlecht sehen, dass wir hören können, auch wenn wir schlecht hören, dass wir uns bewegen können, auch wenn das mühsam ist.

Tim Ferriss beschreibt in seinem Buch *Tools der Titanen*, dass 90 Prozent aller erfolgreichen Menschen den Tag mit einem Ritual beginnen und beenden. Ein auf den ersten Blick seltsamer Ratschlag lautet: Machen Sie nach dem Aufstehen ordentlich Ihr Bett. Wenn Sie das jeden Morgen bewusst tun, haben Sie die erste Aufgabe des Tages schon erledigt. Es erfüllt Sie mit einem gewissen Stolz und gibt Ihnen die Motivation, eine weitere Aufgabe zu erledigen, und dann noch eine, und noch eine. Das achtsame Bettmachen am Beginn des Tages schärft unser Verständnis dafür, dass die kleinen Dinge im Leben durchaus wichtig sind, wenn wir sie nur wahrnehmen.

Als besonders wirksam haben sich für viele Menschen sogenannte Fünf-Minuten-Tagebücher erwiesen. Diese dienen dazu, jeden Morgen einfache Fragen zu beantworten: Wofür bin ich dankbar? Was würde den Tag heute wunderbar machen? Welchen zwei Menschen möchte ich jetzt gute Gefühle schicken? Diese kurze Aufgabe hilft uns, Wertschätzung für all das aufzubringen, was wir schon haben, statt dauernd über jene Dinge nachzudenken, die uns fehlen oder gerade stören. Dankbar sein können wir zum Beispiel für einen Menschen, der uns besonders geholfen hat, für eine liebe Nachricht, die wir erhalten haben, oder eine überraschende Einladung. Es muss nichts Großes sein, im Gegenteil. Tony Robbins schlägt für diese Übung, die er selbst praktiziert, etwas Einfaches in Ihrer Sichtweite vor, wie eine schön geformte Wolke, die gerade vorbeizieht, den Duft des Kaffees, den Sie gerade trinken, oder den Strauß Blumen in Ihrem Wohnzimmer. Diese Konzentration auf das Unmittelbare hilft uns, bei jenen Dingen, für die wir dankbar sind, nicht routiniert bei abstrakten Begriffen wie »Gesundheit« oder »Familie« zu landen.

Wer es schafft, den Tag so selbstverständlich wie Zähneputzen mit einem Dankbarkeitsritual zu beginnen, der programmiert sein Gehirn darauf, jede gegebene Gelegenheit als Gabe wahrzunehmen, so wie David Steindl-Rast: »Wenn wir alles, was uns begegnet, als Geschenk erkennen und nicht einfach als selbstverständlich hinnehmen, wachen wir auf zu einer neuen Lebendigkeit. Das gibt uns tausend Gelegenheiten, uns zu freuen! In unzähligen Situationen können wir lernen, Geschenke zu entdecken, die uns zuerst einmal gar nicht als solche erscheinen. Daraus etwas zu machen, das ist dankbar leben.«[4]

Über Pedro Arrupe, den langjährigen Generaloberen der Jesuiten, gibt es eine bewegende Geschichte: Nachdem er eine Messe in einem Armenviertel in Peru gefeiert hatte, sprach ihn ein alter Mann an: »Pater Arrupe, das war eine wunderschöne Messe, ich möchte Ihnen etwas schenken.« Er führte Pedro Arrupe zu seiner ärmlichen Hütte, bat ihn zu warten und brachte ihm einen Stuhl. Dann ersuchte der alte Mann ihn, sich auf den Stuhl zu setzen, den er so aufgestellt hatte, dass Pater Arrupe einen wunderschönen Sonnenuntergang betrachten konnte. Danach sagte der Mann mit großem Stolz: »Das wollte ich Ihnen schenken, Pater.« Arrupe erzählte die Geschichte oft, weil sie ihn tief berührt hatte.[5]

Vom »Ich war jemand« zum »Ich bin jemand«

»Wissen Sie denn nicht, wer ich bin?« ist der verzweifelte Versuch von innerlich schwachen Menschen, die es irgendwie geschafft haben, eine aus ihrer Sicht bedeutende Position zu erreichen, sich jenen Respekt zu verschaffen, der ihnen gerade in einer bestimmten Situation verweigert wird, von einem Kellner, der ihnen keinen Tisch geben will, oder einer Sekretä-

81. bis 82. Lebensjahr

rin, die den gewünschten Termin mit ihrem Chef abblockt. In der dreiundzwanzigsten Stunde zählt nur mehr, wer man wirklich ist, nicht, welche Position man einmal hatte. Selbst der ehemalige Minister oder Generaldirektor wird bestenfalls aus Mitleid scheinbar netter behandelt. Meist erntet man in diesem Alter eher Verwunderung oder Ablehnung, sollte man besonders forsch auftreten. Wer seine ganze Identität an dieses »Ich war jemand« klammert, der beraubt sich der Möglichkeit, dankbar »Ich bin jemand« zu sagen. »Ich bin jemand« heißt, »Ja« zu seiner Lebensgeschichte zu sagen, statt ständig zu hadern, zu klagen und sich zu beschweren. Denn Gründe, um mit seinem Leben unzufrieden zu sein, findet man im Alter genug. Dankbar zu leben bedeutet, diese mit Gelassenheit zu nehmen, darüber lachen zu können und dafür offen für die vielen kleinen Wegzehrungen für die Seele zu bleiben, die uns fast jeder Tag bieten kann.

Das engstirnige »Ich war jemand« kippt leider ganz schnell ins »Ich bin niemand mehr«, das ist die Sackgasse der Resignation. Dann wird man blind für die hellen Seiten des Lebens, für die Gelegenheiten zu Dankbarkeit und mauert sich ein in der Dunkelheit. »Das Alter verklärt oder versteinert«, hat Marie von Ebner-Eschenbach geschrieben. In der siebten Stunde wurden die tragischen Verlierer beschrieben, die sich eingesperrt in einen Raum ohne Fenster und Türen fühlen und eine andere, schönere Welt als die ihre gar nicht sehen können. Im Laufe ihres Lebens hatten diese Menschen viele Chancen, aus diesem Raum herauszufinden. Wer das allerdings am Ende seines Lebens nicht geschafft hat, für den kann der letzte Lebensabschnitt zu einem hoffnungslosen Gefängnis werden. Dabei könnte das Alter sogar die Jugend übertreffen. Eine Kathedrale wird erst durch ihren Schlussstein vollendet. Die Türme überragen dann die Grundmauern.

81. bis 82. Lebensjahr

Reflexionen über die dreiundzwanzigste Stunde

In Zeiten, in denen wir körperliche, emotionale und spirituelle Schwierigkeiten durchleben, ist es für uns fast unmöglich, Dankbarkeit zu empfinden. Dennoch können wir uns dafür entscheiden, dankbar zu leben, uns dem Leben in all seiner Fülle mutig zu öffnen. Die Möglichkeit, dankbar auf sein Leben zu blicken, hängt von keiner Sprache, keiner Kultur, keiner Religion ab – sie hängt nur von uns selbst ab. Jeder Mensch kann das erkennen und es selbst ausprobieren. Im Alter fällt uns das sogar leichter.

Das Alter bringt eine Reihe von Vorteilen wie höheres Wissen und mehr Erfahrung, und, ganz wichtig, die emotionalen Aspekte des Lebens verbessern sich. Ein Ausweg aus der immer schneller verrinnenden Zeit ist der Versuch, bewusst im Augenblick zu leben. Der Augenblick ist immer ein Augenblick. Im Gesamtüberblick wird es immer weniger, im Augenblick zählt dagegen nur das Jetzt. Natürlich kommen immer wieder die Ängste, dass es einen Zeitpunkt geben könnte, an dem wir unsere Wünsche nicht mehr artikulieren können und andere sie erahnen müssen. Wir wissen es aber nicht, vielleicht kommt es ohnehin ganz anders, daher müssen wir uns jetzt nicht unglücklich machen. Wir können das Leben nur so nehmen, wie es ist.

»Uns gehört nur die Stunde. Und eine Stunde, wenn sie glücklich ist, ist viel.«
Theodor Fontane

Welche Erkenntnisse der dreiundzwanzigsten Stunde könnten Bedeutung für Ihre aktuelle Lebensphase haben?

- Für welche drei Dinge in Ihrem Leben empfinden Sie gerade besondere Dankbarkeit?

81. bis 82. Lebensjahr

- Wie gut schaffen Sie es, klare Prioritäten zu setzen, um Ihre kostbare Zeit nicht an Menschen und Dinge zu verschwenden, die Sie nicht wirklich interessieren?

1 Zitiert nach Wikipedia.
2 Hermann Hesse: Lebenszeiten. Frankfurt am Main 1994, S. 227.
3 Laura Carstensen: »Older people are happier«, TEDxWomen, 2011.
4 Auszüge aus Texten von Bruder David Steindl-Rast, entnommen der Website »Dankbar leben«: www.dankbar-leben.org
5 Barbara Stöckl: Wofür soll ich dankbar sein? Salzburg 2012, S. 79.

DIE VIERUNDZWANZIGSTE STUNDE
lässt uns jeden Tag als Geschenk betrachten und uns darauf hoffen, dass morgen für uns ein neuer, guter Tag beginnen wird.

83. Lebensjahr bis zum Ende Ihrer Reise

»Und wie jeder Reisende glaubte er, noch viel zu tun zu haben, ehe er aufbrechen könne, nur wusste er nicht, was das sein sollte.«
John Williams, Stoner

Die vierundzwanzigste Stunde ist eine Wanderung ins Ungewisse. Wie schreibt man am besten über die vierundzwanzigste Stunde? Eine Möglichkeit ist, mit einem Menschen zu reden, der schon lange in dieser lebt und sie daher gut kennt.

Ich besuche meinen spirituellen Mentor, den Benediktinermönch David Steindl-Rast, in dem kleinen Kloster Gut Aich am Wolfgangsee, in dem er lebt, wenn er nicht gerade auf Reisen ist. Bruder David, wie er genannt wird, ist 91 Jahre alt, als ich ihn im November 2017 besuche, um ihn für meinen Podcast »Lebensbildung« zu interviewen.[1] Er erzählt mir von seinen Plänen, nächstes Jahr nach Argentinien zu reisen, wohin ihn die Regierung eingeladen hat, um Schülern und Lehrern seine Lehre vom dankbaren Leben nahezubringen. »So Gott will«, fügt er lachend hinzu. Das Leben mit 91 Jahren verlange vor allem viel Disziplin. Schon das Anziehen in der Früh erfordere akrobatische Fähigkeiten. Das Zähneputzen vor dem Schlafengehen werde zu einer heroischen Leistung, die er, die Müdigkeit bekämpfend, jeden Abend erbringen muss. Wenn man die positive Ausstrahlung von Bruder David erlebt, kann man sich nicht vorstellen, dass auch jemand wie er manchmal mit der Depression zu kämpfen hat. Depression ist für ihn kein negatives Gefühl, sondern ein Nichtfühlen. Sein Rezept dagegen ist, möglichst einfach alles wie gehabt weiterzumachen, viel draußen in der Natur spazieren zu gehen und zu wissen, dass die Depression wieder verschwindet, so wie sie gekommen ist. Wer wie Bruder David dankbar lebt, sagt sich: »Es zwickt und zwackt mich heute zwar im Rücken, dafür kann ich gut und frei atmen. Ich kenne keinen anderen

Weg, um mit den Herausforderungen des hohen Alters zurechtzukommen.«

Das Alter verschafft ihm die notwendige Muße, in Ruhe einer seiner großen Leidenschaften nachgehen zu können. Die Auseinandersetzung mit der Sprache, vor allem den tieferen Sinn von Wörtern zu erforschen, erfüllt ihn mit Freude. Seine Augen beginnen zu strahlen, als er beginnt, das am Beispiel der beiden scheinbar so banalen Wörter »eben« und »halt« zu erklären. In den Aussagen, etwas sei »eben so« oder passiere »halt«, stecke ungemein viel an Bedeutung. Als großer Bewunderer von Rainer Maria Rilke deutet er dessen *Sonette an Orpheus:* »Sei allem Abschied voran, wie der Winter, der eben geht.« Das drücke aus, dass der Winter nicht jetzt geht, sondern die Jahreszeiten gehen »eben«. Dieses »eben« spreche die ganze Gelassenheit aus, die man sich in der Spiritualität wünscht. Wenn du etwas tun willst, dann tue es »eben«. Und wenn wir lernen könnten, »eben zu gehen«, dann wüssten wir, wie wir gut leben – und gut sterben können.

Was bedeutet Weisheit für einen wie Bruder David, der in der vierundzwanzigsten Stunde angekommen ist? Er zitiert den bedeutendsten Zisterzienserabt des Hochmittelalters, den Mystiker Bernhard von Clairvaux: »Begriffe machen wissend. Ergriffenheit macht weise.« Wenn man nicht das Leben in den Griff bekommen will, sondern sich dem Leben stellt, wenn man mitspielt im Leben, das ist dann Weisheit, interpretiert Bruder David. So sei auch Gott für ihn ein Geheimnis, das man durch Ergriffenheit erfahren könne. Nichtgläubige Menschen könnten diese Erfahrung zum Beispiel in der Musik erleben. Das Geheimnis der Musik ist eine andere Wirklichkeit, die wir sehr wohl verstehen können, wenn sie uns ergreift. In Augenblicken, wenn das Leben uns ergreift, sind wir in der tiefsten Verbundenheit mit dem Geheimnis. Dann sprechen wir von Gott, wir sind in Gott, nicht wie die Fische im Wasser, sondern wie die Tropfen im Meer. Verstehen können wir das Geheimnis nur, wenn es uns ergreift.

Über unsere Hoffnung, nach dem Tod weiterleben zu können

Der Preis, den wir für unser hoch entwickeltes Bewusstsein als Menschen zahlen müssen, ist, mit dem Wissen zu leben, dass alles, was wir geschaffen und geliebt haben, genauso wie unser Herzschlag und unsere Gehirnaktivität eines Tages für immer ein Ende haben wird. Jeden Menschen erfasst eines Tages der Gedanke, dass er unweigerlich sterben wird – und diese Vorstellung lässt ihn nie wieder los. Um diese Tatsache bewältigen zu können, haben die Menschen im Lauf der Jahrtausende eine Vielzahl von Geschichten entwickelt. Kindern erzählt man noch immer, wenn die Oma oder der Opa gestorben ist, dass sie nun glücklich im Himmel sind und auf uns herabschauen. Für Erwachsene taugt diese Erklärung, spätestens seit Astronauten im Weltall keine Omas und Opas entdeckt haben, wenig. Daher trösten wir uns mit weit fantasiereicheren Geschichten. Ursprünglich hatten diese alle einen religiösen Hintergrund. So glauben die australischen Aborigines seit 40000 Jahren an die Ahnengeister wie die Regenbogenschlange oder das Große Känguru. Heute können wir zwischen religiösen, spirituellen, philosophischen und wissenschaftlichen Glaubenssystemen wählen, die uns den Gedanken an den Tod erträglich machen sollen. Die Vorstellungen von einem Leben nach dem Tod bauen im Kern auf vier Geschichten auf. Die Grenzen zwischen den einzelnen Glaubenssystemen sind dabei fließender, als man aufgrund der scheinbar unversöhnlichen Standpunkte zwischen Wissenschaft und Religion glauben möchte. Die vier Geschichten haben sich im

Lauf der Jahrhunderte in ihrem Kern wenig, sondern eher in ihrer Form verändert:[2]

1. *Die Wiederauferstehung:* Das ist die Kernbotschaft vieler Religionen. Wir sterben zwar, leben aber in einer anderen Welt besser (Himmel) oder schlechter (Hölle) weiter. Nehmen wir das katholische Glaubensbekenntnis als Beispiel, dann ist Jesus »am dritten Tage auferstanden von den Toten«. Der Hinweis auf die drei Tage soll ausdrücken, dass er wirklich tot war. Trotzdem ist er auferstanden »von den Toten«, damit sind alle Toten gemeint, das war also nicht ein individuelles Erlebnis wie von Herakles, der aus dem Hades zurückgekehrt ist, sondern Jesus schaffte generell den Triumph über den Tod. Daran knüpft sich die entscheidende Botschaft des Christentums, dass wir alle mithilfe Gottes wiederauferstehen können. Der wichtigste Beweis dafür sind die Texte der Evangelien, in denen die Jünger von ihrer Begegnung mit dem auferstandenen Jesus erzählen. Religiöse Menschen verbinden mit der Wiederauferstehung oft die Hoffnung, mit ihren besonders geliebten Verstorbenen wieder vereint zu werden.

Sogar Atheisten können heute darauf hoffen, nach ihrem Tod erweckt zu werden. Die Idee der Auferstehung feiert in der Wissenschaft Hochkonjunktur. So basiert die Kryonik[3] auf der Überzeugung, dass man Organismen, also auch Menschen, einfrieren kann, um sie dann, wenn sich in der Zukunft der wissenschaftliche Fortschritt exponentiell weiterentwickelt hat, »wiederzubeleben« und zu heilen. Der allmächtige Gott der Religionen wird durch den allmächtigen Wissenschaftler ersetzt. Wissenschaftliche Beweise, dass dieses Konzept funktionieren könnte, gibt es keine. Daran kann man wie an die christliche Auferstehung glauben oder nicht.

2. *Der Körper stirbt – die Seele lebt weiter:* Hinduisten und Buddhisten setzen ihre Hoffnungen auf ein Leben nach dem

Tod, auf die Existenz einer unsterblichen Seele, die unabhängig von ihrem Körper ist. Für viele Menschen ist es eine schöne Vorstellung, dass sich die Seele nach dem Tod vom Körper löst und ihr hoffentlich höher entwickeltes Selbst so weiterexistieren kann. Diese Seele wird dann in einem neuen Wesen wiedergeboren. Das Verständnis von Reinkarnation (Wiederverkörperung) innerhalb der einzelnen Religionen ist höchst unterschiedlich, aber jedenfalls fantasiereich.

Für diese Vorstellung des Weiterlebens der Seele gibt es im digitalen Zeitalter eine vor allem im Silicon Valley populäre technologische Entsprechung. Ray Kurzweil und andere Technologiegläubige gehen davon aus, dass sich das menschliche Bewusstsein in einer Cloud im Web für immer speichern ließe. Skepsis ist allerdings gerade aus wissenschaftlicher Sicht angebracht. Die Erkenntnisse der Neurowissenschaften deuten darauf hin, dass unser Gehirn ganz entscheidend für unser Bewusstsein ist. Stirbt das Gehirn, ist auch unser Bewusstsein oder das, was wir dafür halten, tot. Wer wie die Transhumanisten trotzdem daran glaubt, dass sich der Mensch mit der Maschine zu einem höheren Wesen verschmelzen lässt, wird zwar nicht selig, lebt aber vielleicht in Siliziumchips weiter.

3. Das Elixier des ewigen Lebens: Viele Geheimbünde erfreuten sich in der Geschichte großen Zulaufs, solange sich das Gerücht hielt, dass sie über das Geheimnis des ewigen Lebens verfügten. Alchemisten forschen offiziell nach dem »Stein des Weisen«, mit dem man unedles Metall in Gold verwandeln könnte. In Wahrheit diente diese Mission oft als Rechtfertigung, um nach Elixieren für das ewige Leben zu suchen, ohne in den Verdacht der Hexerei zu geraten. Lucas Cranach d. Ä. hat die uralte Sehnsucht nach dem ewigen Leben in seinem berühmten Bild vom Jungbrunnen künstlerisch ausgedrückt. In seiner Vision sind es nur ältere Frauen, aber interessanterweise keine Männer, die baden und dabei verjüngt werden. Vielleicht ein erster Hinweis darauf, dass Frauen dem Markt für Verjüngungsmittel eher zugeneigt sind.

Ein Blick zurück in die Geschichte zeigt leider, dass alle, die uns versprochen haben, ein Wundermittel gegen den Tod zu finden, eines gemeinsam haben: Sie sind tot. Das hindert allerdings heutige Wissenschaftler keineswegs daran zu versuchen, den Tod ursprünglich mit Hormonen, später mit Stammzellen und aktuell mit Gentechnik beziehungsweise Nanotechnik immer weiter hinauszuschieben, um ihn dann irgendwann endgültig zu besiegen.

4. *Wir leben in unseren Werken und Kindern weiter:* Selbst wenn wir physisch tot sind, leben wir in dem Echo weiter, das wir ausgelöst haben. Haben wir es zu Lebzeiten geschafft, durch unsere Taten und Werke sehr berühmt zu werden, so werden sich die Menschen auch noch in Jahrtausenden an uns erinnern, wie an Alexander den Großen oder Michelangelo. Heute braucht man nicht einmal ein großer Kriegsherr oder Künstler zu sein, um zumindest im ständig wachsenden Kosmos des Internets seine Spuren zu hinterlassen. Jugendliche haben wahrscheinlich eher das YouTube-Video »Gangnam Style« des südkoreanischen Rappers Psy gesehen, als dass sie Filippo Brunelleschi, den Architekten der Florentiner Domkuppel, kennen. Es könnten aber auch unsere Kinder, unsere Familie oder unsere Nation sein, in der wir als Teil eines kollektiven Gedächtnisses weiterleben.

Was bleibt von uns?

Wenn sich das Leben zum Ende neigt, wollen die meisten Menschen wissen, dass ihre Angelegenheiten in guten Händen sind und jemand sich um die Hinterbliebenen und jene

Dinge, die ihnen wichtig sind, kümmern wird. Die Hoffnung, dass ein Mensch in den Gedanken anderer in Erinnerung bleibt, ist tief in der Menschheit verwurzelt – selbst wenn sie der Einzelne oft nicht verspürt. Versucht man, diesen Gedanken erst in der letzten Stunde zu konstruieren, dann bricht er in sich zusammen, wie ein Haus, das man ohne Fundamente errichten will. Wo nichts war, kann auch nichts bleiben. Gibt es keine Summe von Gedanken, die Menschen mit uns und unserem Tun verbinden, ist es sinnlos, sich ein Denkmal irgendwohin zu stellen. Die Mehrheit der Menschen besucht die Pyramiden, ohne vorher zu wissen, welche Könige darin liegen, oder sich nachher daran zu erinnern. Beim Tadsch Mahal wissen sie zumindest, dass die Geschichte einer Liebe dahintersteckt. Und mit Notre-Dame in Paris verbinden die meisten Menschen den Gedanken an einen verkrüppelten Glöckner, der nie existiert hat. Große Ruhmestaten und gewaltige Gebäude verhelfen uns jedenfalls sicher nicht, den Tod zu überwinden. Was bleibt, sind die Gedanken an einen Menschen.

Über 80 Prozent der Weltbevölkerung bekennen sich zu einer organisierten Religion. Wie stark dieser Glaube an eine Form des Weiterlebens nach dem Tod, den fast alle Religionen versprechen, tatsächlich ist, wird individuell sehr unterschiedlich sein. Gefestigter religiöser Glaube hilft wahrscheinlich, mit der Tatsache des eigenen Todes besser umgehen zu können, vor allem wenn man an einen gütigen und nicht an einen strafenden Gott glaubt. Bei einem tiefgläubigen Menschen wie David Steindl-Rast gewinnt man den Eindruck, dass er furchtlos dem Ende seines irdischen Lebens entgegenblickt. Die Frage nach dem Weiterleben nach dem Tod ist eine »Alles oder nichts«-Frage, der niemand entkommt. Diese stellt sich nicht nur für den religiösen, sondern auch für den wissenschaftsgläubigen Menschen, der sich einfrieren lässt oder darauf hofft,

83. Lebensjahr bis zum Ende Ihrer Reise

dass zumindest sein Bewusstsein in einer Cloud im Internet ewig weiterleben wird. Es geht immer um den Glauben. Wer glaubt, »das kann nicht alles gewesen sein«, braucht keine Beweise; wer das nicht glaubt, dem hilft auch kein Beweis.

Beweisen kann man keine der vier Geschichten, die man uns über das Weiterleben nach dem Tod erzählt. Wer nicht glaubt, der landet bei der fünften Geschichte. Sie behauptet, dass alle Vorstellungen von einem Leben nach dem Tod von Menschen erfunden wurden, um mit dem Faktum, dass wir sterben müssen, besser umgehen zu können.[4] Folgt man dieser nüchternen Theorie, kann man noch immer Trost bei dem Philosophen Ludwig Wittgenstein finden: »Der Tod ist kein Ereignis des Lebens. Den Tod erlebt man nicht.«

Eines ist sicher in der vierundzwanzigsten Stunde: Der Weg geht irgendwann dem Ende zu, wir wissen allerdings nicht, wie viele Meter oder Tausende Kilometer noch vor uns liegen. Wir gehen schlafen in der Hoffnung, dass wir am nächsten Morgen aufwachen werden. In der vierundzwanzigsten Stunde ist jeder neue Tag ein Geschenk. Von dem indischen Dichter Kalidasa, von dem wir nur wissen, dass er im dritten oder vierten Jahrhundert gelebt hat, ist ein Gedicht überliefert. Es stellt eine Anleitung dar, wie wir jeden Tag in unserem Leben als Geschenk würdigen könnten – nicht erst in der vierundzwanzigsten Stunde.

»*Gruß an die Morgendämmerung*

Sieh diesen Tag!
Denn er ist Leben, ja das Leben selbst.
In seinem kurzen Lauf
Liegt alle Wahrheit, alles Wesen deines Seins:
Die Seligkeit zu wachsen,

83. Lebensjahr bis zum Ende Ihrer Reise

Die Freude zu handeln,
Die Pracht der Schönheit,
Denn gestern ist nur noch ein Traum,
Und morgen ist nur ein Bild der Fantasie,
Doch heute, richtig gelebt, verwandelt jedes Gestern
In einen glückseligen Traum
Und jedes Morgen in ein Bild der Hoffnung.

So sieh denn diesen Tag genau!
Das ist der Gruß der Morgendämmerung.«

---

1 Mein Gespräch mit David Steindl-Rast können Sie auf zwei Podcasts anhören, die ich darüber gemacht habe. Prinzipiell gibt es drei Möglichkeiten, meinen Podcast »Lebensbildung« anzuhören und zu abonnieren: Erstens mit Ihrem Smartphone: Auf den meisten ist die App »Podcast« bereits vorinstalliert. Die zweite Möglichkeit ist meine Website http://www.andreassalcher.com/podcast/. Drittens können Sie meinen Podcast über die Plattform iTunes abonnieren – auch dort suchen Sie einfach nach meinem Namen. Podcasts sind grundsätzlich kostenlos.

2 Stephen Cave: »The 4 stories we tell ourselves about death«, TEDxBratislava im Juli 2013.

3 In den USA wird Kryonik von gemeinnützigen Gesellschaften wie der Alcor Life Extension Foundation und dem Cryonics Institute angeboten. Dort können sich Menschen nach ihrem Tod in Kryostase begeben. Ob eine kryonische Lagerung von Menschen in Deutschland möglich wäre, ist unklar, da noch keine juristische Prüfung bezüglich der Gesetzgebung in den einzelnen Bundesländern angestrengt wurde. Bisher wird diese Dienstleistung in Deutschland lediglich für Tiere (üblicherweise Haustiere) angeboten.

4 Für den deutschen Philosophen und Anthropologen Ludwig Andreas Feuerbach hat nicht Gott den Menschen nach seinem Ebenbild, sondern der Mensch Gott nach seinen Vorstellungen erschaffen. Feuerbach: »Der Ursprung, ja das eigentliche Wesen der Religion ist der Wunsch. Hätte der Mensch keine Wünsche, so hätte er auch keine Götter.«

DIE FÜNFUNDZWANZIGSTE STUNDE
wird es für niemanden geben, daher müssen wir uns gewiss sein, dass unser eigenes Leben schon früher enden könnte, und versuchen, jeden Tag mit Neugier, Freude und Leidenschaft zu leben.

Die fünfundzwanzigste Stunde

»Die wichtigste Stunde ist immer die Gegenwart. Der bedeutendste Mensch ist der, der dir gerade gegenübersitzt. Das Notwendigste ist immer die Liebe.«
Meister Eckhart

Herzlich willkommen in deiner fünfundzwanzigsten Stunde. Wenn alles gut geht, wird dein Leben nicht 24 Stunden wie in diesem Buch, sondern über 700 000 Stunden dauern. Zwei Dinge sind sicher: Erstens, jede der noch vor dir liegenden Stunden könnte deine letzte sein. Zweitens, danach wird es zumindest in diesem irdischen Leben keine zusätzliche Stunde mehr geben.

Jetzt geht es darum, kurz innezuhalten. Das Leben hat dich immer wieder berührt, mit dir gespielt, dich jubeln lassen, dich getäuscht, dir Tränen in die Augen getrieben und dich herzhaft lachen lassen. Vielleicht hast du schon die Antwort auf die Frage nach dem Sinn des Lebens gefunden?

Der Sinn des Lebens ist das Leben selbst. Das klingt zu einfach? Alle großen Weisheiten sind ganz einfach. »Du sollst deinen Nächsten lieben wie dich selbst« bedarf keiner Erklärung. Wenn man die Botschaft dieses Buches in einem Satz zusammenfassen müsste, dann wäre es »Der Sinn des Lebens ist das Leben selbst«. Zu dieser Erkenntnis ist schon Johann Wolfgang von Goethe nach einem langen, erfüllten Leben gekommen. Je intensiver du diesen Satz reflektierst, desto besser erschließt sich dir die tiefe Weisheit, die darin verborgen ist – wie ein offenes Geheimnis.

Einige Gedanken und Fragen, die dich inspirieren sollen, darüber nachzudenken, was »Der Sinn deines Lebens ist das Leben selbst« für dich in bestimmten Momenten bedeuten könnte:

- Versuche nicht, immer cool zu sein. Das ganze Universum ist cool, und auf unserer Erde gibt es genug Kälte. Es sind die warmen Stellen, an denen Menschlichkeit am besten gedeiht. Menschlichkeit beginnt oft mit Freundlichkeit. Eine Mutter mit Kind an der Supermarktkasse vorzulassen kostet drei Minuten deiner Zeit, von dem dankbaren Lächeln kannst du länger zehren. Überrasche Menschen, die Freundlichkeit nicht gewohnt sind: U-Bahn-Kontrolleure, Müllmänner, Polizisten; sei freundlich in Situationen, wo Freundlichkeit nicht von dir erwartet wird, etwa wenn eine gestresste Kellnerin einen Fehler bei deiner Bestellung gemacht hat. Kleine Gesten der Freundlichkeit erwärmen Herzen an kalten Orten, vor allem dein eigenes. Das sind keine frommen Wünsche, sondern so funktioniert das Belohnungssystem in unserem Gehirn. Es sorgt dafür, dass wir uns glücklich fühlen, wenn wir eine Aufgabe bewältigt haben, und signalisiert uns: »Gut gemacht. Weiter so.« Das motiviert uns, neue Bemühungen auf uns zu nehmen, um diesen Moment des Glücks wiederholen zu können. Dazu reichen kleine Erfolgserlebnisse, die uns das Gefühl von Zufriedenheit geben.

- Wenn dir ein Mann oder eine Frau gefällt, schenke ein Lächeln, und wenn es zurückkommt, nimm all deinen Mut zusammen, steh auf und geh hin. Das ist ziemlich schwer, umso schwerer wiegen die Vorwürfe, die du dir über die vielen verpassten Möglichkeiten in deinem Leben machen wirst. Diese werden weniger, nicht mehr. Viele Freundschaften entstehen, weil eine Frau zu einem fremden Mann »Ist das nicht ein schöner Tag heute« sagt. Und wenn er auf seine innere Stimme hört, wird er mit den richtigen Worten antworten. Wenn du zurückdenkst, wie du die in deinem Leben wichtigen Menschen kennengelernt hast, dann war das wohl so, dass einer von euch die Initiative ergriffen hat, und nicht, indem ihr euch beide ignoriert habt, »um nichts falsch zu machen«.

Die fünfundzwanzigste Stunde

- Nimm dir alle Zeit der Welt für dich selbst, wenn du diese brauchst. Zieh dich mit einem Blatt Papier zurück an deinen Lieblingsort. Denke dort über eine Frage nach: Wie würde der bestmögliche Mensch aussehen, den ich aus mir machen könnte? Berausche dich an dieser Vorstellung von dir selbst.
- Hüte dich vor dem »Whatsaff«. Du kennst das Bild von den drei Affen, der erste hält sich die Augen zu, der zweite die Ohren und der dritte den Mund. Jetzt gibt es einen vierten Affen, den »Whatsaff«. Der ist ein Klon der ersten drei. Er sieht nichts, hört nichts und sagt nichts, sondern starrt nur auf sein Smartphone.
- Versuche nicht, deinem Vorgesetzten zu beweisen, dass du klüger bist als er. Das ist eine Dummheit par excellence. Heute geht es darum, die Absichten seiner Vorgesetzten zu erahnen und ihre Gesten richtig zu deuten. Allen widersprechen, alle übertreffen zu wollen und andere Torheiten sorgen mit Sicherheit dafür, dass man nie weiterkommt. Im Zweifel ist es oft klüger, den Mund zu halten. Doch es gibt in deinem Leben Augenblicke, in denen du klar Stellung beziehen musst, wo ein lautes »Nein« von dir gefordert ist, auch wenn du der Einzige im Raum bist, der es ausspricht. Wenn so ein Moment der Wahrheit gekommen ist, denke daran, dass du alles verlieren kannst, nur nicht deine Selbstachtung. Diese zu verteidigen ist für dein Lebensglück wichtiger als eine Chance auf mehr Geld und Macht.
- Sage deinem wichtigsten Mentor: »Danke für alles, was du für mich getan hast.« Suche dir einen Menschen, für den du Mentor sein willst.
- Irgendwann wird es Zeit, deinen Körper und dein Gesicht so zu akzeptieren, wie sie sind. Fast alle Menschen wären

Die fünfundzwanzigste Stunde

gerne ein bisschen ... anders, schöner, größer, schlanker. Sich das vorzustellen ist eine wunderbare Kinderfantasie, sich irgendwann anzunehmen ist ein Zeichen dafür, dass man erwachsen geworden ist. Wenn es dir schlecht geht, ist es ganz okay, wieder ein bisschen Kind zu spielen.

- Habe keine Angst davor, »Ich liebe dich« zu sagen, wenn du jemanden liebst. Irgendwann könntest du es bereuen, dies nicht oft genug gesagt zu haben. »Ich liebe dich« sind die drei mächtigsten Worte. Sprich sie nur aus, wenn sie ehrlich gemeint sind, sonst richtet sich ihre Macht gegen dich.
- Kinder in die Welt zu setzen ist eine der wenigen nicht revidierbaren Entscheidungen im Leben. Sie will gut überlegt sein, denn es ist auch legitim, das nicht zu tun. Die Entscheidung für Kinder bereut fast keine Mutter und fast kein Vater, die Wahl des falschen Partners dafür sehr wohl.
- Wenn du zu vorschnellen emotionalen Entscheidungen neigst, dann vermeide es, zu schnell zu reagieren. Lasse dir Zeit und entscheide dann so, dass du in zehn Jahren noch immer Freude daran empfinden kannst, was du damals gesagt oder getan hast.
- Enttäusche Menschen, die dir wichtig sind, nicht durch scheinbare Kleinigkeiten. Wenn du versprochen hast, zu einer Taufe, einer Hochzeit, einem Geburtstag zu kommen, dann sage nicht mit einer faulen Ausrede ab, weil dir etwas »Wichtigeres« dazwischengekommen ist. Deine Freunde werden dir vergeben, aber sie werden traurig sein.
- Hör auf zu jammern. Das Leben bietet ständig Anlässe, um dich über Kleinigkeiten so richtig zu ärgern. Du musst nicht jede Gelegenheit zum Jammern nützen. Jammern verschafft dir kurzfristig Erleichterung und raubt

dir langfristig deine Lebensfreude. Es gibt viele reiche Menschen, die allein zu Hause sitzen und jammern, weil es niemanden gibt, der sie wirklich gern hat.

- Irgendwann scheint nach einer traurigen, erfolglosen oder verlustreichen Phase im Leben wieder die Sonne. Das kann allerdings ziemlich lange dauern, manchmal länger als du glaubst, aushalten zu können. In den düsteren Zeiten deines Lebens greifst du auf deine Freunde zurück. Wenn du sie nie gepflegt hast, dann stürzt du ins Leere. Sei für deine wahren Freunde immer da, wenn sie dich brauchen, besonders dann, wenn du glaubst, gerade keine Zeit zu haben.

- Wenn du einen guten Lauf im Leben hast und dir gerade alles gelingt, dann schalte keinen Gang zurück, um dich zu erholen, sondern gib alles, was du hast, sogar noch ein bisschen mehr. Einige verwenden alle ihre Kraft auf den Anfang und vollenden nichts. Sie erlangen keinen Erfolg, weil sie nichts verfolgen, sondern alles ins Stocken geraten lassen. Sie beweisen, dass sie es könnten, aber nicht wirklich wollen. Das Eisen soll man schmieden, solange es heiß ist. Dabei kann es darum gehen, dich für eine vage Hoffnung ins Auto zu setzen und Hunderte Kilometer zu fahren oder alle inneren Zweifel zu überwinden und einen Anruf zu wagen, den du schon seit Wochen aufgeschoben hast. Zeit zum Rasten und zum Schlafen kommt noch genug in den Phasen der Stagnation.

- Manchmal wird man im Leben gezwungen, sich zu entscheiden, entweder zu kämpfen oder sich zurückzuziehen. In jungen Jahren wirft man sich leicht in Schlachten, ohne lange nachzudenken, zieht oft den Kürzeren und holt sich tiefe Narben. Wenn du reifer bist, kämpfe nur, wenn du zu hundert Prozent von der Sache überzeugt bist und du dich auf deine Verbündeten verlassen kannst. Ziehe das Schwert nur aus der Scheide, wenn du auch bereit bist, es zu gebrauchen. Oder etwas weniger martialisch formuliert: Lasse den Anwaltsbrief nur dann schreiben, wenn du bereit bist, den Prozess bis zum Ende durchzukämpfen.

- Wenn du gerade sehr erfolgreich bist, dann sei demütig und wachsam, um jedes Aufkeimen von Arroganz im Keim zu ersticken. Hole andere auf die Bühne und lass sie glänzen. Die Menschen, die du im Lift hinter dir lässt, wenn du hinauffährst, werden dieselben sein, denen du begegnest, wenn es wieder nach unten geht. Beuge dein Haupt bei jeder Gelegenheit. Nimm dir Zeit, andere aufzurichten.
- Verbringe viel Zeit mit deiner Mutter, auch wenn sie dir manchmal auf die Nerven geht. Irgendwann bereust du, dass du viele Dinge nicht mehr mit ihr tun kannst.
- Als Kind ist es dir leichtgefallen, deinem Vater zu sagen, dass du ihn liebst. Sage es ihm heute, auch wenn dir das jetzt schwerfällt. Warum eigentlich?
- Mache immer wieder große Pläne für dein Leben, selbst wenn du glaubst, dass Gott dich dafür auslacht. Gott freut sich über Menschen, die Verantwortung für ihr Leben übernehmen, und lacht über diejenigen, die ihm Wünsche in den Kosmos schicken. Sorry. Ist so.
- Lebe deine Leidenschaften und Begierden aus, sonst werden sie deine Fantasien beherrschen. Aber immer mit Maß und ohne dich davon abhängig zu machen. Wer dem Drang, alles, was Vergnügen bereitet, zu maximieren, keine Grenzen setzt, wird wie ein Drogensüchtiger eine immer höhere Dosis brauchen, um seine künstliche Hochstimmung halten zu können. Lerne so früh wie möglich, in deinem Leben zwischen dem zu unterschei-

den, was dir kurzfristig Vergnügen bereitet, und dem, was im Augenblick wenig Freude macht, das du aber langfristig brauchst, um glücklich zu sein. Es gibt eine Erkenntnis, die schon Aristoteles formuliert hat und die bis heute von der modernen Glücksforschung in unzähligen Studien bestätigt wurde: Disziplin, Selbstbeherrschung, Beharrlichkeit, Sorgfalt und Geduld sind entscheidend für ein gelungenes Leben. Alle diese Fähigkeiten kannst du durch konsequente Arbeit an dir selbst verbessern.

- Lasse dich manchmal auf die Traurigkeit ein und spüre sie. Sie kann dir einen Weg in die Lebendigkeit zeigen nach dem schönen Goethe-Wort »Die Träne fließt, die Erde hat mich wieder«. Männer sollten sich manchmal der Traurigkeit und Melancholie hingeben. Frauen sollten nicht darin hängen bleiben. Wenn du aus der Melancholie herausfinden willst, denke darüber nach, wie du jemandem eine Freude machen kannst.
- Lache zumindest einmal jeden Tag aus tiefstem Herzen. Lachen ist sprudelndes, heiliges Leben.
- Übe die hohe Kunst des Aufgebens: Konzentriere dich auf jene Dinge, wo du Talent hast, und vergiss die Gebiete, die dir nicht in die Wiege gelegt sind. Gib deine Kinder frei, wenn sie dafür reif sind. Das ist etwas anderes, als sie im Stich zu lassen.
- Wie wirst du ein vergebender Mensch? Wie kannst du denen verzeihen, die dich enttäuscht, verraten oder betrogen haben? Wenn du kannst, vergib ihm oder ihr, aber versöhne dich jedenfalls mit dir selbst. Größe zeigt sich im Abgang, bei der Trennung, im Augenblick des Schmerzes über die Enttäuschung. Schenke anderen Menschen weiter Vertrauen, verliebe dich wieder, sonst gibst du dem Treulosen Macht über deine Gedanken, deinen

Die fünfundzwanzigste Stunde

Schlaf, dein Leben. Es ist schmerzhaft, wenn du es bis zu deiner letzten Stunde verabsäumt hast zu vergeben.
- Wenn du morgen sterben müsstest und mit niemandem mehr reden könntest, was würdest du am meisten bereuen, es jemandem nicht gesagt zu haben?
- Was immer es ist, sage es diesem Menschen heute.

Die drei wichtigsten Botschaften der fünfundzwanzigsten Stunde:

- Gib jedem Tag die Chance, der schönste deines Lebens zu werden.
- Höre nie auf zu lernen. Niemals. Wer aufhört zu lernen, hört auf zu leben.
- Die Liebe ist das Wichtigste im Leben. Richte dein Leben danach aus. Das ist die wahre Lebensaufgabe.

Exkurs: Der längste Tag Ihres Lebens

Ein Vorschlag für jenes eine Prozent der Leser, das seine Grenzen austesten will: Ziehen Sie sich mit diesem Buch einen ganzen Tag zurück. Und jetzt kommt es – arbeiten Sie 24 Stunden mit dem Buch, ohne zu schlafen! Nützen Sie das Buch als Mentor und Freund. Nehmen Sie sich einen ganzen Tag Auszeit. Gehen Sie 24 Stunden lang in Klausur mit sich selbst.

Das wird einer der längsten Tage, wenn nicht überhaupt der längste Tag Ihres Lebens. Sie werden euphorische und besinnliche Augenblicke in einer seltenen Intensität erleben. Und spätestens ab Mitternacht werden Sie mit dem Schlaf zu kämpfen haben, Ihre Selbstdisziplin wird auf eine harte Probe gestellt. Sie werden belohnt mit dem Gefühl, wie schön, wie einzigartig, aber auch wie fordernd ein einziger Tag in Ihrem Leben sein kann.

Denken Sie bitte gut nach, ob Sie sich auf diese Erfahrung einlassen wollen. Wenn ja, dann empfehle ich Ihnen, am Abend um 19 oder 20 Uhr zu starten und nicht in der Früh, was scheinbar logischer wäre. Es gibt zwei Gründe, warum ich Ihnen rate, abends zu beginnen: Es ist leichter, zuerst die Nacht durchzumachen und dann die Müdigkeit, die kommen wird, bei Licht zu überwinden. Außerdem fühlen Sie sich besser, wenn Sie, aus der Dunkelheit kommend, den Tagesanbruch erleben und daraufhin in das Licht des nächsten Tages gehen.

In den 24 Stunden lesen Sie die einzelnen Kapitel in der für Sie passenden Reihenfolge, machen die Übungen, nehmen sich viel Zeit für die Fragen, schreiben Ihre Gedanken nieder und schauen zur Entspannung die vorgeschlagenen YouTube- und TED-Videos an, hören Musik oder lesen Gedichte. Sie können spazieren gehen, am besten in der Nacht. Natürlich sollen Sie essen und trinken, aber keinen Alkohol, denn der macht müde. Am stärksten wird dieses Erlebnis, wenn Sie es im Alleingang machen, das ist dann der Mount Everest der Selbsterfahrung. Sie können die Herausforderung der 24 Stunden auch mit einem Freund oder einer Freundin gemeinsam bewältigen. Die erste Nacht danach werden Sie so gut und fest schlafen wie schon lange nicht mehr. Und Sie werden erleben, wie viele Leben in einem einzigen Tag stecken. Woher ich das alles weiß?

Weil ich diese Erfahrung selbst ungefähr 20 Mal in meinem Leben gemacht habe. Im Jahr 1999 habe ich das 24-Stunden-Seminar entwickelt und auch geleitet. Das war damals eine weltweit einzigartige Selbsterfahrung mit dem Effekt, mehr Zeit, Sinn und Energie für das Wesentliche im Leben zurückzugewinnen. Von daher stammt auch die Idee für dieses Buch. Obwohl das letzte 24-Stunden-Seminar mehr als zehn Jahre zurückliegt, sprechen mich heute noch ehemalige Teilnehmer auf der Straße oder bei Veranstaltungen an. Keiner von ihnen hat diesen einen Tag vergessen. Fast alle erinnern sich mit Freude daran, etwas Außergewöhnliches getan zu haben.

Das mit den 24 Stunden ohne Schlaf ist ein zugegebenermaßen extremer Vorschlag. Es liegt natürlich bei Ihnen, wie Sie diese »Klausur mit sich selbst« gestalten. Machen Sie diese Zeit zu Ihrem persönlichen Abenteuer, auf Ihre Art und Weise. Ob es 10, 12 oder 24 Stunden ohne Unterbrechung sind oder ob Sie die Zeit auf ein ganzes Wochenende verteilen, ist Ihre Entscheidung. Noch ein Hinweis: Der Ort ist genauso wichtig wie die Zeit. An welchem Ort würden Sie sich wohlfühlen? Gehen Sie die Sache möglichst ohne Erwartungen an. Es wird in jedem Fall spannend.

Danke

Für die fachliche Unterstützung bei der Arbeit an diesem Buch möchte ich mich besonders bei der Psychiaterin und Verhaltenstherapeutin **Nedjeljka Baldass**, der Entwicklungspsychologin **Pia Deimann**, dem Dompfarrer von St. Stephan **Toni Faber**, dem Psychoanalytiker und Management-Coach **Klaus Geisslmayr**, dem Genetiker **Markus Hengstschläger**, dem Kinder- und Jugendpsychiater **Paulus Hochgatterer**, dem Arzt und Hormonspezialisten **Johannes Huber**, der Entwicklungspsychologin **Ursula Kastner-Koller**, dem Netzwerkforscher **Harald Katzmair**, der Kinder- und Familientherapeutin **Martina Leibovici-Mühlberger**, dem Internisten **Siegfried Meryn**, dem Kriminalpsychologen **Thomas Müller**, dem Karriereforscher **Johannes Steyrer**, der TV-Moderatorin **Barbara Stöckl** und dem Onkologen **Christoph Zielinski** bedanken.

Mein ganz besonderer Dank gilt meinem spirituellen Mentor, dem Benediktinermönch **David Steindl-Rast**, der mit seiner Lehre von der Dankbarkeit mein Leben wunderbar bereichert hat. Ohne meine zahlreichen Begegnungen mit dem Glücksforscher **Mihály Csíkszentmihályi** wäre dieses Buch ebenfalls nicht möglich gewesen. Seit mehr als 15 Jahren verbindet mich eine Freundschaft mit dem Altabt des Benediktinerstifts Melk, **Burkhard Ellegast**, und dem guten Geist des Stiftes, **Pater Martin**. Von ihrer Lebensweisheit ist viel in dieses Buch eingeflossen.

Wesentliche Beiträge und Geschichten in diesem Buch verdanke ich den Gesprächen mit **Klaus Bassiner, Georg Brandstetter, Kimberly Budinsky, Isabell Elias, Kathrin Elias, Barbara Feldmann, Lilian Genn, Bernhard Görg, Eva Maria Heusserer, Astrid Kleinhanns-Rollé, Konstantin Klien, Carmen Knor, Monika Kus, Thomas Plötzeneder, Tatjana Sczerba** und **Sascha Strohmer**.

Dies ist mein neuntes Buch beim Ecowin Verlag. Für das große Vertrauen und die professionelle Unterstützung möchte ich mich bei **Verlagsleiter Dirk Rumberg, Cheflektorin Bettina Stimeder** und dem gesamten Ecowin-Team bedanken. Mein Lektor **Arnold Klaffenböck** hat die Herausforderung, meine oft originellen Formulierungen mit der deutschen Sprache zu versöhnen, wieder souverän bewältigt. Die inspirierenden Illustrationen zu jedem Kapitel stammen von **Claudia Meitert**. Dem Kreativteam **Thomas Kratky** und **Andreas Berger** ist ein großartiges Cover gelungen.

Folgenden Menschen habe ich die Rohfassung dieses Buches in unterschiedlichen Stadien vorab anvertraut. Jeder Einzelne von ihnen hat sich so viel Mühe gemacht, es lesefreundlicher und besser zu machen, als ob es sich um sein eigenes Buch gehandelt hätte: **Nedjeljka Baldass, Klaus Bassiner, Georg Brandstetter, Christa Cermak, Isabell Elias, Kathrin Elias, Niki Ernst, Barbara Feldmann, Klaus Geisslmayr, Lilian Genn, Bernhard Görg, Eva Maria Heusserer, Christine Hofmann, Astrid Kleinhanns-Rollé, Andreas Malak, Axel Neuhuber, Monika Ottenschläger, Elham Pedram, Günter Rattay, Manuela Rattay, Markus Schindler, Sascha Strohmer, Witold Szymanski.**

Ihre Meinung ist mir wichtig.
Sie können mir gerne eine E-Mail an andreas@salcher.co.at schreiben, mich auf meiner Website www.andreassalcher.com besuchen und dort auch meine Podcasts zum Thema »Lebensbildung« anhören oder mir unter @SalcherAndreas auf Twitter folgen.

Andreas Salcher
Wien, im September 2018

Sie gehören zu jenen 17 Prozent Menschen, die bei einem Buch zuerst die letzte Seite lesen. Dieses Buch passt perfekt zu Ihnen. Wie im Film *Das seltsame Leben des Benjamin Button* könnten Sie das Buch von hinten mit der vierundzwanzigsten Stunde beginnen und sich in Richtung der ersten Stunde fortbewegen.

Damit Sie wissen, was Sie erwartet, einige Lebensthemen im Zeitraffer:

In der *ersten* Stunde lernen wir mehr als im Rest unseres Lebens, weil wir neugierig die Welt entdecken. In der *siebten* Stunde sind wir davon überzeugt, dass wir alles erreichen können, wenn wir uns richtig anstrengen. Die *elfte* Stunde raubt uns dann manche Illusionen, dafür gewinnen wir an Lebenserfahrung. Meist sind wir in der *zwölften* Stunde mit Familie und Beruf zu beschäftigt, um zu realisieren, dass die Hälfte unseres Lebens bereits vorbei ist. Die *siebzehnte* Stunde überrascht uns dafür mit einem wunderbaren Geschenk an zusätzlicher Lebenszeit. In der *fünfundzwanzigsten* Stunde eröffnet sich uns der Sinn des Lebens in einem Satz.

Drei Zitate aus dem Buch:

»*Geben Sie mir sechs Stunden, um einen Baum zu fällen, und ich werde die ersten vier Stunden damit verbringen, die Axt zu schärfen.*«
Abraham Lincoln

»*Wir müssen bereit sein, uns von dem Leben zu lösen, das wir geplant haben, um das Leben führen zu können, das uns erwartet.*«
Joseph Campbell

»*Die wichtigste Stunde ist immer die Gegenwart. Der bedeutendste Mensch ist der, der dir gerade gegenübersitzt. Das Notwendigste ist immer die Liebe.*«
Meister Eckhart